上海社会科学院文学研究所学术研究文丛

上海社科院城市文化创新研究院智库文丛

海外亚洲汉学中的上海文学研究系列

韩国汉学中的上海文学研究

[韩] 林春城 编

主编　王光东　执行主编　袁红涛

上海人民出版社　　上海远东出版社

图书在版编目(CIP)数据

韩国汉学中的上海文学研究 / 王光东,袁红涛,林春城
主编. —上海:上海远东出版社,2021
(海外亚洲汉学中的上海文学研究系列)
ISBN 978 - 7 - 5476 - 1732 - 8

Ⅰ.①韩… Ⅱ.①王… ②袁… ③林… Ⅲ.①汉学-
研究-韩国 ②海派-文学流派研究-上海 Ⅳ.①K207.8
②I209.951

中国版本图书馆 CIP 数据核字(2021)第 152297 号

责任编辑 李　敏　王智丽
封面设计 徐羽情

上海社会科学院文学研究所学术研究文丛
上海社科院城市文化创新研究院智库文丛
海外亚洲汉学中的上海文学研究系列
主编　王光东　　执行主编　袁红涛

韩国汉学中的上海文学研究
[韩] 林春城　编

出　　版 **上海远东出版社**
　　　　　(201101　上海市闵行区号景路 159 弄 C 座)
发　　行 上海人民出版社发行中心
印　　刷 上海中华印刷有限公司
开　　本 635×965　　　1/16
印　　张 17.75
插　　页 2
字　　数 207,000
版　　次 2021 年 10 月第 1 版
印　　次 2021 年 10 月第 1 次印刷
ISBN 978 - 7 - 5476 - 1732 - 8/I·355
定　　价 78.00 元

编　辑　说　明

上海社会科学院文学研究所自 1979 年成立伊始,学科研究重点从"孤岛文学""左联时期文学"到"上海抗战文学""新时期上海作家"等,既不断拓展,同时踏实而行,以一系列奠基性的研究著作和扎实的资料整理工作,整体确立了文学研究所在"上海文学研究"领域的重要地位。《上海近代文学史》《上海现代文学史》《上海文学通史》等厚重之作的先后出版,更可谓是本所中国现当代文学与古代文学等基础学科研究实绩的集中体现。近年来,继承学科特色和优势,我们将扎根于上海文学研究的视野,拓展为对中国城市文学和文化发展的整体性关注。另一方面在中国城市文学研究的视野中考察上海文学的发展,秉持这一理念的"中国城市文学研究"团队也得到上海社科院创新工程的连续支持。随着研究的深入,我们认识到,为了总结上海和中国城市文学发展的经验,反思既有研究的得失,同样需要域外和全球视野下的关注、比较和借鉴。比如,与国际历史研究领域中"上海学"的兴起相比,关于上海文学的研究的缺失就凸显出来。对上海文学的关注,主要还是从国内视角出发,尚未足够主动地去重视海外研究者的声音。然而,研究上海文学和中国城市文学,不仅需要内部研究,也需要来自海外的视野;不仅需要西方理论的视角,也需要东方文化的审视。为此,本团队开始着力于进行海外汉学中的上海文学研究文献整理与综合研究,将海外视野和中国视野相结合,理论研究和文献整理相结合,对海外汉学中的上海文学研究作整体性的梳理和研究。

我们首先注意到新世纪以来海外亚洲汉学中的上海文学研究的长足进展,选取日本、韩国、新加坡等东亚各国汉学中的相关成果,将其翻译成中文并编选成"海外亚洲汉学中的上海文学研究系列"三卷作为首辑。为了选本的代表性和权威性,我们特别邀请到韩国木浦大学教授林春城先生、马来西亚南方大学资深讲座教授王润华先生、新加坡锡山文艺中心名誉主席南治国先生、日本一桥大学博士生王晴女士诸位学养深厚、对中国和所在地区相关研究进展均了然于胸的学者主持编选,并作序言;上海社会科学院"中国城市文学研究"团队的贾艳艳、狄霞晨、金方廷三位博士则对选本进行了后期编校,主要是根据中文表达习惯对译文进行了些许微调,核对了注释,并撰写了各卷相关研究的述评作为"跋",由此与编者序言呼应,也是一种对话。

期待读者诸君的批评和支持。

上海社会科学院文学研究所"中国城市文学研究"团队

2021 年 6 月

目　录

序　言

上海文学和文学上海

一

上海是中国近现代都市文化的最初发源地和栖息地,中国近现代文学和艺术在最初诞生以及早期发展阶段也是以上海为中心的。一般情况下,近现代文学总是以大都市市民为主要读者,而要把都市大众当作基本读者则必须借助媒体的力量。经济发展对兴盛上海都市文学大有裨益。首先,读者群增加,与之相应的就是文学刊物盛行。按照范伯群的考察,1949 年之前中国曾掀起过三次文学刊物高潮:第一次以 1902—1907 年的《新小说》和《绣像小说》等杂志为代表刊物;第二次以 1909—1917 年《小说时报》和《小说大观》等为代表刊物;第三次以 1921 年的《小说月报》《礼拜六》,以及《紫罗兰》等为代表刊物。① 这些杂志大部分在上海发行。实际上,被鲁迅称之为四大谴责小说之一的《官场现形记》,其作者李伯元不但接任了大型报社《指南报》(1898 年 6 月 6 日创刊)的主笔,也是中国最早的小报《游戏报》(1897 年 6 月 24 日创刊)的主编,他在当时掀起了小报的热潮。此后至辛亥革命之前,大约 40 种小报在上海刊发,反映了近现代工商业的繁荣和大都市的繁盛的社会小说——四

---

① 　范伯群:《中国现代通俗文学史》,北京:北京大学出版社,2007 年,第 3、6、9 章。

大谴责小说,就在小报上连载。①

上海的学术、文学也堪称处于近现代中国的中心地位。被李泽厚称为中国近代三大先进思潮之一的维新变法,其先驱者龚自珍、魏源、冯桂芬、王韬等人的事业皆从上海发轫,主张维新变法的康有为、梁启超、谭嗣同等也在这里宣传变法,提倡改良主义文学。革命派的柳亚子、苏曼殊、章太炎等在此结社、兴学、办报,提出了爱国主义文学的主张。②

北京作为政治的中心,形成了高雅文化的主流,许多作家在此写作严肃文学。与之相对,作为中国经济的心脏、大众文化的中心——上海则是开放和前卫的。五四新文学运动虽从北京开始,但其大部分成果却是在上海展露。1920 年至 1930 年间,左翼文学的中心也是上海。1930 年至 1940 年,以"新感觉派"为中心的都市文学也在上海迎来了巅峰。"文革"后,赤裸裸地呈现伤痕的"伤痕文学"以及反思受伤原因的"反思文学",在上海掀起了新的风潮。上海知识分子代表王晓明与陈思和主导了"重写文学史"(1988)和"人文学危机"(1993)等论争。在上海成长的、将上海和上海人形象化的王安忆和 1940 年代的张爱玲一起崭露头角,成为理解近现代上海的重要作家。王安忆的代表作《长恨歌》(1995)克服了迎合了西方文学市场殖民想象的"上海怀旧",充实地再现了纯真素朴的旧上海,被评价为"都市的民间叙事"。③ 网络时代,以新媒体为基础,让中国迅速沸腾的最初网络

---

① 范伯群:《中国现代通俗文学史》,北京:北京大学出版社,2007 年,第 2 章。
② 邱明正主编:《上海文学通史(上)》,上海:复旦大学出版社,2005 年,第 4 页。
③ 随后,20 世纪末新生代作家卫慧在《上海宝贝》(1999)和《我的禅》(2004)等作品中勾勒了上海白领阶层的欲望和消费文化。

文学①网站"榕树下"② 也始于上海。现在最大的网络文学平台——盛大文学股份有限公司的本部也设在上海。

1949 年以前,上海电影史似乎就是中国电影史这个圆圈中勾勒出的圆心。说上海文学在中国近现代文学史中占有相当的比重丝毫不为过。一部分学者还单独讨论过上海文学。陈伯海和袁进主编的《上海近代文学史》(1993)是最早出版的上海文学史,都市和文化特征联系起来的上海近代文学被分为诗、小说、戏剧分别展开论述。③ 杨剑龙的《上海文化和上海文学》(2007)主要汇集论述了通俗文学这一有代表性的上海文学现象、代表性流派"新感觉派"以及上海作家。④ 杨扬等的《海派文学》(2008)和海派文化相关,论述了给予上海文学影响的要素、刊物、作家、作品等。⑤ 特别值得一提的是《上海文学通史》(2005),这部论著上下卷共 1 172 页,十分厚重,分为古代、近代、现代、当代四个构成部分,可谓纵通古今,横连中外。向内沟通了上海文学创作和文学思潮,向外沟通了文学本体和社会历史的血肉联系。⑥ 但赋予其"通史"的意义之余,也有可商榷之处。上海是一座近代城市,古代史中"上海"这一概念尚未形成。具体到古代文学史,分为南北各作说明可能更为恰当。除此之外,最近出

---

① 王晓明总览近十五年的中国文学,将其大致分为纸面文学和网络文学。纸面文学又分为严肃文学、新资本主义文学、第三方向;网络文学是以盛大文学为代表的网站文学、博客文学、手机文学等,可谓"六分天下"。王晓明《六分天下:今天的中国文学》,《文学评论》2011 年第 5 期。

② 早期网络文学的代表网站。于 1997 年秋季由在美华侨朱威廉个人发起,1999 年正式公司化运作。参见七格、任晓雯:《神圣书写帝国》,上海:上海书店出版社,2010 年,第 3—4 页。

③ 陈伯海、袁进主编:《上海近代文学史》,上海:上海人民出版社,1993 年。

④ 杨剑龙:《上海文化与上海文学》,上海:上海人民出版社,2007 年。

⑤ 杨扬、陈树萍、王鹏飞:《海派文学》,上海:文汇出版社,2008 年。

⑥ 邱明正主编:《上海文学通史(上)》,上海:复旦大学出版社,2005 年,第14—15 页。

版了《画说上海文学》① 这样的入门书，该书具有按照文本分类解题的性质。但是就像讨论韩国近现代文学史时不单独讨论"首尔文学"一样，上海文学也不能与中国近现代文学分离。尤其是单独考察上海文学，似乎并非明智之举。

二

把上海和文学联系起来的又一个办法是"文学上海"。王德威表示"小说记录了中国近现代化的历程"，相比"历史和政治论述中的中国，小说反映的中国更真实、实在"。② 在这一背景下，他提出了"小说中国"的概念。笔者也认为："中国的近现代小说在理解中国近现代史方面，具有最丰富有趣的史料性质。"③ 着眼于此，曾提出"通过地安门观看天安门"的类比，目的是通过小说理解中国近现代史。陈思和在分析王安忆的《长恨歌》时也使用了"文学上海"④ 这样的表述。所谓"文学上海"是指文学中的上海，是再现上海的文学作品。

应上海社会科学院文学研究所王光东教授之请，我们对韩国上海文学研究状况进行了考察，大致将其分为两个领域——"韩国/朝鲜作家的上海经验"和"文学上海"。后者又分为"作品研究"和"刊物研究"。本次计划将重点放在了"文学上海"即"通过文学作品观看上海"的研究上。还包括一篇关于韩国/朝鲜作家

---

① 陈青生主编：《画说上海文学》，上海：上海文艺出版社，2009 年。

② 王德威：《小说中国——晚清到当代的中文小说》，台北：麦田出版，1993 年，第 3 页。

③ 林春城：《通过小说观看现代中国》，首尔：钟路书籍，1995 年，第 6 页。

④ 陈思和：《怀旧传奇与左翼叙事：〈长恨歌〉》，载《中国现当代文学名篇十五讲》，北京：北京大学出版社，2004 年。

的文章和一篇关于刊物的文章。因为将焦点放在了"文学上海"上，所以按照作品所涉及的时代顺序进行了编排。本书还收录了一篇研究文学人类学可能性、提出了新的研究方法的文章，将其安排在最后。韩国的上海文学研究谈不上足够深厚，但是这样汇总起来也比较有韩国特色，尤其表现在"文学上海"的研究上。

外国人撰写汉语文章，一般先写母语，再翻译成汉语。上海社科院文学所的狄霞晨博士细心校对我们的文章，特表示谢意！

期待江湖诸贤的指正！

林春城

2021 年 4 月 30 日识于青松斋

《点石斋画报》勾画出的
1884 年上海租界

——视线和再现的问题

闵正基

一、前　　言

《点石斋画报》是由英国人美查（Ernest Major，1841—1908）经营的石版印刷出版社——点石斋石印书局发行的时事画报。美查兄弟不仅是因迅速、客观的报道而颇有口碑的《申报》（1872年4月创刊）[①] 的发行人，同时又是经营点石斋（1876年创立）等系列出版社的"新闻出版大亨"。

从1884年5月8日第一期出刊至1898年8月停刊，《点石斋画报》以旬刊形式发行，每期通常刊载9幅画页。点石斋跻身当时上海最大的出版社行列，在画报创刊之前就充分发挥石版印刷的长处，将字典或四书等古典书籍以小字体印成小册子来发行，

[①] 《申报》为《申江新报》简称（申江指黄浦江，因战国时上海一带为楚国春申君黄歇封地，故称之为申江）。作为 Ernest Major 接受买办陈莘庚的建议与几个英国商人合资开始发行的中文日报，《申报》系《上海新报》（1861年创刊）之后第二份上海报纸。1909年其所有权归中国人席子佩，1912年由史量才接手，1949年5月停刊。有关该报的详细研究参看宋军：《申报的兴衰》，上海：上海社会科学院出版社，1996年。

1

获利颇丰。①

《点石斋画报》通过《申报》发行网络，不仅覆盖了上海，还发行到全国各地。之后，点石斋石印书局又在全国各地设立了20多个自己的营业店。② 如果考虑到视觉再现所具备的冲击力，可以推论：流通颇广的《点石斋画报》对近代中国人获取世界新知产生过不少影响。

本文拟从1884年5月至11月（光绪十年阴历四月至十月）半年期间发行的24期《点石斋画报》中考察上海租界是如何被再现或表现的，同时想探讨再现的特点和有关其构成的视线问题。这与近代中国大众媒体如何再现或构成"近代性"这一大问题有关。

这一时期所发行的《点石斋画报》是对上海租界和外国消息、新的外来事物极为关心的。从这一点上来看，以此作为探讨对象应该是合适的。

二、《点石斋画报》所再现的1884年上海租界——特权化的"近代空间"？

鸦片战争后，根据1842年缔结的《南京条约》，中国被迫开辟了五个通商口岸，上海就是其中之一。1860年代，上海已经超过广州，成为了中国第一贸易港，而到了1880年代则跃升为东亚

---

① Ye Xiaoqing（叶晓青），*The Dianshizhai Pictorial — Shanghai Urban Life，1884—1898*，Ann Arbor：University of Michigan Press，2003，p. 4.

② 贺圣鼎：《三十五年来中国之印刷术》，载《中国近代出版史料初编》，北京：中华书局，1957年，第70页；Ye Xiaoqing（2003），pp. 9—10. 叶晓青以《申报》发行量和相关广告等为参考，推测《点石斋画报》发行"数千册"，而实际读者数则参考当时新闻报刊阅读情况（人们相互传阅，过期画报在租书店租看），最少也会达到发行量的两三倍。

乃至世界上最繁华的大都市之一。在西洋人为了自己居住、营业而设立的租界中，随着中国人口的增加①，也渐渐地形成了自己独特的文化。

从《点石斋画报》第 1 期至第 24 期所刊载的共 213 幅画页中，两幅画页描绘同一新闻的情况达五次之多，故展现给读者的时事新闻共有 208 篇。其中，有关中国的消息为 181 篇，中国以外的消息为 27 篇（包括海上消息 7 篇，香港消息 1 篇）。在和中国有关的消息中，与上海有关的为 42 篇，其中与上海租界有关的消息为 30 篇，其余 12 篇是和上海县衙门所在的上海县城②和上海郊外地区有关的消息。即上海租界中发生的消息占全部消息的七分之一，占与中国有关之消息的六分之一。

不论所报道事件的性质如何，在再现上海的画页中最显眼的是西洋风格的建筑物。西洋风格的建筑物可称得上是与中国其他地域空间鲜明区别开来的优先视觉标志。在这一期间所载上海租界事件的画报中，有 16 篇通过西洋建筑物的登场来昭示画面的空间为"租界"。

---

① 上海租界是根据 1842 年《南京条约》和翌年补充的《五口通商章程》设立的。即根据保障英国公民和家属居住权、进行商业活动以及地方官与英国领事共同酌情指定英国人租赁使用的区域等内容来设立的。有关上海租界的最初章程中有禁止中国人在租界内居住的条文。然而到了 1850 年代，江苏、浙江、湖北、湖南地区的民众为了躲避太平天国军与政府军的战乱以及小刀会等民间团体的造反，开始涌入能受到列强势力保护的上海租界，至此作为"华洋杂居"的空间，近代上海的历史正式拉开了帷幕。从此，租界内的中国人口持续增加，到了 1870 年代以后租界内的中国人口数每年平均达到外国人口数的 30—40 倍。其中，大部分为江南人。即租界内中国人口中的一半为江苏人，三分之一为浙江人。以上内容参看顾器重：《租界与中国》，《近代中国史料丛刊》第七十四辑，台北：文海出版社，第 2—10 页及第六章《租界和中国政权的关系》，第七章《中国人在租界中的地位》；徐公肃、丘瑾璋：《上海公共租界制度》，《民国丛书》第四编第二十四卷，上海：上海书店，第 9—12 页之《统计》；王臻善：《沪租界前后经过概要》，《近代中国史料丛刊》第七十四辑，台北：文海出版公司，第 35 页之统计资料。

② 当时按相对位置，称租界为北市，上海县城为南市。

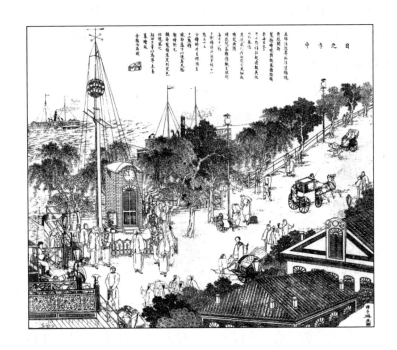

图 1　西洋风格的建筑、宽阔的道路、马车、人力车和
钟楼显示这里是租界　《日之方中》（第 22 期）

　　以西洋风格的建筑来表现上海租界，这在文人游记中也屡见
不鲜。被称为中国最早报人的王韬（1828—1897）在 1848 年为了
探望在沪教学的父亲去上海时，记录了当时的情况。

　　　　一入黄歇浦中，气象顿异。从船中遥望之，烟水苍茫，
　　帆樯历乱。浦滨一带，率皆西人舍宇，楼阁峥嵘，缥缈云外，
　　碧槛珠幕。①

　　小说家包天笑（1876—1973）回忆了儿时去上海探望父亲时

──────────

　　①　《漫游随录》之《黄浦帆樯》条。

对上海滩的第一印象。这就发生在《点石斋画报》创刊的
1884 年。

> 我初次到上海的那年，记得是九岁（光绪十年）。……第
> 三天下午垂暮时，船便到了上海，也是停泊在苏州河。……
> 我们儿童心理，到上海第一看见的就是东洋车。船在苏州河
> 里，快到上海码头时，已经看见岸上的东洋车了。……第二
> 是那种洋房，在苏州是没有看见的。苏州只有二层楼，三层
> 楼已经是极少的了。我们坐了东洋车，在路上跑，真是如入
> 山阴道上，目不暇给。①

包天笑第一次访问上海时，首次映入眼帘并且印象最深的是
人力车。在描绘上海街景的《点石斋画报》画页中，如果要举出
特别显眼的"舶来品"的话，当首推人力车和西洋马车。随着租
界的成立，西洋马车于 1840 年被引入，日本发明的人力车则于
1880 年代初传入上海。其中，人力车作为便宜的交通工具迅速在
市民生活中扎下了根。马车和人力车不仅是新鲜而便利的交通工
具，而且还是文明都市的象征。它们不仅是生活中所必需的交通
工具，也成为了再现上海的画面中缺之不可的要素。在与租界相
关的 13 幅画页里可以见到马车和人力车。

马车和人力车的行驶需要宽阔而平整的大道。上海租界大道
的路面状态和宽度与中国其他城市截然不同。中国人把这样的大
路称为"马路"。画页中出现的宽阔马路在描绘传统空间的图画中
极为罕见。这种宽敞平坦的大道只有在描绘皇城的图画中才能
一见。

---

① 包天笑：《钏影楼回忆录》，香港：大华出版社，1971 年，第 27—30 页。

图 2　租界里的赛马场　　《赛马志盛》（第 2 期）

除此之外，上海还是各种新风景的空间。比如，图 3 所描绘的场所是当时上海最大的室内剧场"丹桂楼"。虽然维持着茶馆的传统，但是坐席全部向着舞台摆放的格局也可谓一大革新。由此可见，购票进入剧场观看演出的新都市文化正在形成中。

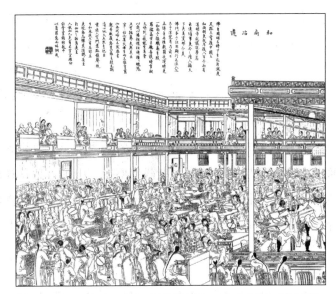

图 3　上海的"新式"戏院，丹桂楼内部　　《和尚冶游》（第 15 期）

　　使人想起上海另外一个重要标志的是前述王韬文字中提到过的桅樯林立的码头，以及其所暗示的"大海"。作为描绘黄浦江的画页，将船作为主要背景来描画是再自然不过的事情。然而，在码头并未直接成为背景空间的情况下，画面后方隐约出现的桅樯应该如何理解呢？

　　像在很多画页中出现的那样，仅以西洋风格的建筑物和街道的风景亦可充分表现租界，而画面中依然不厌其烦地出现西洋式的巨大"船舶"，这自然也可以理解为细致描写的一种方式，不过也可以看出《点石斋画报》的作者们通过船和大海来表现上海作为连接外部世界的空间。上海的"现实性"在于以巨大的船舶为媒介连接到大海的空间性质。在这一点上，租界这一空间具有特殊性。

图4　上海租界的风景　《临流设奠》（第22期）

如此再现的上海空间，与再现"其他"地域空间的比较中，其空间特征得到了突显。不论描写何种事件，上海与中国其他地域均通过上文所言及的几种视觉标志来予以鲜明区分。

图 5　宁波城外的风景　《路不拾遗》（第 9 期）

图 6　南京秦淮河　《苦乐不均》（第 4 期）

另外，上海租界与其他地域在选择并再现何种"新奇"事件时存在着差异，如下表所示：

表1   不同空间的事件类型

（单位：则）

空间	战争	灾害	时事人物动态	风俗	杀人伤害	盗窃诈骗	其他扰乱社会秩序事件	美谈	奇谈	特别器物	总计
上海租界	1	6	8	1	1		10	1		2	30
上海县城及郊外				1	1		7		3		12
中国其他地域	5	4	15	17	8	16	37	18	14	5	139
中国域外	4	2	3	2		1	4	2		2	20
海上	1	2	2						1	1	7
总计	10	9	26	28	10	18	58	21	18	10	208

表2 不同空间的"时事""人物动态""风俗""美谈""奇谈"之比例

（单位：则）

空间	消息	时事人物动态	风俗	美谈	奇谈
上海租界	30 (100%)	6 (20%)	8 (26.7%)	1 (3.3%)	0 (0%)
上海县城及郊外	12 (100%)	0 (0%)	1 (8.3%)	0 (0%)	3 (25%)
中国其他地域	139 (100%)	15 (10.8%)	17 (12.2%)	18 (12.9%)	14 (10.1%)

表3　　　　　　　　　不同空间的不法事件比例

（单位：则）

空间	消息	扰乱社会秩序事件	强力事件（杀人、伤害、盗窃、诈骗）	杀人、伤害
上海租界	30（100%）	12（40%）	2（6.7%）	1（3.3%）
上海县城及郊外	12（100%）	8（66.7%）	1（8.3%）	1（8.3%）
中国其他地域	139（100%）	61（43.8%）	24（17.2%）	8（5.8%）

通过上表可以确认以下几点：

① 在上海租界消息中，与时事、人物动态和风俗有关的消息占较大比重。

② 在包括上海县城和郊外的传统空间，与传统道德有关的美谈和难以说明的奇异事件类消息占较大比重。相反，在租界中则无一件能称得上"奇谈"的消息。

③ 对扰乱社会秩序事件的再现，租界略少一些，但两个空间无大差别。只是在分类为"强力事件"的事件中，传统空间所占比例略大一些。

④ 邻近租界的上海县城及郊外再现为"奇谈"和"不法事件"空间。

上述统计虽然只是以《点石斋画报》的一部分作为考察对象，但仍然大致可以看出这一画报是随着空间的不同来选择具体"有意思的"事件而再现的。就对比两个空间而言，仅以文字来传达此类事件可能远远不如绘画表现突出。视觉再现力量将上海租界与传统空间以最鲜明的比较方式展示给读者看，这比任何文字都更为强烈地构成了两个空间的形象。①

　　然而，《点石斋画报》以形象来再现的上海租界空间在与中国其他地域的比较中，是否自认为占据着优越的"近代性"地位呢？《点石斋画报》的画页是否以帝国主义的"近代-欧洲-进步/传统-中国-落后"视线来捏造"现实"呢？一方面似乎是如此，但另一方面却又无法断言，因为还有不少可疑之处。为了能从这一时期如《点石斋画报》之类的大众媒体中解读出某种更为丰富的东西，应该对《点石斋画报》所勾画出的"现实"后面的视线问题进行更为深入的探讨。

图 7　杀人劫财　《见财起意》（第 3 期）

---

　　①　有关先导思维/思想的视觉形象之力的理论探讨可参看 Herbert E. Read, *Icon and Idea: The Function of Art in the Development of Human Consciousness*，New York：Schocken Books，1965。

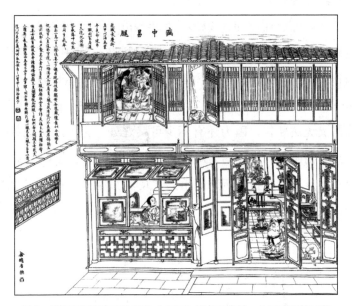

图 8　传统空间经常成为种种"志怪"故事的背景。此画页所描画的
　　　是鬼来到患病的汉子家里换走腿的故事　《病中易腿》
　　　（第 4 期）

图 9　《病中易腿》部分

三、有关视线和再现的几个问题

　　发行人美查并没有通过《点石斋画报》来明目张胆地贯彻个人的政治立场或"帝国主义"立场，这一点是可以肯定的。对他来说，最重要的是稳定的发行量和持续的收益。他好像根本不想进行任何有可能影响发行量的冒险活动。① 从《申报》的编辑方针中亦可知，美查的刊物至少在政治上采取了"漂白"的立场，这也是《申报》在近代中国新闻史上能够史无前例"长寿"的原因。从第 1 至第 24 期《点石斋画报》报道与法国战争的过程来看，也许是发行人想站在中国人的立场来报道的信念明确，也许是出于吸引中国读者的战略，抑或是因为自己是"法国人"竞争对手"英国人"的缘故，凡此种种，虽然无法断定，但据笔者看来倒像是在容忍着中国编辑者的"偏颇性"报道。这种情况暗示着与视线或者主体性质有关的一种裂缝。《点石斋画报》蕴含的这种裂缝或矛盾，归根结底，可以说是源于帝国主义化的全球资本的流动和当地出版资本流动之间的资本内部矛盾。

　　与此相关，另一矛盾也暴露出来。这与为了取得稳定收益而想使《点石斋画报》成为"高级娱乐物"的发行人的愿望有关。这从美查（尊文阁主人）的《点石斋画报缘起》一文的刊行宗旨中可以窥探其真实意图。下面将摘录该文的前后文。

　　　　画报盛行泰西，盖取各馆新闻事迹颖异者，或新出一器

---

　　①　有关美查的编辑方针参看 Ye Xiaoqing, *The Dianshizhai Pictorial — Shanghai Urban Life，1884—1898*，Ann Arbor：University of Michigan Press，2003，pp. 6—8。

乍见一物，皆为绘图缀说，以征阅者之信，而中国则未
之。……俾乐观新闻者有以考证其事，而茗余酒后，展卷玩
赏，亦足以增色舞眉飞之乐。倘为本馆利市计，必谓斯图一
出，定将不翼而飞不胫而走，则余岂敢。（尊闻阁主人，《点
石斋画报缘起》）

读画报是取得新信息的行为，同时也是像品茗饮酒一样的娱
乐行为。作为娱乐物的《点石斋画报》，其性质从第 6 期（1884
年 6 月 26 日）起在《淞隐漫录》大题目下每期选择一篇王韬的文
言小说配图刊行中可见一斑。《点石斋画报》与当时正在形成的小
说市场也有着紧密的联系。所以，上文所强调的是发行者希望通
过此出版物来获得商业性的收益。

发行者对新媒体的两个基本目标，即对于情报传达机能和娱
乐机能的阐明，明确昭示了《点石斋画报》所处的多层次位置。
当然，我们不能断言这两个基本机能一定会相互矛盾并产生裂缝。
因为这仅仅是近代新闻媒体的根本运转方式而已。然而，将所有
的事物都变成"观赏东西"的娱乐指向也会使再现现实的意志制
造出来的真实性产生皲裂。特别是从这本画报栏目没有独立，而
中国、外国和上海以及其他地域的各种消息并列在一起的情况来
看，该画报内藏着将可以推断的某种特定的"视线"构筑的"真
实性"都还原为"观赏性"层次的机制。如此一来，是否可以提
出这样的问题：假如再现的视线是殖民主义-东方主义的话，将所
有的事物都变成"观赏物"的画面中，所谓的东方主义视线位置
何在，并以何种方式运转？对中国文学文化和绘画文化的传统中
的"新"和"奇"的专有可以上溯至《山海经》。在《点石斋画
报》的再现中，将所有的事物都变成珍奇的"观赏物"的过程中，

对"新"和"奇"的中国专有方式是否进行了较大干预呢？[1]

发行者是西洋人，其所阐明的方法是西欧近代写实主义的再现意志，发行此画报的推动力为出版资本主义的运动力。但这并不能成为此画报的视线是近代西欧主体的视线或者将此原封不动地内在化的中国人"代理者"的视线之充分证据。从这一点来看，《点石斋画报》的画面到底是通过何人的视线来再现的问题并不容易回答。首先似乎应该推测多重视线的存在。即使存在着某种主导性的视线也该如此。

多重性视线的存在，使《点石斋画报》在以文字-文本和图画-文本形成的一种多媒体层面中也成问题。因为画家将语言-再现所传达的故事特定场面以视觉性再现的过程中，又会产生其他视线介入的裂缝。[2]

在中国和西洋的视觉再现传统中有何种要素，为何被选择？通过这种选择形成的画面与视线和主体性质的问题有何相关？这种新的形式装载着何种意识形态等问题也尤为重要。在这里需要指出的一点是，与美查在发刊词中反复强调的内容完全相反，中国也很早就有着通过图画来"叙事"的传统。比如宋代的《清明上河图》和清代的《姑苏繁华图》等大规模风俗画，以及《姑苏阊门图》等在苏州制作的都市风景版画，证明了通过图画来表现特定的时间和空间的传统。从明代开始流行的小说插图传统也开

---

① 有关此种论点可参看将《申报》和《点石斋画报》对奇异之事的报道、视觉再现与中国志怪传统联系起来探讨的 Rania Huntington, "Weird in the Newspaper", J. Zeitlin & L. Liu eds., *Writing and Materiality in China*, Cambridge：Harvard University Press，2003。

② 有关画报的画家、笔者、誊写者的问题和图画与文字之间的相应、不一致、间距、紧张的详细探讨参看陈平原：《导读：晚清人眼中的西学东渐》，《点石斋画报》，贵州：贵州人民出版社，2000年，第37—60页。Rania Huntington, "Weird in the Newspaper"一文中，也在探讨《点石斋画报》的再现问题时多次提到了视觉性再现与语言性再现的相互关系。

启了图画叙事的可能性，这在高度商业化的江南地域民间出版文化中明确追求着"销售"。参与《点石斋画报》的画家们是在这种绘画传统中的受训者。如果我们承认特定再现形式伴随着特定意识形态，上述事实应该充分予以考虑才是。也可以援用绘画样式的讨论和图像学（Iconography）的解释方法。对此详细的探讨留待日后进行。[①]

下面将考虑前文探讨过的"皲裂"问题并注意文本自身形成的解释之场，考察一下介入租界的再现之视线。

四、再谈《点石斋画报》所再现的 1884 年上海租界——多重视线共存的空间

在"读"《点石斋画报》文本时，我们所面对的最重要的解释条件应该是图和文在同一纸面的问题。文字文本又分为新闻报道部分和四个字组成的题目，以及报道后面的落款中的两个字或四个字的短评。以四字压缩的题目俨然具有统领全局的解释权威，然而很快会让位于占据大部分文本空间的视觉性再现物。视觉性再现会压倒四字题目，并要求根据自己来重新解读题目，有时也会宣布四字题目的无意义。

密密麻麻的新闻报道总是占据着画面的上端，并以"文字"来显示着自己所具有的权威性，然而画面的各个角落却总是想告诉读者不同的故事。它们对各自形成的意义进行干涉，并打开多种解读的空间。新闻报道后面的落款虽然只对具有特殊鉴别力的

---

① 这一方面也与作为"翻译"的"近代"问题有关。对于中国"被翻译的近代"之探讨可参看 Lydia Liu, *Translingual Practice — Literature*, *National Culture*, *and Translated Modernity: China*, *1900—1937*, Redwood：Stanford University Press, 1995。以及李孝德：《表像空间の之近代》，东京：新曜社，2002 年。此书是统筹研究语言性再现和视觉性再现问题和近代性问题的好例子。

人有效，但依然形成文本的一个层面，同时暗示着还有其他视线的存在。①

图10为《点石斋画报》第10期（光绪十年六月中旬）所载，内容为西洋人和中国人之间产生的纠纷。如图所示，一个中国人（从单衣裤未着长衫中可以看出是身份较低的汉子）指着人力车夫

图10　《逞凶可恶》（第10期）

①　对于报道后面的落款可参看 Ye Xiaoqing（2003），pp. 5—6。叶汉明、蒋英豪、黄永松：《点石斋画报全文校点》，香港：商务印书馆，2014年。在报道文章中加上标点符号，落款字句也为楷体。

向戴着高筒礼帽的西洋人诉说着什么。题目为"逞凶可恶",只看画面无法判断谁是"逞凶"者。

新闻报道的内容为:西洋人的仆人在中间扣留了一部分车资而与人力车夫发生了纠纷,不懂中国语的西洋人雇主不管三七二十一打了人力车夫。新闻报道以慨叹"西人之作威也久矣,曾亦思天道好还乎?"为结束语。落款印有"鸥张"二字,这是"鸥鸟张翼"的缩语,其意为猫头鹰展翼闪电般俯冲下来掠夺食物,形容凶恶之徒窥探时机抢夺财物。像这种情况,报道和落款充分暴露着租界内西洋人和中国人之间不平等的关系,并与题目相呼应揭露了西洋人的凶悍之相。但从画面来看好像没能充分展现这种情况,因而会产生为什么没有画出西洋人殴打人力车夫的场面这样的疑问。也许是因为出版社的主人是英国人,又是在租界发行的媒体的局限性所致吧。亦可视为有西欧的视线在妨碍的缘故。然而,再仔细观察画面的话,可以发现与报道相呼应的安排。首先映入眼帘的是人们背后屹立着的巨大的西洋式住宅。这不仅表明场所是上海,还暗示着西洋人背后的某种巨大势力。接着,还可以看到其后高耸的桅杆。这在前文已经讲过,帆樯在暗示着上海现实性空间的同时,还告诉人们租界地是何种性质的空间。通过大海而来的巨大势力!另一方面,图画中的西洋人站在大门里边,与外面的中国人隔开。这好像在给读者看两者之间必然存在的某种隔绝。将视线再略微往下移动的话,可以看到一只在西洋人脚下凶狠咆哮着的狗。这是作为西洋人的"影子"来画上去的吗?据报道中的文字说明,接下来就是西洋人咆哮着扑向了人力车夫。

另外,有趣的部分是画面中的观众。他们各自以不同的表情来看着热闹。有的以不满的目光射向西洋人及其仆从,有的

图 11　《逞凶可恶》部分

只是因为发现有热闹可看而眯着眼睛发笑。其中，特别引人注目的是一个戴着一副墨镜的汉子。在《点石斋画报》中屡屡出现的这类"新式"人物总是带着暧昧的微笑。因为有墨镜遮挡，看不到他们的真实目光。这个人物对于画面中的其他众多视线有何暗示呢？是不是画家画进图里的"视觉性签名"呢？① 还有，画面中还有一个没有出现的视线，就是在画面之外凝视该场面的视线。这是谁的视线呢？对事件以视觉来做证词的"画者-话者"（drawer-narrator）的视线位于观众之内的场合并不多见。这分明在暗示着在发言和解释的特权化的主体的位置。那是什么样的主体呢？②

---

① 意为画家以特殊的方法在画面中留下自己的印迹。
② 对于勾画上海租界的画报以类似的角度分析的其他论文可参看拙稿《以图"解读"近代中国的社会与文化——为研究〈点石斋画报〉而作的绪论》（韩文），《中国现代文学》第 28 期，2004 年 3 月。

五、结　　语

《点石斋画报》的画页展示着"近代"和"传统"、"西欧"和"中国"非"此"即"彼"的二元对立思维尚未扎根以前的再现。从绘有租界的画页中，我们可以揣测各种视线的错综情况。即使存在着某种"主"视线，也难以断定那就是西欧-近代视线，也难以断言那就是把西欧-近代视线内化了的殖民地主体的视线。也不是进入 20 世纪以后突显的民族主义视线，自然也非传统中国士大夫文人的视线。如果非说不可的话，是不是已经体验过并习惯于多元价值观/文化的江南地域的中下层文人，在身处上海这一空间时可能所持之融合、折中的立场。即与相互矛盾也能使其自然转化并安然受之的某种机制①相关的一种视线呢？当然，这也不可能是一元化的，也许在与我们已经习惯对待近代的视线相异的另外一种视线/态度中寻找到也未可知。

《点石斋画报》是多重视线交织在一起冲突、融合、折中的大众媒体。在此竞争的场中，考察：是什么被提出？为什么被提出？为什么被合法化？为什么被选择和丢弃？这似乎十分重要。其中，是否隐藏着可以重新揭开我们的"近代"来考察的线索呢？

（原载韩国《中国学报》第 50 期，2004 年 12 月，全成光译）

---

①　关于这一点请看看参看拙稿《对晚清时期上海文人的写作的研究》，首尔大学博士学位论文，1999 年 8 月，第二章第一节《清代江南社会的特征和文人层的性质》（韩文）。

20 世纪 20 年代中国革命文学的
过渡性与蒋光慈

朴敏镐

一、引　言

从某种意义上来说，20 世纪的中国史可以被看成一段特殊形态的革命史。从 1911 年辛亥革命开始，各种性质的革命贯穿着中国现代史，时而将中国引向乐观与积极，时而将中国引向悲观与消极，令中国知识分子沉浸在狂欢与苦闷之中，同时也给中国民众带来了希望与挫折。但是，无论革命的结果如何，为了反抗西方列强的压迫，实现国家独立与现代化，上至中国知识分子，下至中国民众，以其生命为代价，在 20 世纪中国革命史中留下了其斗争的崇高"伤痕"。因此，如何看待中国革命成为理解 20 世纪中国的基础。在当今资本主义全球化和后现代主义的时代背景下，文坛尝试重新思考"文学"与"政治"、"文学"与"革命"这两大主题时，20 世纪中国革命家为克服资本主义和现代性的弊端孤军奋战所留下来的思想成果与文学作品，虽然有其时代的局限性，但仍然可以作为解释当今文坛议题的重要理论基础。

在讨论 20 世纪中国革命史时，20 年代尤为值得关注。而从文学史的角度来看，20 年代作为一个时期，其范围则应当从 1917 年新文化运动开始一直持续到 30 年代左翼作家联盟（简称"左联"）的创立。在这一时期中发生了一连串可以称得上是 20 世纪中国革命里程碑式的政治事件——五四运动、中国共产党创立、第一次国共合作、五卅运动、"四·一二"反革命政变、第一次国共合作破裂等等。此外，这一时期作为中国革命文学的"准备期""胎动期"，为 20 世纪 30 年代革命文学的成长提供了必要的营养。1930 年创立的左联，正是 20 世纪 20 年代中国知识分子应对半殖民地民族危机和"现代化——反现代化"的双重苦恼所构建的新的文学团体，并由此掀起了 20 世纪 30 年代革命文学的序幕。

然而，在讨论 20 世纪 20 年代中国革命文学时，一些重要的人物却常常被忽视，蒋光慈便是其中之一。蒋光慈作为太阳社的发起人之一，20 世纪 20 年代末引发创造社、太阳社与鲁迅之间的革命文学论争，后来在左联成立时也发挥了重要的作用。目前，韩国国内有关蒋光慈的研究成果十分不足，只是在讨论革命文学论争和韩人题材文学作品时有所提及而已。[①] 由于蒋光慈英年早逝，在其短暂的文学生涯中未能取得较高的艺术成就，作品中又表现出看似教条、狭隘的文学观，因此很难引起韩国学者的研究兴趣。但是，在孕育革命文学的 20 世纪 20 年代，他凭借苏联留学经验所建立起来的革命观和文艺观，以及在弘扬中国革命文艺传统方面所做出的贡献，对于中国革命文学史而言，其研究价值

---

① 韩国国内发表的学位论文中，Che Lifang（2005）的《蒋光慈和林和的现实主义研究》（木浦大学硕士学位论文）涉及蒋光慈的讨论相对而言比重较多，此外，在期刊论文中，Jo Daeho（1996）的《"左联"以前的革命文学论争》、Lee Juno（1990）的《革命文学论争的终结与左翼作家联盟的结成》、Eom Yeonguk（1990）的《创造社、太阳社和鲁迅之间的革命文学论争》等在讨论 20 年代革命文学争论时都提到了蒋光慈，但是关于蒋光慈文学作品或文学理论的全面性研究成果仍十分不足。

不容小觑。

此外，更为重要的是，蒋光慈作为太阳社的一员，尽管他强烈呼唤文学的政治性与革命性，但同时又能够深刻体会到文学与政治、文学与革命之间保持距离的必要性，而也因此引发论争，造成了他文学生涯的不幸。即便如此，在韩国的基础性学术研究中仍狭隘地将蒋光慈理解为在文学革命论争中批判鲁迅、茅盾等人的作家之一。[①] 受到这种主流观念的影响，在韩国国内很难找到深层次、全面性讨论蒋光慈文学创作独特性和复杂性的文章。另外，在中国的相关学术研究中，对于蒋光慈作品中所具有的浪漫主义特征以及当时革命文艺派与蒋光慈之间的对立问题虽然有所讨论，但对于 20 世纪 20 年代中国现代文学中的现实主义与浪漫主义之间的关系对蒋光慈文学创作的影响尚没有给出明确的答案。

在笔者看来，深入地讨论现实主义和浪漫主义之间的关系对于全面地理解蒋光慈的作品和他的创作意识至关重要。在 20 世纪 20 年代中国现代文学的发展过程中，现实主义与浪漫主义表现出一种对立的关系，但到了 20 世纪 30 年代初期，以唯物辩证法文艺观为理论基础的拉普（RAPP：俄罗斯无产阶级作家同盟）开始受到批评，在基尔波京（V. Kirpotin）的推动下逐步建立起"社会主义现实主义"理论，这一理论在同一时期也被周扬介绍到中国国内。在这一理论体系下，现实主义和浪漫主义表现出来的不是相互对立的关系，后者其实是对前者的一种

---

① 　相关研究参见 Jo Daeho：《"左联"以前的革命文学论争》，《中语中文学》（韩国）（Vol. 19），1996 年。

补充。① 另外，新中国成立后郭沫若在《浪漫主义和现实主义》
(1958) 一文中对毛泽东提倡的"两结合"表现出坚定的信心，并
将毛泽东多篇诗歌作为"两结合"的成功典例进行了说明。② 而
实际上 20 世纪 30 年代"社会主义现实主义"理论中所主张的现
实主义和浪漫主义之间的互补关系，早在 20 年代蒋光慈的作品就
已经有所体现，上文中所提到蒋光慈的早逝也可以看作是源于周
扬批判的唯物辩证文艺观的局限。

　　本文以上述问题为依据，重点讨论蒋光慈文学作品中现实主
义和浪漫主义之间的关系，进而分析是什么样独特的文学观使其
与左联产生矛盾最终沦为论争牺牲者。在 20 世纪 30 年代中国
"社会主义现实主义"文艺理论提出前，关于这一理论的内容在蒋
光慈的文学创作中已经有所体现，但在当时以苏联为首的社会主
义国家中，唯物辩证法的创作方法依旧是指导左翼革命文艺集团
文学创作的主流标准，蒋光慈却试图通过新的革命文学的美学来
克服这一教条的文艺观。作为逆时代主流的边缘人物的蒋光慈，
其文学世界具有深厚的研究价值。为此，在下文中笔者将首先讨
论蒋光慈作品中现实主义和浪漫主义之间的关系。

二、蒋光慈作品中现实主义与浪漫主义之间的关系

　　20 世纪中国文学史中浓厚的现实主义倾向实际上是将中国现

---

　　① 　相关阐述参见周扬：《关于"社会主义的现实主义与革命的浪漫主义"——唯
物辩证法的创作方法之否定》（郭沫若等：《文学与政治——现代中国的文学理论》，
Kim Uijin、Sim Hyeyeong、Seong Minyeop 译，首尔：中央日报社，1989 年）。
　　② 　参见郭沫若：《浪漫主义与现实主义》（郭沫若等：《文学与政治——现代中国
的文学理论》，Kim Uijin、Sim Hyeyeong、Seong Minyeop 译，首尔：中央日报社，1989
年）；关于毛泽东提倡的革命现实主义和革命浪漫主义相结合的创作方法的发展脉络、
意义以及局限性参见 Sung GunJe：《20 世纪 50 年代毛泽东浪漫主义文艺论的形成及其
变异过程研究》（延世大学博士学位论文，2002 年）。

代史看作成一段伟大的革命史的必然产物。① 马克思主义文艺理论认为，作为"基础"的物质决定了作家意识，因此作家意识必然反映社会现实。在 1921 年中国共产党的创立以及 1925 年五卅运动成功的历史氛围中，由这一理论产生的以唯物辩证法为基础的现实主义激发了当时的文艺家们的创作灵感。

虽然在新文化运动中，大多数的小说都带有启蒙性质的现实主义倾向，但与 20 世纪 20 年代中期革命文学中所主张的现实主义有着本质意义上的不同。20 世纪 20 年代倡导革命文学的作家们比起社会现实更加重视作家的社会意识，所以他们的作品多数着眼于刻画观念性较强的人物和事件，而缺少对真实的社会现实描写。比起反映社会现实，他们将宣扬革命意识作为文艺创作的目标。因此，新文化运动时期的现实主义和 20 世纪 20 年代中后期革命文学之间发生的论争，实际上可以理解为文学到底是应该反映社会现实还是应该反映作家的革命意识这两种立场的对立。

从这一点来看，20 世纪 20 年代中后期倡导革命文学的作家们对社会主义文艺观的认识有很大程度的误解和歪曲。对于马克思主义文艺观（更准确的说是由普列汉诺夫等重新阐释过的马克思主义文艺观）中所说的文学原动力——"作家的社会意识"和"基础"，他们只意识到了前者，而并不重视后者。由于他们将更

---

① 事实上，像现实主义一样，在中国文坛引发强烈论争的概念问题并不多见。20 世纪相当长的一段时期内（即革命压倒一切价值观念的期间），中国国内的现实主义都停留在社会主义现实主义"反映论"的框架之内。也就是说，小说的"真实性"与否取决于小说对现实社会真实性的描写程度、对社会人物典型性的刻画程度。但是，就如陈思和所指出的，所有伟大的小说都具有某种程度上的现实性，19 世纪西方文艺思潮中的现实主义和 20 世纪社会主义现实主义分别从贯彻小说"创作方法论"和现实的"反映论"的立场展开了很多争论。参见陈思和：《中国新文学整体观》，韩国外国语大学中国现代文学研究会译，首尔：青年社，1995 年，第 101—102 页。

多的关注点放到了作家革命意识上，所以他们的创作表现出了更强的唯心主义色彩。因此，周扬在《关于"社会主义的现实主义与革命的浪漫主义"——唯物辩证法的创作方法之否定》（1933）一文中指出："'拉普'的批评家们常常用'唯物辩证法的创作方法'这个抽象的烦琐哲学的公式去绳一切作家的作品。他们对于一个作品的评价……而只根据于作者的主观态度如何。"① 此外，他们缺乏对中国社会发展阶段的明确分析和理解，不能够正视中国的现实，只能将空想的人物和现实移植到作品中。② 受此影响，20 世纪 20 年代倡导革命文学的作家们表现出一种局限性，一方面在他们初期的创作无法摆脱理想主义、唯心主义、激情式的浪漫主义色彩的束缚，另一方面他们无法成熟地将现实主义和马克思主义文艺理论应用到创作之中。1932 年莫斯科举行的全苏联作家同盟组织委员会第一次大会上，格隆斯基虽然对唯物辩证的创作方法进行了批判，却没有提及中国革命文学的局限性。

蒋光慈早期作品表现出上文中提到的唯物辩证法的创作特征。1924 年蒋光慈结束苏联留学生活回到中国后，为了宣扬马克思主义文艺观，他在这一时期发表了多篇文章。其中，最早的一篇是发表在《新青年》杂志第 3 期上题为"无产阶级与文化"的文章。在这篇文章中他对构成"上层建筑"之一的文化与"基础"之间的关系展开了讨论，并对马克思主义唯物论文艺观中文学依赖于物质生活（即经济）发展的理论进行了阐述，文中提到"人类的精神生活由其物质生活而定。换言之，人类文化伴着物质——经

---

① 周扬：《关于"社会主义的现实主义与革命的浪漫主义"——唯物辩证法的创作方法之否定》。载郭沫若等：《文学与政治——现代中国的文学理论》，Kim Uijin、Sim Hyeyeong、Seong Minyeop 译，首尔：中央日报社，1989 年，第 308—309 页。

② 关于创造社、太阳社等文学团体作家们在接受马克思主义理论过程所产生的歪曲和误解的讨论，参见吴中杰：《中国现代文艺思潮史》，Jeong Suguk、Cheon HyeonKyeong 译，首尔：新亚社，2001 年，第 213—225 页。

济的——基础而发展；物质基础发展到某一定程度，人类文化必与之相符合，而不能超出范围，因为人类文化本是人类物质生活的产物。"① 另外，1928 年 2 月他在《太阳月刊》上发表的《关于革命文学》中再次提到"一个作家一定脱离不了社会的关系，在这一种社会的关系之中，他一定有他的经济的，阶级的，政治的地位……他有意识地或无意识地，总是某一个社会团体的代表"②。受到这一文艺观的影响，在 1928 年发生的革命文学论争中，蒋光慈对还停留在反帝反封建框架内的现实主义作家鲁迅、茅盾等人，因其不具备明显的阶级意识和唯物历史意识进行了批判，这种批判的产生实际是 20 世纪 20 年代中后期苏联拉普中党派主义错误的延续。

在具体讨论蒋光慈的作品前，本文将首先对蒋光慈的创作时期进行梳理。蒋光慈的创作大体可以分为三个时期（第一时期：1921 年—1927 年，第二时期：1927 年—1929 年，第三时期：1929 年—1931 年），其作品在各个时期表现出不同的现实主义特征。③ 他在第一个时期的创作主要由诗歌开始，并逐渐向小说过渡，表现出对革命的激情。1927 年"四·一二"反革命政变爆发后，他在第二个时期的创作失去了之前对革命的激情，开始表现出对革命和中国复杂形势的困惑。在最后一个创作时期中，由于有了在日本疗养期间收获的感悟和自我反省的积累，他的创作尝试逐渐成熟起来。

《少年漂泊者》（1925）和《鸭绿江上》（1926）是蒋光慈在第

---

① 周勇：《略论蒋光慈对中国现代革命文学的贡献》，《求索》2001 年第 4 期。

② 蒋光慈：《关于革命文学》，上海文艺出版社编：《中国新文学大系（1927—1937·第二集 文学理论集二）》，上海：上海文艺出版社，1987 年，第 44 页。

③ 关于蒋光慈创作时期的划分参见 Kim Harim、Yoo Jungha、Lee Jiro：《中国现代文学的理解》，首尔：Hangilsa，1991 年。

一个创作时期的主要作品。《少年漂泊者》是一部书信体中篇小说，小说中反映了从五四运动到五卅运动期间中国社会的黑暗，通过描写中国共产党指导下的反帝反封建斗争，为当时沉浸在苦闷与彷徨中的中国青年指明了出路。佃农出身的小说主人公汪中，受到地主的压迫，在父母双亡后四处漂泊。后来，他在店铺帮工并与店铺主人家的女儿刘玉梅相恋，但玉梅的父亲却一心想把她嫁到某位高官子弟家，无奈中的玉梅最后选择了自杀。陷入绝望的汪中靠出卖劳动力为生，后几经周折在广州黄埔军校接受训练成为了一名军人。而不幸的是，他在与军阀陈炯明的战斗中壮烈牺牲。另一部小说《鸭绿江上》以在俄罗斯莫斯科东方大学留学的话者为第一视角，通过话者与同一宿舍朝鲜人李孟瀚的对话，向读者讲述了李孟瀚的父母和恋人悲惨身亡的不幸故事。日本占领朝鲜以后，曾经是朝鲜贵族的李孟瀚与其恋人云姑一家在鸭绿江边过起了隐居的生活，但李孟瀚的父母却因参加独立运动惨遭日本殖民者杀害。此后，李孟瀚为躲避日本警察的监视，听从云姑父亲的劝说逃命到了俄罗斯。然而当身在俄罗斯的他得知连云姑也被日本殖民者无情杀害的消息后，再也无法忍受内心的愤怒，燃起了向日本帝国主义复仇的决心。两篇小说以"书信体"和"讲述体"的形式，真实地描述了中国下层阶级的生存现实和日本殖民统治下朝鲜的悲惨现状，具有明显的现实主义特征，同时，通过讨论身为社会弱者的主人公的悲剧式人生，也表现出了年轻知识分子对社会主义（共产主义）的渴望。

但是在这一时期创作的小说中，蒋光慈着力于宣扬其自身的价值观和世界观，由于激情过度外露，反而忽略了对作品本身美学层面的思考。《少年漂泊者》的主人公汪中和《鸭绿江上》的主人公李孟瀚都无法超越作为弱小民族或被压迫阶级的善良青年，为了反抗加害他们的种种社会不合理现象投身革命的叙事框架。另外，小说中扁平的人物形象和事件，老套单一的描写方式，主人公和其同事间所呼喊的革命口号以及表现出的革命激情，在当时大多数民众中很难得到普遍的共鸣。

蒋光慈在这一时期创作的诗歌作品中也表现出了类似的特征。他的第一部诗集《新梦》充满了对莫斯科革命氛围的期待和赞扬，以及对无产阶级革命的号召。第二部诗集《哀中国》中收录的诗歌对中国沦为西方半殖民地、军阀割据的混乱状态表现出了强烈的悲愤之情。

> 贝加尔湖的山洞，
>
> 我一个一个穿过了——
>
> 都寻着了光亮。
>
> ……
>
> 那不是莫斯科么？
>
> 多少年梦见的情人！
>
> 我快要同你怀抱哩！（《红笑》）①
>
>
> 满国中外邦的旗帜乱飞扬，
>
> 满国中外人的气焰好猖狂！
>
> 旅顺大连不是中国人的土地么？
>
> 可是久已做了外国人的军港；
>
> 法国花园②不是中国人的土地么？

---

① 蒋光慈：《蒋光慈文集》（第 3 卷），上海：上海文艺出版社，1985 年，第 259 页。

② 原名为法国滇越铁路总局，现位于云南省蒙自市。20 世纪 20 年代意大利铁路技术人员与领事馆、法国铁道督察厅都在此处办公。

　　可是不准穿中服的人们游逛。(《哀中国》)①

　　这两首诗体现了蒋光慈文学创作初期所带有的激情以及愤懑的浪漫情感。在第一首《红笑》中称"莫斯科"为"情人",将其视为一种"革命的乌托邦",而在第二首《哀中国》中他则对"西势东渐"的现实表现出了无法抑制的愤懑。然而在这两首诗中除了体现出爱国主义和民族主义的感情外,却很难找到其他特殊的美学形式或诗句的活用。

　　《丽莎的哀怨》(1929)是蒋光慈在第二个创作时期最具代表性的小说作品。这篇小说围绕着俄国十月革命后一个没落女性贵族的人生悲剧展开叙述。曾经过着华丽贵族生活的主人公丽莎为躲避俄国十月革命只身逃到上海,在上海她只靠出卖身体艰难地维持生计,最终却因染上性病,悲惨地死去。蒋光慈在小说中通过主人公丽莎的内心独白体的形式,更加突出了她所经历的人生悲剧,然而,这篇作品发表后却遭到了来自革命文学内部强烈的批判。② 其原因在于,这篇小说虽然赞扬了俄国革命的胜利和社会主义的发展,但同时也描写了十月革命这一历史事件所造成的一位俄罗斯贵族女性的人生悲剧,表现出了对旧贵族的同情。

　　"四·一二"反革命政变发生后,由于革命受挫,在失望和悲观的情绪笼罩下,蒋光慈在这一时期创作的小说中表现出了对革命价值观的困惑。虽然,从反映社会现实的角度来看,他的作品

──────────

　　① 蒋光慈:《蒋光慈文集》(第3卷),上海:上海文艺出版社,1985年,第391页。

　　② 《红旗日报》对这篇小说的报道评价如下:"他曾写过一本小说《丽莎的哀怨》,完全从小资产阶级的意识出发,来分析白俄,充分反映了白俄没落的悲哀,贪图几个版税,依然让书店继续出版,给读者的印象是同情白俄反革命后代的哀怨,代白俄诉苦,诬蔑苏联无产阶级的统治。"引自刘小清:《左联作家蒋光慈被开除党籍始末》,《炎黄春秋》2001年第9期。

仍带有明显的现实主义特征，但相比之前作品中所标榜的革命路线和目标，这一时期的创作则表现出了在革命失败后知识分子的彷徨与无力。① 在《丽莎的哀怨》这篇小说中，蒋光慈没有刻意地宣扬革命意识，也没有表现出对反帝反封建运动的愤慨，而是更多地在挫折与回忆中试图表达人类超越阶级普遍存在的哀伤和同情，这种浪漫主义情感的出现标志着蒋光慈创作倾向的转变。随着革命的退潮，蒋光慈文学作品中的革命色彩也逐渐减弱，"同情""怜悯"等浪漫主义情感则变得更加明显。另外，在这篇小说中，他不仅与狭隘的革命主义划清了界限，同时借助主人公丽莎，表达了对人类个体生命悲剧性的写作欲望。由此可以看出，蒋光慈的写作技巧正在走向成熟，已经摆脱初期革命激情式的创作模式，开始尝试思考自身情感与现实之间的复杂性。

在 1929 年后的第三个创作时期中，蒋光慈在日本疗养过程中与藏原惟人的交流成为他提升自身创作深度的重要契机。在交流过程中，他对中国革命有了更深层次的认识，并开始反思之前的创作。首先，打破初期创作模式中对汪中和李孟瀚这类公式化典型人物的塑造，以及具有宣传性质的单一故事结构，同时，尽可能地回避"四·一二"反革命政变"伤痕"带来的悲观情绪。在这一时期，蒋光慈完成了他创作生涯中最具思想性和文学性的作品，《冲出云围的月亮》就是其中之一。在这篇小说中，主人公王

---

① 但是，他在同年创作的《关于革命文学》这篇文章中却认为像对丽莎表现出的"同情""悲伤"等类似的情感属于资产阶级情感，并对此加以批判。他在文中提到"倘若仅仅只反对旧的而不能认识出新的出路，不能追随着革命的前进，或消极地抱着悲观态度，那么这个作家只是虚无主义的作家，他的作品只是虚无主义的，而不是革命的文学。……虽然有时也发几声反抗呼喊，但是始终在彷徨，彷徨……寻不出什么出路，这对于作者本身的确是很悲哀的事情。"参见蒋光慈：《关于革命文学》，上海文艺出版社编：《中国新文学大系（1927—1937·第二集　文学理论集二）》，上海：上海文艺出版社，1987 年，第 45 页。如同在"四·一二"反革命政变后对革命表现出来的混乱情感一样，蒋光慈在革命文学观和革命文学实践之间也产生了矛盾。

曼英是一名资产阶级知识分子，在革命高潮期曾投身革命，在革命退潮后失去信念开始彷徨，后来被一个叫李尚志的青年唤醒，再次进入工厂参加工人运动。《咆哮了的土地》由于遭到国民党的查禁，在蒋光慈生前没能出版，小说主要描写中国共产党知识分子和下层农民在湖南地区和井冈山革命根据地开展土地改革和武装斗争的事迹，并成功地塑造了地主、工人出身的革命家、进步的知识分子和觉醒的农民等丰富的人物形象。在这篇小说中，蒋光慈不仅运用现实主义手法高度还原了革命区的真实状况，同时通过塑造极具个性的人物形象，使其创作达到典型化的高峰，可以称得上是其创作生涯中的里程碑。①

此外，蒋光慈通过这部作品实现了现实主义与浪漫主义的统一。这部作品不再像初期作品一样充斥着革命的激情，更主要的是要表达现实的复杂和人物性格的多样。一方面，通过描写知识分子、工人、农民建设"金刚山"革命"乌托邦"的热情，以及在这一过程中产生的烦恼与矛盾，体现出了浪漫主义的创作意识。另一方面，蒋光慈"凭借自己敏锐的观察与分析能力，以艺术把握世界的方式，反映了中国革命的出路问题""在主题思想方面超越了此前的'乡土文学'，达到了前所未有的高度"，因此，这部作品也被认为是反映现实主义的巨作之一。②

通过上述讨论可以看出，在蒋光慈的文学生涯中，他一直在尝试着反映中国社会下层民众的真实生活。但是，在他不同时期

---

① 余学玉评价蒋光慈的《咆哮了的土地》是"红色经典"的开山之作，在现代文学史占有重要的地位。在学术界被认为是"第一部正面描写土地革命的小说，在中国现代文学史上第一个艺术地再现了井冈山道路，填补了中国文学史的一项空白"。参见余学玉：《"红色经典"的开山之作——论〈咆哮了的土地〉的文学史地位》，《皖西学院学报》2011年第6期。

② 余学玉：《"红色经典"的开山之作——论〈咆哮了的土地〉的文学史地位》，《皖西学院学报》2011年第6期。

作品中的现实主义倾向表现出了渐变式的发展特征。在他早期创作的《少年漂泊者》《鸭绿江上》等作品中充斥着革命激情，而从《丽莎的哀怨》等过渡期作品开始，到遗作《咆哮了的土地》为止，则反映出了他现实主义创作意识的成熟。换句话说，蒋光慈的创作，从带有宣传性质充满革命激情的诗歌、小说开始，向反映中国社会现状的现实主义小说过渡。尽管如此，他还是将自己视为"浪漫派"，重视作为革命艺术家所应具备的身份认同，以及作家自身的主观情绪。而他为此所付出的努力，不仅仅表现在他创作的作品中，同时也体现在他的日常生活与创作活动中。

在 20 世纪 20 年代末 30 年代初，蒋光慈尝试着通过文学实践去实现"革命"与"艺术"、"集体"与"个人"的统一，但当时中国文坛和左翼阵营内部正处在教条主义氛围中，最终无法得到支持与认同的他只能在苦闷中死去。他的死亡实际上是 20 世纪 30 年代初期，中国左翼文坛由唯物辩证法创作方法向社会主义现实主义创作方法转变过程中的牺牲品。总的来讲，蒋光慈通过自身的文学实践，努力摆脱唯物辩证法创作方法中意识形态和主观主义的束缚，为了更加贴近复杂而多变的现实，表达作家的情感，而不断地提升艺术创作技巧。因此，在下文中笔者将重点讨论在蒋光慈的文学实践过程中不断引起冲突和矛盾的当时中国文坛状况，以及两者之间的对立关系。

三、个人主义浪漫与集体主义浪漫之间的矛盾

上文对 20 世纪 20 年代中国现代文学中现实主义与浪漫主义之间的相互关系进行了具体讨论。主张现实主义的文学研究会和主张浪漫主义、唯美主义的创造社在 20 世纪 20 年代中后期

发生了巨大的变化，其中，最具悖论性的是，创造社的成员批评文学研究会为小资产阶级艺术主义所倾倒。但是，如果我们仔细研究创作社的文学主张，就能够说通这一变化。[1] 创造社的成员虽然在 20 世纪 20 年代初认为文学是表现个人情感的一种手段，主张"为艺术而艺术"的创作，但是，这里他们所讲的"个人情感"绝非极端的私人情感，而是由时代与和民族的不幸激发出的"个人情感"。这也解释了在 20 世纪 20 年代中后期，他们为什么会受到席卷中国的无产阶级运动的影响，迅速走上革命文艺的道路。

实际上，中国革命文学家在积极接受马克思主义文艺观，强烈主张"革命现实主义"的必要性的同时，并没有完全忽略浪漫主义。无论是有意识还是无意识，他们在社会主义现实主义文学理论中纳入了有观念主义和理想主义色彩的浪漫主义情绪。在 20 世纪 30 年代，革命文学家都在批判蒋光慈的创作时，郭沫若却引用蒋光慈的话为他辩解道：

> "他在'浪漫'受着围骂（并不想夸张地用'围剿'那种字面）的时候，却敢于对我们说：'我自己便是浪漫派，凡是革命家也都是浪漫派，不浪漫谁个来革命呢。'他这所说的'浪漫'大约也就是并不是所谓'吊儿郎当'。但他很恳切，他怕我们还不能理解，又曾这样为我们解释过几句：'有理

---

[1]　陈思和指出了一个有趣的事实："现实主义在内部划清与自然主义的界限工作，最初正是由反对现实主义的创造社诸作家们进行的。"换句话说，20 年代末对作为文艺思潮的现实主义展开的理论阐述工作，最初是由成仿吾、穆木天等创造社的作家负责。此外，陈思和还认为："他们身上还带着浪漫主义的胎记，就匆匆忙忙吸允起现实主义的乳汁"，而蒋光慈的《田野的风》就这明显的反映了这种变化。陈思和：《中国新文学整体观》，韩国外国语大学中国现代文学研究会译，首尔：青年社，1995年，第 108—109 页。

想，有热情，不满足现状而企图创造出些更好的什么的，这种精神便是浪漫主义。具有这种精神的便是浪漫派。'"①

在郭沫若所引用的蒋光慈的话中可以看出，20 世纪 20 年代后半期，中国革命作家在接受马克思主义文艺观的过程中，并没有想过将自己与浪漫主义完全划清界限，因为在他们看来，不具有浪漫主义特征的作家无法成为完全意义上的"革命派"。但是，从当时革命文学家把蒋光慈作为"浪漫派"作家进行批判的情形来看，大多数的革命文学家没有认识到其自身带有"浪漫性"。也就是说，他们对于浪漫主义的认识还停留在 20 世纪 20 年代初"为艺术而艺术"的阶段，因此只是将浪漫主义简单地看作资产阶级的艺术形式。但是，在 1932 年以后苏联左翼文坛对浪漫主义的价值进行了重新评价，认为它是社会主义现实主义不可缺少的部分。周扬认为在上文中所提到的将现实主义等同于唯物论、浪漫主义等同于唯心论的观点是"教条"的，不能将"社会主义现实主义"与"革命浪漫主义"作为两个互不相关的理念来看待，"'革命浪漫主义'与'社会主义现实主义'不是对立的……而是推进社会主义现实主义多样化发展的必要因素"。这与蒋光慈强调浪漫主义价值性在社会主义现实主义中的重要性的观点相一致。②

另外，受到创造社成员在创作意识和世界观之间矛盾的影响，20 世纪 20 年代初文学研究会主张的现实主义和创造社主张的浪漫主义之间的对立，在经历 20 世纪 20 年代中期以后发生的革命

---

① 刘小清：《左联作家蒋光慈被开除党籍始末》，《炎黄春秋》2001 年第 9 期。

② 参见周扬：《关于"社会主义的现实主义与革命的浪漫主义"——唯物辩证法的创作方法之否定》，第 315—317 页。

文学论争后，演变成了新的对立形式。正如上文中所提到，这是因为创造社主张的"为艺术而艺术"的浪漫主义虽然带有艺术至上主义的倾向，但在其成员大多数的作品中都表现出了鲜明的爱国主义和民族主义的特征。① 带有"艺术至上主义"倾向的个人浪漫主义和带有"爱国主义""民族主义"的愤懑的集体主义浪漫意识之间隐藏着严重的矛盾，对于 20 世纪 20 年代初期的创造社成员而言，他们没有能力认识到这一矛盾，而这一矛盾开始浮出水面并成为作家之间争论的问题，大概也是在革命文学论争和左联成立之后的事情了。在"革命"的旗帜下，文学与艺术应该成为"留声机"的呼声越来越大，浪漫派作家对于为了实现国家和民族的复兴，必须要在自己的创作实践中遵循一定的艺术创作理论的要求感到了相当不便，因为这种艺术创作理论与作家可以自由地表达内心情感的个人主义的浪漫性是相排斥的。

不仅仅是创造社的成员，对于身为太阳社成员的蒋光慈而言，个人主义浪漫和集体主义浪漫之间的关系也是非常矛盾的。事实上，从他的创作经历来看，他的早期作品中讲述了在国家与民族经历巨大混乱时，下层劳动阶级和知识分子之间产生的联合，同时也描写了由于国家和民族的不幸导致男女之间悲剧性的恋爱史，从这一点上看，在他的作品中尝试着实现两种浪漫的统一。但是，从作品的整体主题来看，他早期的诗歌和小说更多是在集中讨论前者，即集体主义的浪漫。相反，在《丽莎的哀怨》中他的世界观则表现为个人主义的浪漫性，而且正如上文中所说的，由于这部小说受到来自主张集体主义浪漫性的革命主义文学家的强烈批

---

① 对此郭沫若在《浪漫主义和现实主义》一文中提到："我否认'为艺术而艺术'，一些标榜现实主义的朋友们确实这样说过，但这些话是不现实的。"（郭沫若等：《文学与政治——现代中国的文学理论》，Kim Uijin、Sim Hyeyeong、Seong Minyeop 译，首尔：中央日报社，1989 年，第 405 页。）

判，蒋光慈开始思考个人主义浪漫和集体主义浪漫之间的矛盾。

他在创作《丽莎的哀怨》的前一年所写的《关于革命文学》一文中，阐述了他个人关于个人主义和集体主义的见解。他认为当时的社会处于"从个人主义走向集体主义"的阶段，在当时的资本主义社会环境下，个人主义的发展已经到达顶点。此外，通过他在这篇文章中所说的"旧式的作家因为受了旧思想的支配，成为了个人主义者……而忽视了群众的生活。他们的心目中只知道英雄，而不知道有群众，只知道有个人，而不知道有集体"，① 也可以看出他批判个人主义和主张集体主义的文学态度。但是，在《丽莎的哀怨》中他又通过描写贵族出身的女性丽莎在俄国十月革命后所经历的个人苦难，表达了作家的怜悯，这与他主张的集体主义文学态度相反，带有明显的个人主义和人道主义的特征。也因此，他收到了来自革命文艺批评家的强烈批判，"这部著作，给他带来了一生的哀怨！"② 在 1928 年发生文学革命论争时，蒋光慈认为"新作家作为革命的儿女、革命的创造者，应该与时代保持密切的关系……只有他们才能真实地表现现代中国社会的生活，把握时代的英雄""我们的时代是黑暗与光明斗争的时代，宣扬革命浪潮的时代，我们的作家应该表现这个时代"，并由此对鲁迅、茅盾等人展开批判，但就在这些言论发表的第二年，蒋光慈创作了《丽莎的哀怨》，这部小说的发表实际上是他在"个人主义浪漫"和"集体主义浪漫"矛盾中彷徨的产物，同时也间接地暗示了他在尝试调整自己的创作意识，赋予作品更多的个性。

---

① 蒋光慈：《关于革命文学》，上海文艺出版社编：《中国新文学大系（1927—1937・第二集　文学理论集二）》，上海：上海文艺出版社，1987 年，第 46 页。

② 陈红旗：《蒋光慈与〈丽莎的哀怨〉：革命现代性主题的忧郁表达》，《吉林省教育学院学报》2005 年第 1 期。

蒋光慈让我们看到了一位为了克服"个人主义的浪漫"与"集体主义浪漫"之间的矛盾而奋斗的作家不幸早逝的一生。或许，他是在 1927 年"四·一二"反革命政变发生后，开始对"左倾冒险主义"路线产生怀疑的想法。他认为在革命尚未成熟阶段，去强迫群众进行斗争，只会带来无意义的牺牲，因此他对革命的态度也开始变得消极。特别是在左联创立过程中，蒋光慈虽然发挥了重要的作用，但是仍可以看出他对在半强制性状态下动员作家参加示威、游行、集会、宣传等活动表现出了否定的态度。也因此，在左联成员中也有人抱怨说："说它是文学团体，不如说更像个政党。"①

蒋光慈拒绝了左联借用他相对比较宽敞的家来作为左联会议场所的提议，同时也用自己身体虚弱的理由多次缺席左联组织的示威活动。此外，他更不愿意为了革命斗争过度割舍创作时间。因此，他在左联内部受到了"蒋光慈过着小资产阶级的舒适生活，必须到无产阶级大众中去锻炼"的批判。但是他并没有妥协，反而义正言辞地说道："党组织说我写作不算工作，要我到南京路上去暴动才算工作，其实我的工作就是写作。"②

左联与蒋光慈之间的矛盾愈演愈烈，以致最后蒋光慈选择退党。起初，蒋光慈所递交的退党申请书没有被好友钱杏邨接受，但钱杏邨的劝阻仍无法挽回蒋光慈的固执。在当时的时代背景下，左联对蒋光慈的这种做法是不能接受的，他们把蒋光慈的退党申请看作是对党的挑战，因此只有一种选择——开除他的党籍。1930 年 10 月 20 日《红旗日报》上发表了《没落的小资产阶级蒋光慈被共产党开除党籍》的报道，在这篇报道中呼吁"因革命斗

---

① 刘小清：《左联作家蒋光慈被开除党籍始末》，《炎黄春秋》2001 年第 9 期。
② 刘小清：《左联作家蒋光慈被开除党籍始末》，《炎黄春秋》2001 年第 9 期。

争尖锐化，动摇退缩，只求个人享乐，故避免艰苦斗争。布尔什维克的党要坚决肃清这些投机取巧，畏缩动摇的分子"，同时还指责蒋光慈道"今蒋光慈之所为，完全是看见阶级斗争尖锐，惧怕牺牲，躲避艰苦工作，完全是一种最后的小资产阶级最可耻的行为"。① 中国共产党和左联的激烈的指责，给过去十几年来一直在为无产阶级革命和文艺创作相结合而努力的蒋光慈带来了难以忍受的羞辱感，以至于他在这件事发生后不到一年的时间里就去世了。对于蒋光慈的逝世，郁达夫写道："光慈之死，所受的精神上的打击，要比身体上的打击更足以致他的命。"郑超麟说："蒋光慈是个悲剧，他临死之前不久还被开除出党，据说并非为了路线斗阵，而是为了文学活动不能与党员的义务相容。我们那时都是把党的工作看作高于文学活动，像蒋光慈那样把文学活动和党的工作相提并论，这在当时是行不通的。"②

综上所述，在个人主义和集体主义之间，从理论上一直认为后者更有价值的蒋光慈在自己的创作实践中反而想要试图实现二者的统一。在他看来创作是一种个人行为，虽然也可以成为革命任务的一种状态，但是在左联成立后，从当时以集体主义的革命任务为价值取向的中国文坛状况来看，蒋光慈只能被认为是一位具有个人主义浪漫倾向、无法摆脱的资产阶级习性的"旧"作家。通过蒋光慈悲剧式的人生可以看出，在 20 世纪 20 年代末 30 年代初，中国革命文艺阵营内部对于寻求个人主义浪漫和集体主义浪漫统一的尝试是多么不能为主流所接受。在教条式高举集体主义浪漫旗帜的革命文艺阵营中，蒋光慈试图坚持的"创作"行为应具有自由和个人主义浪漫性价值的立场，是很难被接受的。

---

① 刘小清：《左联作家蒋光慈被开除党籍始末》，《炎黄春秋》2001 年第 9 期。
② 刘小清：《左联作家蒋光慈被开除党籍始末》，《炎黄春秋》2001 年第 9 期。

四、结　语

在上文中，通过对蒋光慈作家生涯的讨论，展现了 20 世纪 20 年代中国文学革命过渡期另外的一面。通过蒋光慈的创作生涯和具体作品，笔者可以得出以下几点结论：首先，革命文学家们虽然积极宣扬马克思主义文艺观中的现实主义价值，但在 20 世纪 20 年代中期的革命文学作品中缺少对具体社会现实的分析，大部分作品都是革命激情的产物，带有唯心主义的局限性。这一局限性在 20 世纪 20 年代后半期革命文学论争产生前后得到了纠正，作家的浪漫情感与复杂的社会现实相结合创作出更具深度的现实主义作品。其次，20 世纪 20 年代初潜在的个人主义浪漫和集体主义浪漫之间的矛盾，在 20 世纪 20 年代后半期革命文艺口号中开始变得尖锐起来，并给像蒋光慈这样对革命和现实持有忠实态度的作家带来了悲剧。尽管蒋光慈也是一位充满激情的革命主义文学家，但为了坚持创作实践的个性和自由，他只能选择与那些只承认集体主义革命价值的作家进行斗争。这也是自 20 世纪 20 年代中期以后，对"拉普"指导下形成的革命文学意识形态的教条性感到郁闷的作家，在追求更完整意义上的社会主义现实主义的过程中发生的悲剧。本文中讨论的蒋光慈事例，可以看作是 20 世纪 30 年代中期以后中国接受社会主义现实主义理论过程中初期"萌芽"式的表现，同时也是从延安文艺座谈会以后到 20 世纪 70 年代为止，中国当代文学在"文学"与"政治"、"艺术"与"革命"之间强调前者从属于后者，破坏文学与艺术本身的生产性和价值的悲剧历史的初期征兆。

作为"后资本主义文化逻辑"的后现代主义导致了"文学的

终结", 对此, 近几年来很多学者都在试图建立"文学"与"政治"、"艺术"与"革命"的正确关系。如何令当今文学在大众中产生共鸣, 唤醒他们对进步价值的认知, 换句话说, 如何挽救现代文学这一问题的提出成为我们思考过去特定历史时期的契机。但是在文坛与艺术界中, 特别从中国的历史发展过程来看, 就如资本主义狂热状态所造成的危机一样, 极左的教条主义提前终结了中国现代文学, 或者说给中国现代文学带来了致命的伤害。因从属于革命和政治而失掉活力的文学和艺术的出现, 以及大众对这类文学和艺术盲目的、无批判式的接受导致 20 世纪二三十年代中国文学缺少多样性与活力、前卫性与批判性, 压抑了文学本身的魅力, 使其干涸枯竭。蒋光慈在其悲剧性的创作生涯中, 真实地反映了资本主义与殖民主义时代下层人民所经历的悲哀, 在被要求以集体浪漫主义的"乌托邦"来构想社会主义或共产主义社会的同时, 不放弃在集体主义中对个人的自由和创造性的追求, 而这种追求对于文艺发展而言, 具有非常重要的意义。

(原载韩国《中国语文论译丛刊》2012 年总第 31 期)

穆时英小说中的欲望
与重叠性意义[①]

孙凑然

一、穆时英小说的发展模式

小说家穆时英（1912—1940）以上海为背景，采用了独一无二的叙述方式，在小说中描写了发展的都市文明与独特的时代氛围。百货公司、跑马场、跳舞厅等都市场所在穆时英之前的小说，只不过是故事发生的场所而已。从穆时英的小说出发，这些场所成为展现欲望引发焦虑、不安等感情的通道。而且，具体的商品名称和人名（譬如 Craven "A"、Camel 等香烟牌子，葛丽泰·嘉宝、瑙玛·希拉等女演员的名字）是展开故事情节的核心因素。加之，穆时英运用了现代主义和未来派的文人经常使用的蒙太奇、意识流等叙述方式，在小说形式和创作技巧上寻求突破。其中，日本新感觉派的小说对他发挥了直接的影响。因而，文学史常常把他和刘呐鸥等作家称为新感觉派

---

① 本文改编自作者的博士学位论文《20 世纪 30 年代中国小说的先锋性研究》第三章《欲望的多种表现：自我意识的挖掘、时空的解体与重叠性意义》。

作家。①

从20世纪80年代起，一度被文学史遗忘的穆时英等新感觉派作家，其作品的文学价值逐渐为人所认识，文学界也涌现了一批成绩卓著的研究成果。这些研究成果引申出了几个问题。第一，我们应该如何分析穆时英早期作品中的普罗文学因素呢？一般来说，穆时英的代表作是他的后期作品，即采用现代主义技巧的都市小说。因此，单看穆时英在20世纪30年代刚展开文学活动的早期作品，难免会被冠上"资产阶级小说""性爱小说"之称，但只要细读穆时英的作品，我们可以发现，其普罗意识不仅出现在于早期小说，在后期的所谓"资产阶级都市小说"中也处处存在。那么，应该如何理解两个互相矛盾的文学因素（资产阶级的享乐、欲望的因素和劳动阶级的普罗意识），成为全面分析穆时英作品的

---

① 文学史一般将刘呐鸥、穆时英、施蛰存等作家称为"新感觉派"。但其实此命名包含着许多问题。第一，新感觉派是直接借用日本的文学流派，即"新感觉派（しんかんかくは）"的名称。它排除写实的描述，重视生动的词汇描写、新颖的内心感觉等因素。中国的新感觉派广受日本新感觉派的影响，因而在文学性方面，两国的新感觉派都表现出类似的特征。不过，正因其名称相同，中国新感觉派的特殊性反而被遮蔽了。尤其是中国新感觉派与上海都市发展的关系、左翼文学的影响、大革命失败、中日战争的爆发等历史事件之因素，事实上还有加以论述的空间。第二，新感觉派的范围极为模糊。从叙述技巧方面来看，刘呐鸥、穆时英、施蛰存属于同一个流派。但正如施蛰存所说的那样，他主要关注的是采用心理学的理论描述魔幻的怪诞小说。而刘呐鸥和穆时英的兴趣则集中在对女性身体的描述技巧。第三，黑婴和叶灵风是否属于新感觉派？迄今，使用新感觉派之称是评价刘呐鸥、穆时英、施蛰存等作家的最"容易"的方法。但其实，这一名称让这些作家再次被"没有内容而只强调技巧的小说"或"性爱都市小说"的评价束缚。除了新感觉派的名称之外，还有海派、现代派等名称。但海派的时代范围、艺术体裁范围太广，而且这些作家所显示的艺术倾向，并不完全符合西方现代主义文学的定义，因而称之为现代派也不妥当。难以为这些作家命名文学流派，原因在于20世纪30年代的中国小说在主题、叙述技巧、文学思想方面都呈现出丰富多彩、纷繁复杂的现象。因此，研究者首先需要分析的，应该是个别作家的文学价值和意义，尔后，方有望解决流派命名和分类的问题。不过，为了方便后面的论述和方便读者理解，本论文将暂时沿用现时文学史普遍采用的名称"新感觉派"来称呼上述作家。

首要课题。① 严家炎、李今、吴福辉等研究者都关注了上述的矛盾意识问题。如吴福辉在《都市漩流中的海派小说》所说的那样，为新感觉派正名是他们的主要目标之一。因此，如何分析穆时英作品的文学意义成为这些研究者的核心主题。1985 年严家炎出版的《新感觉派小说选》一书，介绍了刘呐鸥、穆时英、施蛰存的作品。接着在 1986 年出版的《中国现代小说流派史》中分析了他们的小说。严家炎把这些作家和作品命名为新感觉派、心理分析小说，把他们理解为具有浪漫主义色彩并采用现代主义技巧的文学流派。该书还指出：这些作家的作品显示了二重人格，它们不正确地采用了弗洛伊德心理学理论，具有颓废、色情、绝望的氛围等反面因素，但由于他们给当时的中国文坛带来了"新"的内容和技巧，严家炎认为这些作品实际仍有不少值得关注的价值。② 李今在《海派小说与现代都市文化》以及《海派小说论》中从现代性的观点出发，分析了海派小说的都市性，还从电影拍摄技术的层面考察了海派小说采用的叙述技巧和角度。吴福辉撰写的《都市漩流中的海派小说》给海派文学研究增添了更加丰富多彩的分析。虽然如此，在这一本著作中，商业化和变态心理等都市生活问题仍然被认定为一种"病态"。以上的研究成果显示，过去对于穆时英的研究主要集中于他的后期作品。这是因为穆时英以崭新的文学技巧成功地描写了都市的各种现象和都市人的心

---

① 针对穆时英早期小说的左翼因素，史书美在《现代的诱惑》中指出穆时英小说观点中的复杂性说："（1）正如上面所提到的那样，穆时英有流氓无产阶级的早期小说成为了无产阶级小说的奠基之作；（2）穆时英的许多看法和观念上说都是马克思主义的，他的都市小说无疑将矛头直接指向了资本主义；（3）穆时英通过自己写于 30 年代的有关电影、文学和文化的理论文章和大众散文，构造了一个精密的马克思主义理论框架以与左联颇具煽动性的政策相对抗，由此，穆时英以用其人之道还治其人之身的方式回击了左联。"史书美著，何恬译：《现代的诱惑》，南京：江苏人民出版社，2007 年，第 346—347 页。

② 严家炎：《中国现代小说流派史》，第四章。

理。然而值得注意的是在描写都市性的过程中，穆时英还表现了颓废性或性苦闷的因素，而这些因素在道德价值评判体系中难免受到否定的评价，令穆时英小说的研究呈现出极为复杂的面貌。穆时英的早期作品均可以归类为普罗小说。而此类早期的普罗小说在叙述技巧和故事结构方面均比不上后期的作品，大部分的作品属于练笔之作。但这些早期作品，它的道德价值观和思想的方向比较符合当时普罗大众的标准。至于穆时英后期的都市小说则恰恰相反，它们从文学、艺术的角度来看是无可匹敌的，但它们的颓废性或性描写却超出了当时普罗大众的接受范围，而难免在道德和思想上遭受批评。那么，资产阶级和普罗阶级、现代主义和现实主义、艺术性与大众性的二元对立的研究中，我们应该如何分析穆时英的作品呢？

第二个问题是都市与欲望之间的关系。20 世纪 90 年代，美国的学者从现代性和都市性的观点出发探讨了中国 20 世纪 30 年代的文学。因此，学者自然而然地对上海的文学感兴趣，对作品中的摩登女性、资本家等都市人物予以密切的关注。此外，亦有学者将 30 年代小说里对女性的欲望和性描写，理解为不断追求都市刺激的人物的性格描写。例如史书美就从 30 年代上海的特殊性，即"半殖民地"的地理角度，分析了穆时英的作品。她认为，穆时英在否定客观现实，而"穆时英对殖民现实的遮蔽不仅意味着民族主义意识的失败或是向殖民意识的屈服，这更表明了半殖民地语境下中国资产阶级所作出的一种自由的文化选择"。① 换句话说，穆时英否定当时悲惨的半殖民地的现实，向资产阶级的个人感情逃避。另外一个研究者李欧梵则集中分析穆时英小说中的

---

① 史书美著，何恬译：《现代的诱惑》，南京：江苏人民出版社，2007 年，第 342 页。

女体描写，认为穆时英把女体看成一个地图，而通过这个女体地图呈现了都市的寓言。他还认为跳舞厅、电影院等都市的现代空间是个"奇观"（spectacle），而它也是寓言的艺术表现。总而言之，穆时英的小说是以都市引发的各种各样的感情筑成的自我意识的表现。①

当然，我们不得不承认穆时英受到日本新感觉派的影响，还采用了俄国未来派的文学技巧。不用说，穆时英的小说中最为突出的是都市性和现代性。但是本论文想指出的是，如果过度强调小说的技巧或都市因素，我们将只能看到穆时英作品的片面。正如穆时英的作品被重新"挖掘"之前，它被批评为性爱小说或包含错误因素的普罗小说的那样，过度强调穆时英小说的都市性和现代性，就难免会忽略它的左翼因素。其实，这些都是以单一的标准规定小说的"本质"而产生的现象。其实，穆时英称不上一名思想家。他是一名小说家，并不试图通过自己的作品传达某种思想。因此，穆时英的作品显得极为杂乱，没有一个集中点。如果我们不顾他的这一"杂乱"的特点，反而将执着于分析穆时英小说的本质，研究只能陷入左翼普罗小说和先锋的现代主义、未来派的叙述技巧的二元对立的陷阱。我们需要承认穆时英的作品没有一个集中点或本质。还需要承认他的作品不能归类于某一个文学流派。因此，为了分析穆时英的作品，我们需要一个超越二元对立的（可以概括穆时英那"杂乱"的文学特征的）新研究框架。

那么，穆时英的作品为什么显露这种现象呢？这是因为穆时英的小说缺乏"本质"或"意图"。穆时英在小说集《公墓》的

① 李欧梵：《上海摩登——一种都市文化在中国（1930—1945）》，北京：北京大学出版社，2001 年。

《自序》中也说过类似的话。

> 有人说《南北极》是我的初期作品，而这集子里的八个
> 短篇是较后期的，这句话，如果不曾看到我写作的日期，只
> 以发表的先后为标准，那么，从内容和技巧判断起来都是不
> 错的。可是，事实上，两种完全不同的小说却是同时写
> 的——同时会有两种完全不同的情绪，写完全不同的文章，
> 是被别人视为不可解的事，就是我自己也是不明白的，也成
> 了许多人非难我的原因。这矛盾的来源，正如杜衡所说，是
> 由于我的二重人格。我是比较爽直坦白的人，我没有一句不
> 可对大众说的话，我不愿像现在许多人那么地把自己的真面
> 目用保护色装饰起来，过着虚伪的日子，喊着虚伪的口号，
> 一方面却利用这群众心理，政治策略，自我宣传那类东西来
> 维持过去的地位，或是抬高自己的身价。我以为这是卑鄙龌
> 龊的事，我不愿意做。我的落伍，说我骑墙，说我红萝卜剥
> 了皮，说我什么都尬，至少我可以站在世界的顶上，大声地
> 喊："我是忠实于自己，也忠实于人家的人！"忠实是随便什
> 么社会都需要的！我还可以当着那些骂我的人说："也许我是
> 犯过罪的，可是我是勇敢地坦白地承担着——问题是：谁是
> 能拿起石头来扔我的人呢？躺到床上去仔细地想一想吧。"①

上文中穆时英所强调的内容有两个。第一，他没有自欺欺人。
他认为反复空虚地喊口号，是不忠实于自己和他人的事，而他绝
不会犯那种错误。正如李欧梵指出的那样，"对于他同代和后来的

---

① 穆时英著，严家炎、李今编：《穆时英全集》第一卷，北京：北京十月文艺出版社，2008年，第233页。

批评家来说，穆时英流星般的一生是一个道德上日益退步的过程——从一个无产阶级的写实主义者变成了一个都市颓废者"。① 针对这种批评，穆时英通过上述的文章反驳说，自己在作品中积极宣传普罗思想，如果真要被批评，应该批评他的生活与作品不一致，而非作品的思想。第二，穆时英认为自己是具有二重性格的人。他解释说，二重性格就是他自己的生活。穆时英的思想中普罗思想和资产阶级的人生并不是互相矛盾的。他在早期小说中描写普罗阶级的原因，可能是出自怜悯，或者在反映一个资产阶级企图模仿普罗阶级的欲望，也有可能是当时的年轻人当中流行的一种趋势。但是穆时英的小说中，资产阶级的生活和普罗思想都是小说的题材。对他自己来说，自己是个真正的红萝卜还是剥了皮的红萝卜并不重要，更重要的是他是否在勇敢地、坦白地描写自己的感情。因此，若要全面研究穆时英的小说，我们首先要承认穆时英小说的二重性格并不是互相矛盾的。而是一种互相协调的自然现象。

许多研究者都指出，穆时英和他的同代作家或多或少具有左翼思想，而且"无论在日本或中国，新感觉主义和普罗文学运动最初都曾以先锋的面貌混同地出现"。② 但是从这种二元对立的角度来分析穆时英的作品，它永远是包含"分裂性"的。为了克服这种二元对立的模式，我们需要一个新的研究框架。按照威廉斯的理论，"创造"是克服既存的文化经验（即"现实"）而生产新的沟通规则的行为。③ 穆时英就是通过威廉斯所说的"创造"的

---

① 李欧梵：《上海摩登——一种都市文化在中国（1930—1945）》，北京：北京大学出版社，2001年，第204—205页。

② 穆时英著，严家炎、李今编：《穆时英全集》第一卷，北京：北京十月文艺出版社，2008年，第2页。

③ 雷蒙德·威廉斯著，倪伟译：《漫长的革命》，上海人民出版社，2012年，第28页。

方式，以独特的叙述技巧和内容与读者沟通。但是这些新的沟通方式与既存的文化之间，如果存在太大的差距，两者之间就无法沟通。因此，所谓的新的沟通规则在以共享其文化和现实的读者的共同经验为基础的同时，还需要通过新的思想或规则来摆脱文化遗产的羁绊。这一时期，呈现的是"重叠性""多重性"的过渡期的特性。

笔者认为 20 世纪 30 年代的小说当中，上述的"过渡期"特性较为突出的就是穆时英的作品。穆时英的小说处于文学从黑白分明的二元化的世界观，转移到得知世界的境界较为模糊的阶段。为了更分明地研究此特性，笔者将穆时英的小说分为三个阶段。第一个阶段是"表层"阶段。"表层"阶段的小说，它们判断是非、善恶的标准可谓非常明显，此外还可以看到追求属于"善""是"的价值，以及对左翼思想的信仰。第二个是"中层"阶段。这一阶段的小说是穆时英作品的精髓。在这阶段，我们可以发现之前的信仰已消失，语言被解体，所有分明的境界变得模糊。透过模糊的境界浮出水面的是人类心底所隐藏的欲望。这欲望在空间、物体、人物的碎片之间流动。第三个是"深层"阶段。在这一阶段中，时间与空间也消灭了，小说中的人物感情也消失了。有机体和无机体，人物和物体之间的界线也没有了。最后留下来的只是"虚无"。

穆时英小说中的表层、中层和深层是重叠在一起的。不是一个层次压抑或遮蔽另一个层次，也不是一个层次克服另一个层次而发展的。相反，三个层次互相交融构成穆时英小说的独特的氛围。正如穆时英所说的那样，"两种完全不同的小说却是同时写的"，还"同时会有两种完全不同的情绪"①。当我们细读他的作

---

① 穆时英著，严家炎、李今编：《穆时英全集》第一卷，北京：北京十月文艺出版社，2008 年，第 233 页。

品时可以发现，两种或三种不同的情绪和层次中间存在的是他的内心欲望，但是这欲望同时是虚无的，又或者可以说，欲望和虚无是重叠的。在穆时英的小说中，欲望与虚无属于极为先锋的因素，而欲望与虚无的先锋因素使黑与白、基于左翼思想的现实主义技巧与现代主义的技巧、都市与乡村等二元对立的因素勾画相同的轨迹。此重叠性就是穆时英小说的精华。

二、穆时英小说的三个阶段：表层、中层、深层

（一）表层阶段

穆时英的第一篇小说集《南北极》以及中篇小说《交流》处于表层阶段。此时期的小说黑白善恶分明，可以说是继承了蒋光慈、茅盾等左翼作家的作品思想。1930 年，当穆时英在《新文艺》第 1 卷 6 号上发表《咱们的世界》时，他只有 18 岁，是一位刚刚在文坛上发表作品的年轻作家，并很快成为"被时人称为'鬼才'的新星"。[1] 但是，从《咱们的世界》开始，时人对穆时英的评价就是两分的：技巧的水平较高，而思想上是有缺陷的。当时担任《新文艺》主编的施蛰存在《编辑的话》中也说过："《咱们的世界》在 ideologie 上固然是欠正确，但是在艺术方面是成功的"[2]。换句话说，穆时英的普罗小说是一种变种的普罗小说。

事实上，小说集《南北极》中大部分小说的题材是普罗阶级

---

[1] 穆时英著，严家炎、李今编：《穆时英全集》第三卷，北京：北京十月文艺出版社，2008 年，第 547 页。

[2] 穆时英著，严家炎、李今编：《穆时英全集》第三卷，北京：北京十月文艺出版社，2008 年，第 361 页。

的生活。第一人称的作品较多，而小说的主要人物常常用夸张的语言倾吐自己的感情。穆时英以普罗小说展开作家生涯，原因应该与巴金、蒋光慈、茅盾等作家相似。不难猜测，作为一名知识分子，穆时英认为自己不应该无视社会的矛盾，出于作家的使命感，穆时英产生了非写不可的情感。但是这种描述时代的使命——即"信仰"的方法而言，穆时英具有与众不同的想法。

1935 年穆时英发表了《电影艺术防御战》[①] 一文。这一篇文章是穆时英为了说明电影中所提示的"现实"而写的。虽然电影与小说是两个不同的艺术体裁，但是穆时英写小说的过程中经常采用蒙太奇等电影的摄影技术。由此可以推测，在穆时英的艺术观念里，小说与电影都属于大的艺术范围之内。穆时英认为艺术的主观与科学的现实是不一致的，在他早期普罗小说中也不难发现这一个原则。当时的作家普遍公认的普罗小说，是指以正确的思想（就是施蛰存所说的"正确的 ideologie"）为基础，反映无产阶级现实（科学的现实）的小说。但是穆时英却反驳说，艺术中所叙述的现实与科学的现实并不一致，也不可能是一致的（但这并不说明艺术的现实不是"真实的"现实）。从表面上来看，穆时英的文学观又一次陷入了自我矛盾之中。

穆时英如此说，是由于在艺术形式中以非现实的方法来叙述的现实，其实更符合读者的现实经验。令人眩晕的摩天大楼，以及喝醉了酒看窗外发现形形色色的霓虹灯在发亮，感觉好像每个光线都在飞舞等经验，这些都是只能在都市里可以感觉到的一种"现实经验"。按照茅盾的说法，这就是"LIGHT，HEAT，POWER"的都市表现。穆时英在半殖民地上海，感觉到自己的日

———————————

① 穆时英：《电影艺术防御战》，《穆时英全集》第三卷，北京十月文艺出版社，2008 年，第 214—215 页。

常生活经验都被碎片化了。于是穆时英拿着各种生活碎片，以电影的摄影技术或者现代主义的叙述技巧把它写下来了。换言之，穆时英并没有否定客观现实。不过，在穆时英的文学观念中，客观现实除了无产阶级的生活困惑，还包括他自己在内的资产阶级的生活经验。加之，对"叙述技巧"的执着使他的作品将左翼文学思想、资产阶级的都市经验和先锋的叙述方式相结合，成为了独当一面的文学作品。

较能体现上述特性的作品，是《偷面包的面包师》。小说的主人公是面包店的烘焙工，跟老母、妻子、儿子一起生活。他的家人对他的职业感到自豪，老母经常带着孙子去主人公的面包店在橱窗前面瞧上半天。老母自己想，"只要吃一个也不算白活一辈子"；① 而当孙子说想吃洋馎馎时，老母却骂他一声"馋嘴"。主人公的妻子对于面包几乎没有什么不懂的。她已经闻了好几年丈夫身上的面包香。怎么烘面包，面包的吃法，她什么都知道。只是，她一次都没有吃过，因为面包的价格太贵。主人公在面包店工作，每个月拿到的工资是 28 元，但是一块面包的价钱却远远超过他的工资。主人公知道他全家都盼望着吃面包的日子，但是他自己也没办法把面包买回家。

就题材而言，这篇小说与一般的普罗小说可谓相去不远，但穆时英的叙述方式却与众不同。穆时英在"面包"这物质上面赋予了每个人物的欲望。对主人公而言，面包是使他的家人感到自豪的东西，他每天用两手制造这西方人发明的昂贵东西，而这些面包虽然并不属于他，但却是许多平民一辈子连摸都摸不了的东西。

----

① 穆时英著，严家炎、李今编：《穆时英全集》第一卷，北京：北京十月文艺出版社，2008 年，第 184 页。

他一早起来，就跑到铺子里，围上白竹裙，坐到长桌子眼前搓面粉，弄得眉毛也白得老寿星似的。人家一边搓就一边儿谈姑娘，谈赌钱，谈上了劲儿，就一把鼻涕子抹到面粉里去了，他是老实人，嫖也不来，赌也不懂，跟人家什么也谈不上，独自个儿唱小曲儿，唱不出字眼儿的地方儿就哼哼着。把面粉搓成长的圆的，又坐到炉子前烘，碰到六月大伏天，那西点就算透鲜汗渍的时新货咧。直到下半天五点钟才弄完，人可就像雪堆的啦。抽上一枝烟，解下竹裙在身上拂了一阵子，从后门跑出去，到铺子前橱窗那儿站住了瞧。瞧这么半天，他心里乐。他想告诉人家这些全是他烘的。那花似的洋饽饽儿就是他自家儿的手做出来的。客人们从玻璃门里跑出来，一说到今儿的西点做得不错，他就冲着人家笑。这一乐直乐得心里边也糊涂起来啦。站在电车的拖车上，身子摇摇摆摆的，像上任做知县去似的，像前面有什么好运气在等着他似的。到了家，一家子的馋眼巴巴的望着他头发上的面粉屑，真叫他把一双空手也没地方儿搁了。把空手搁在外面叫人家瞧是自家儿也怪惭愧的。①

这一个段落有两个关注点。第一是"依赖于权威"的主人公的态度。家人的自豪与主人公的欢乐都是以面包为媒介而感受到的。这说明，面包上重叠着多重涵义。通过制作西方的昂贵食品，主人公和家人在心理上认为自己的地位与面包所代表的权威和竞争力（其背后还存在着对西方权威和经济力的敬畏）是一致的。满身都是面粉、像个雪堆的主人公，他的样子也让读者联想到洋

---

① 穆时英著，严家炎、李今编：《穆时英全集》第一卷，北京：北京十月文艺出版社，2008年，第187页。

人的白皮肤。但其实，这权威与竞争力与主人公一家的实际生活毫无关联。这就是第二个关注点。正因为包括主人公在内，家人所依赖的权威和自己所拥有的权威并不一致，小说中的人物们经历了"自我异化"。对家人而言，尤其是对老母而言，面包是个"希望"，也代表着"骄傲"，但不能拥有。对主人公而言，面包是让他挣钱吃饭的东西，但是面包和主人公之间一直存在着一定的距离。如上述的段落中，主人公透过橱窗看着面包。显然，橱窗把面包的空间与主人公的空间隔开。面包在厨房里面，而主人公在外面。在这一关系中，他永远是个局外人。于是，在老母的生日当天偷面包的主人公被开除了，而主人公的儿子提出一个问题："为什么我自家烘洋饽饽儿我就不能吃呢？"①

穆时英以面包为素材编写了小说。主人公、老母、妻子和儿子把他们的欲望寄托在面包上面。面包是家人的骄傲，同时又是引发异化的对象。当主人公把面包带回家的时候，在家人的眼中，他是"顶孝顺的儿子、顶懂事的丈夫、天下顶好的父亲"。但是因面包主人公失业了，于是面包引起他的焦虑，怕"奶奶害病，孩子嚷饿，媳妇哭"。对家人而言，老母、孩子也觉得主人公的工作是了不起的，但是他们与面包的距离，比主人公与面包的距离更远。跟主人公一样，他们也只能在窗外"看"面包；妻子也是一样，她甚至连看面包的时间都没有，只能闻一闻丈夫身上的味道。主人公的手也代表着这分裂的生活：在面包店他的两手是抓着面包的，而回家的时候他的两手是空着的，都不知道把手放在哪里。这两个意象形成明显的对比。如此，面包在小说中代表着每个人物的欲望，还显露出分裂的现实生活，而这些人物的每个欲望和

---

① 穆时英著，严家炎、李今编：《穆时英全集》第一卷，北京：北京十月文艺出版社，2008年，第195页。

异化都重叠在面包上面。穆时英把面包放在小说的中心，他以转移心理描写的方式，将描写从一个人物的心理，转移到另一个人物的心理，成功描写出细腻的感情。加之，通过面包这个日常的素材，穆时英赤裸裸地表现了小说人物所身处的分裂的生活现实。小说中劳动异化的因素因而亦给读者留下了更深刻的印象。

穆时英的小说当中处处都可以发现"劳动异化"的主题。他的处女作《咱们的世界》中也有类似的场面。主人公带着愤怒的感情跟老蒋说，有钱人的房子、车子还有他们吃的、穿的，都是劳动阶级手造的。但是，只因为劳动阶级没有钱，他们自己制作的东西都被夺去，还被社会蔑视。他明白地意识到这社会的不平等以及劳动异化的现象，还用"咱们"或"穷人"等语词与资产阶级的划清界限。短篇小说《南北极》，从题目上就可以感觉到分明的阶级意识。无产阶级的主人公小狮子找到了一份工作，当了有钱人的保镖。通过这份工作，他间接体验到富裕阶层的生活，得知他们的生活与自己的生活之间的差距如南极和北极那么大。就像《咱们的世界》那样，主人公属于"咱们穷人"，与"他们有钱人"过着完全不同的生活。小说中的穷人和有钱人的对比是很明显的。小姐穿的丝袜价格是 25 元。这一笔钱是劳动阶级要付出大量的劳动（例如拉车的人拉十天车）才能赚到的。小狮子想着，"咱们穷人"的人生比不上小姐的宠物。

小说集《南北极》中的一连串作品都在描写被社会排挤的阶层，但其中《偷面包的面包师》的艺术性较强，是因为它不止写出劳动阶级的困难，而且还运用了较突出的写作手法。如果说，《黑旋风》《咱们的世界》《南北极》等短篇小说以第一人称视角倾吐自己的感觉，那么《偷面包的面包师》则以第三人称视角，以面包为基点，采用综合（omnibus）的叙述方式显露了主人公、老母、妻子和儿子的欲望。这一篇小说与小说集《南北极》中的其他作品一样，批评了生产者不能拥有自己生产的物品的经济结构。在这篇小说中，判断是非的基准是很明确的，但是穆时英的表现手法却与众不同。主人公明明清楚自我矛盾的现实，但是他并没有，也不能通过革命或反抗的方式来改变他的矛盾人生，只能采取更现实的方法：偷窃。

其实，面包师每月收到一定的薪水，他并不属于无产阶级。他的生活并不富裕，但总能够养活一家人。然而包括他在内，一家人都想吃从西方来的昂贵的"面包"，而主人公还通过偷窃的方式来解决劳动异化的问题，这些因素都与典型的普罗小说有一定的距离。不过我们可以发现，穆时英的小说比别的普罗小说更能引起读者的共鸣。这是因为他的小说更能够关注"感觉结构"(the structure of feelings)[1] 而不是"义务"。英国的文化理论家威廉斯曾经说过"从理论上说，一个时代是被记录下来的，但实际上，这种记录是被吸收进一个选择性传统了，这两种文化都不同于活文化"。[2] 通过文学作品，我们不能完整地复原当时的经验，即活文化，不过我们还是能够间接地看到其中的经验片段。穆时英所关注的经验片段，就是当时大部分的民众所体验到的劳动异化，例如对物质的渴望（在《偷面包的面包师》中，这"物质"就是面包。也可以说，这个面包在代表现代的"物质"。）此渴望还发展出偷窃行为和对被开除的焦虑。这些经验其实是当时

---

① 雷蒙德·威廉斯（Raymond Williams）在《漫长的革命》中提出的概念。他认为，"在某种意义上，这种感觉结构就是一个时代的文化：它是一般组织中所有因素带来的特殊的、活的结果"。他还指出："在所有实际存在的共同体中，感觉结构拥有的却到了非常广泛而又深入的地步，主要是因为沟通和传播靠的就是它。"威廉斯著，倪伟译：《漫长的革命》，上海：上海人民出版社，2012 年，第 57 页。

② 威廉斯著，倪伟译：《漫长的革命》，上海：上海人民出版社，2012 年，第 59 页。

的许多劳动者在日常生活中所面对的现实。如何把这个"现实"描写得更符合现实经验，就是贯穿穆时英作品的表层、中层、深层的一个话题。

（二）中层阶段：飘流的欲望

在中层阶段，穆时英把上述的"现实"话题描写得更加深刻。如果说，《南北极》是展现穆时英写作潜质的小说集，那么之后的小说，就使他成为名副其实的先锋作家。如前面所指出的那样，穆时英文学观的问题意识所关注的，是如何在小说中显现现实经验的问题，尤其是小说的叙述技巧。在表层阶段主要描写的现实经验，是他人的经验（即普罗阶级的经验），而他的小说在中层阶段较为着重表现的，是穆时英的个人经验，即资产阶级精英的经验。

雷蒙德·威廉斯在《漫长的革命》中为我们提供了有用的分析模式。他指出，文化就是个人和社会的沟通方式，而研究复杂、有机的个人与社会的关系及"模式"（pattern）的就是文化分析。在说明个人与社会的关系的过程中，威廉斯按照个人"遵从"（conformity）社会的方式，将个人分为成员（member）、反叛者或革命者、流亡者或漂泊者。威廉斯认为社会跟个人一样，也是一个有机体。因此，如果我们把个人与社会的关系以遵从还是非遵从的两种关系来说明，这单纯的模式将不可能充分表现个人与社会关系所包含的多样性。据威廉斯所说，"成员"肯定社会与个人的一致。而如果需要某种变化，他会积极地献出自己的能力来实现其变化。威廉斯指出，成员以自己的价值观去配合社会的价值观，还附带一定的信念，认为通过自己所属的社会能够实现自己所期望的未来。改革者和批评者就属于这一类。然而反叛者却不同。反叛者对自己的社会没有归属感，也不认为在现存的社会模式内能够实现自己的目的。正如改革者或批评者，反叛者也谋求社会的变化，但他们拒绝既存的社会模式，反而以"新的生活方式"来提出新的社会蓝图。而流亡者的反抗限于个人的层次。流亡者的最大目的是保持自己的生活方式，于是流亡者绝不会与他人共享自己的反抗意识。他们的人生与社会无关，他们只为了坚持自己的生活方式而活下去。①

按照威廉斯的分类，被视作普罗作家的小说家可以说是改革者或批评者，他们对社会抱持希望，认为改变社会就能够实现自己的目标，而且不怀疑社会的功能。不过穆时英不完全属于这一类，可以说，他是处于反叛者与流亡者的中间。穆时英一方面像其他的普罗作家（借用威廉斯的概念，可以称为"成员"的作家），认为中国社会需要变化。他把这些"改变社会"的信仰呈现在小说集《南北极》——即表层阶段的小说中；但另一方面，穆时英亦有别于其他作家，作为反叛者、流亡者的他，通过全新的、先锋的小说来寻求改变。换言之，穆时英小说是寻求变化的，但其变化的基础以及内容是出自个人经验的。

在穆时英小说集《公墓》的《自序》和《白金的女体塑像》的《自序》的字里行间，我们可以发现，作者在这些《自序》里面表现了许多内容。第一，穆时英小说的焦点从"咱们穷人"的生活扩展到"被生活压扁的人"的生活。因此，小说的描述对象不仅有无产阶级，还包括舞女、大学生、资产阶级等都市各阶层的人生。第二，所有生活的标准都崩溃了。所有概念、信仰、标准、价值，任何一个都不能占有生活的中心。都市人的生活已经

①　威廉斯著，倪伟译：《漫长的革命》，上海：上海人民出版社，2012 年。参见此书第一部分的第三章《个人与社会》。

被破碎了。但这些碎片化的生活是小说中的人物反抗社会的一种方式。借用威廉斯的用语，是作为反叛者提示的新的生活面貌。因此，小说中的语言违反既存的文化所规定的语法——语言也破碎了。第三，破碎生活和被解体的现实引发人物和读者对自我存在价值的反思。当周边环境快速变化，而现实的解体已超过能够接受的范围时，自我存在的意义不得不面临危机。此时，想确认自我生存的意义是人类的本能，于是心底中的欲望不断地浮出水面。通过欲望的刺激，小说中的人物感觉到自己仍然是活着的。也可以说，穆时英小说的主题可以概括为"通过欲望发现自己的存在意义"。在解体的社会，欲望成为确认自我认同的一个机制。但是，在被解体的生活中，追逐欲望最终所得到的只不过是虚无和寂寞。

穆时英在自己的作品中下最大功夫的，就是叙述技巧。如前所述，穆时英应用了许多叙述方式来描写自己的经验。其中最引人注目的作品就是《上海的狐步舞》。这篇小说的副标题是"一个片段"。当时穆时英的计划是写一篇题为《中国一九三一》的长篇小说，描述都市的各种各样的生活经验，而《上海的狐步舞》本来是其中的一部分。正如张英进所指出的那样，"现代都市不再是由界限分明的既定空间构成的"。① 于是，居住于都市的人们都具有独自个的时间、空间、节奏，而穆时英敏锐地把握了这些都市因素，还采用独特的描写方式把它写下来了。

从表面上来看，《上海的狐步舞》主要描写的是都市的贪欲和个人的欲望。但细读的过程中我们可以发现，小说中提出的批评不仅如此。小说中的刘有德先生（这位贪婪的人物的名字居然是

---

① 张英进著，秦立彦译：《中国现代文学与电影中的城市：空间、时间与性别构形》，南京：江苏人民出版社，2007年，第170页。

"有德",不难发现作家在他的名字上已经添加了讽刺)的儿子和他的姨娘一起"开着一九三二的新别克,却一个心儿想一九八〇年的恋爱方式"① 去舞厅跳舞。而在描写他们跳舞的场面时,穆时英采用电影的摄影技术:放大(zoom in),缩小(zoom out)。

> 蔚蓝的黄昏笼罩着全场,一只 Saxophone 正伸长了脖子,张着大嘴,呜呜地冲着他们嚷,当中那片光滑的地板上,飘动的裙子,飘动的袍角,精致的鞋跟,鞋跟,鞋跟,鞋跟,鞋跟。蓬松的头发和男子的脸。男子衬衫的白领和女子的笑脸。伸着的胳膊,翡翠坠子拖到肩上,整齐的圆桌子的队伍,椅子却是零乱的。暗角上站着白衣侍者。酒味,香水味,英腿蛋的气味,烟味……独身者坐在角隅里拿黑咖啡刺激着自家儿的神经。②

作者以"鞋跟"的反复罗列表现了华尔兹的节奏,还通过视觉、听觉、嗅觉、触觉等多种多样的感觉来描述舞厅的氛围。这些都是前所未有的。其中耐人寻味的是作者采用了"放大"的摄影技术,给读者一种通过滑行的镜头来看舞厅的感觉。俯瞰着都市上海,经过跑马厅、跑马厅前的大草地、大世界,镜头把焦点放在跳舞厅的中间。此焦点溜过裙子、鞋跟、男女的脸之后,再把视线转移到坐在跳舞厅角落的独身汉。之后独身者的视线代替镜头的视线。小说的视线从大都市开始渐渐缩小到跳舞厅,把焦点放在跳舞的男女身上。有趣的是,电影明星殷芙蓉和珠宝掮客、

---

① 穆时英著,严家炎、李今编:《穆时英全集》第一卷,北京:北京十月文艺出版社,2008 年,第 334 页。

② 穆时英著,严家炎、李今编:《穆时英全集》第一卷,北京:北京十月文艺出版社,2008 年,第 334—335 页。

刘有德的儿子和他的姨娘互相跳舞的过程中，跟着华尔兹的节奏向对方说"我爱你呢"，而交换舞伴之后，还是一样地跟对方说"我爱你呢"，跟着华尔兹的节奏，跳舞的行为、交换甜言蜜语的行为都是反复的、重叠的。其实，舞伴是谁并不重要，好像失去原来目标的机器一样，他们一直在重复失却意义的动作。结果，这一场面留下的只是空虚感而已。此时，小说的视线再次回到独身者的咖啡，溜过男女的脸、鞋跟、裙子，再放大到蔚蓝的黄昏。

张英进分析这一部分的时候借用了派克（Pike）的言语说，这种描述之所以出现的原因在于都市已不再是一个综合性的实体，而是碎片的集合体。而且，都市人的日常生活按照每一天的时间表重复，而空间也随着时间反复。如此，"城市空间被迅速时间化，空间的这种时间化，刻写在音乐（华尔兹）的节奏中，它不是线性发展的，而是做着无尽的圆周运动"。① 跳舞厅场面之后登场的华东饭店的场景也在证明这一点。华东饭店的第二层、第三层、第四层都显示出同样的情景："白漆房间，古铜色的鸦片香味，麻雀牌，《四郎探母》，《长三骂淌白小娼妇》，古龙香水和淫欲味，白衣侍者，娼妓捐客，绑票匪，阴谋和诡计，白俄浪人……"②这几个片断的罗列，代表了饭店的气氛。正如踩着轮子的老鼠，其实都市人的生活是如此单调无味、大同小异的，而作者通过直接展露出具体的情景、物体的方式，表现了反复的生活。此处我们应该注意的是，在时间和空间没完没了地重复之时，人物被压扁了。

最能表现"生活负担"的作品就是《黑牡丹》。以下是舞女黑

---

① 张英进著，秦立彦译：《中国现代文学与电影中的城市：空间、时间与性别构形》，南京：江苏人民出版社，2007 年，第 170 页。

② 穆时英著，严家炎、李今编：《穆时英全集》第一卷，北京：北京十月文艺出版社，2008 年，第 337 页。

牡丹与主人公之间的对话。

> "那么疲倦的样子!"
>
> "还有点感冒呢。"
>
> "为什么不在家里休息一天呢?"
>
> "卷在生活的激流里,你知道的,喘过口气来的时候,已经沉到水底,再也浮不起来了。"
>
> "我们这代人是胃的奴隶,肢体的奴隶……都是叫生活压扁的人啊!"
>
> "譬如我。我是在奢侈里生活着的,脱离了爵士乐,狐步舞,混合酒,秋季的流行色,八汽缸的包车,埃及烟……我便成了没有灵魂的人。那么深深地浸在奢侈里,抓紧着生活,就在这奢侈里,在生活里我是疲倦了。——"
>
> "是的,生活是机械地,用全速度向前冲刺着,我们究竟是有机体啊!"
>
> "总有一天在半路上倒下来的。"①

这两个人害怕被生活的负担压扁,还对重复的生活感到疲倦,都市的繁华所遮蔽的恐惧感和疲劳感,渐渐挤压两个人的生活。几天之后,两个人在一个乌托邦似的郊外空间重逢,当主人公需要再回到都市的日常生活时,作者把生活的负担表现为爬上身体的一群蚂蚁:"333333333……"而这些蚂蚁的攻击是"赶不开、跑不掉的"。以数字3为形象化的蚂蚁代表的是人生的重量,主人公感到说不定会被它压扁的一种恐惧。这些感情漂浮于都市的时

---

① 穆时英著,严家炎、李今编:《穆时英全集》第一卷,北京:北京十月文艺出版社,2008年,第343页。

间和空间，好像一个摄影机在拍摄周边环境，小说从一个场景到另一个场景，镜头所触及的东西都拍下来。

穆时英小说中的句子往往忽略既存的文法规矩。小说的叙事故意删除术语，从一个名词直接连接到另一个名词。于是，这种叙述技巧使读者陷入一种时间和空间都消失的场景中，产生浮游的感觉。在这一种幻觉里面，小说人物感到不安，而他们逐渐追求两脚踏着的"现在"的时空，尤其是能够感到生活感的某种"刺激"。因此，《上海的狐步舞》中独身者喝咖啡的行为不是为了享受，而是为了刺激。"爱"的感觉也是。过了这一刹那，爱的感觉很快就会消失的。于是，小说中的人物们不断地在说"我爱你呢"这一句话。

由于上述的原因，穆时英小说中的女性尽管是个主要人物，但绝不是个"主体"。女性是刺激男性主体的一种刺激剂，或者是显示男性主体所感觉到的压迫感的媒介。换言之，女性只不过是间接表现男性主体浮游时空和主体意识的存在。刺激性感的女性有《被当作消遣品的男子》中的蓉子，她被描述为"有着一个蛇的身子，猫的脑袋，温柔和危险的混合物"①。主人公为了避免沦为她的消遣品而挣扎，但最终不得不承认他已败给蓉子。《Craven "A"》中的舞女余慧娴也是个刺激剂。描述余慧娴的时候，作者把重点放在她的眼上。"照着手提袋上的镜子擦粉的时候，舞者的时候，笑着的时候，说话的时候，她有一个狡黠的，耗子似的深黑眼珠子，从镜子边上，从舞伴的肩上，从酒杯上，灵活地瞧着人，想把每个男子的灵魂全偷去了似地"②。从这一描述中，我们

① 穆时英著，严家炎、李今编：《穆时英全集》第一卷，北京：北京十月文艺出版社，2008 年，第 237 页。

② 穆时英著，严家炎、李今编：《穆时英全集》第一卷，北京：北京十月文艺出版社，2008 年，第 288 页。

可以发现余慧娴也是刺激性感的、致命的（fatale）女性。她甚至引起男性的恐惧，怕被她夺去自己的灵魂，但其实余慧娴也就像黑牡丹，是个被生活压扁而给社会挤出来的人物。余慧娴给主人公的印象如下：

> 一个被人家轻视着的女子短期旅行的佳地明媚的风景在舞场海水浴场电影院郊外花园公园里生长着的香港被玩弄着别人的被轻视的被轻视的给社会挤出来的不幸的人啊①

作者把小说中的空间分为括号内与外。我们由此得知，括号内的内容不是小说人物深思熟虑的想法，而是无意识中突然浮现的直觉。不仅如此，作者故意删除了所有的标点符号，让篇章念起来很不自然，产生一种催迫感。而正因为这句子缺乏标点符号，这一句子可以念成"她被玩弄着"，还可以念为"玩弄着别人的她"。但她究竟是"被人家轻视的女子"。因此，她是"被轻视的，被玩弄的，给社会挤出来的，不幸的人"，但是我们还是搞不清被轻视、玩弄的，是她？还是别人或社会？于是，主人公的心理也产生混乱，他所萌生的怜悯之情，是对余慧娴的呢？还是对自己的呢？余慧娴可以说是反映主人公内心的镜子，通过她，主人公才发现他自己才是疲倦的、寂寞的、被社会挤出来的人。

穆时英自己认为《公墓》是"带着早春的密味的罗曼史"。这一篇小说所描写的女性之中，玲小姐是较为突出的。她与其他穆时英小说的女性不同，她不是都市的妖女（femme fatale）。她让主人公"想起山中透明的小溪，黄昏的薄雾，戴望舒先生的《雨

---

① 穆时英著，严家炎、李今编：《穆时英全集》第一卷，北京：北京十月文艺出版社，2008年，第291页。

巷》，蒙着梅雨的面网的电气广告"①。玲小姐是属于郊外的，也可以说是比较接近传统女性形象的。从都市小说、现代主义的角度来分析，《公墓》是一篇不符合穆时英小说风格的小说。不过，如果把穆时英小说中的女性理解为"刺激男性主体感觉的，确认男性的主体意识的媒介"的话，那么玲小姐能够获得一种新的人物形象：她是替代逝去了的母亲的人物。与都市空间形成明显对比的郊外空间，玲小姐与都市女性完全相反，而男主人公对玲小姐的爱，也可以被理解为男主人公在破碎了的都市生活中迷路时，为了抓住某种安全感（即母爱）的过程。

（三）深层阶段：时空的解体与收敛于"无"的现象

从上述的内容可见，穆时英小说当中时间和空间的因素具有特别的涵义。小说中的空间是反映观众欲望的都市"奇观"（spectacle）的表现。② 同时，是循环的时间中所显示的破碎的现代都市③。许多研究者已指出，由于空间的碎片化，直线的时间观念也被打破了。因此，小说中的时间是循环、反复的，或者失去原有的意义。当小说中的时间因素消失之后，剩下来的只是空间的碎片而已。如果说，穆时英之前的小说中，时间与空间具有密切的关系，而且还按照小说的叙述"发展"，那么，穆时英小说中的时间因素消失后，被时间观念紧紧束缚的空间也开始浮游。在现实主义的作品中，空间是随着现实的时间流逝出现的。与此

---

① 穆时英著，严家炎、李今编：《穆时英全集》第一卷，北京：北京十月文艺出版社，2008 年，第 306 页。

② 李欧梵：《上海摩登——一种都市文化在中国（1930—1945）》，北京：北京大学出版社，2001 年。

③ 张英进著，秦立彦译：《中国现代文学与电影中的城市：空间、时间与性别构形》，南京：江苏人民出版社，2007 年，第 170 页。

不同，穆时英小说中的空间往往不是现实的空间。反而是小说中的人物所想象的空间，或者是人物的幻觉中出现的空间。正因为这些空间都是超出现实时间观念的，加之穆时英独特的叙述技巧（如蒙太奇等的摄影技术、删除标点符号引起的语言效果等），小说中更具体地显现时空的解体。

时空的解体是贯穿穆时英表层、中层、深层的主要因素。在表层阶段，时空是显示作者的目标和信仰的素材。在中层阶段，时空的解体使人物心底中的感受浮出水面。起初迅速经过的时间过得越来越快，于是人物就到了感觉不到时间因素的地步了。裂为碎片的空间开始威胁人物的日常生活，令人物产生一种被压扁的感觉。而这种感觉引起的不安，使人物寻找生活中的刺激，即欲望。在深层阶段里，时空的解体打破了单一或二元化的标准。《白金的女体塑像》就属于深层阶段的小说。

《白金的女体塑像》的主人公是谢医生，他的日常生活已破碎到以分钟为单位。6 点 50 分、7 点、7 点 10 分到 7 点 30 分……起床、做简单的运动、打扮、吃早餐、上班等一连串行为其实是个连续的过程，但是具体时间的提示使这些自然的生活变成人为分化的过程。于是，医生准备上班的日常生活给读者一种陌生的、非自然的感觉。

上班之后，这种分裂转移到谢医师的精神上面。自从第七位女客进入他的诊所之后，谢医师的自我意识分裂为遵守社会规矩的意识和内心欲望。为了表现其分离，穆时英把人物有意识的言语放在双引号里面，而内心的欲望放在括号里面。① 随着时间的流逝，谢医师对"性欲过度亢进，虚弱，月经失调"以及"初期

_____

① 两分自我意识的叙述很有可能是弗洛伊德的影响。作品当中经常可以发现弗洛伊德的用语"潜意识"。

肺痨"的第七位女客产生莫名其妙的欲望。治疗她的时候，谢医师看着这患者的裸体，而感觉到的不仅仅是性欲。

穆时英小说中的女性一直是被对象化的。如中层阶段的女性形象，女性是刺激男性主体的欲望，或者反映男性主体意识的存在，在这篇小说中，女性还是扮着同样的角色。引人瞩目的是这里被对象化的女性变成没有羞惭、没有道德观念、也没有人类欲望的"白金的女体塑像"。一时间，医师已认不清第七位女客究竟是有机的还是无机的。此处，物质和人物之间的界限也模糊掉了。接着，没有标点符号的句子出现。

> 屋子里没第三个人那么瑰艳的白金的塑像啊"倒不十分清楚留意"很随便的人性欲的过度亢进朦胧的语音淡淡的眼光诡秘地没有感觉似的放射着升发了的热情那么失去了一切障碍物一切抵抗能力地躺在那儿呢——①

这一句子包含着许多涵义。给第七位女客看病时，谢医师感觉到自己在社会的规则和心底隐藏着的潜在欲望之间徘徊，反复徘徊的过程到了某一阶段，社会规则（即遵守社会原则的自我意识）和心底欲望之间的境界也消失了。她与我之间没有第三者，也没有任何障碍，她又没有抵抗的能力。于是，女客和谢医师之间的界限也没了。女客的眼光是"没有感觉似的"，但还在"射着升发了的热情"。② 谢医师也搞不清自己在追求自己的欲望，还是女客发散的金属的闪光使他郁闷，也认不清她是个客人还是欲望

---

① 穆时英著、严家炎、李今编：《穆时英全集》第一卷，北京：北京十月文艺出版社，2008 年，第 10 页。

② 穆时英著、严家炎、李今编：《穆时英全集》第一卷，北京：北京十月文艺出版社，2008 年，第 10 页。

的对象。接着又出现一句删除标点符号的句子说："主救我白金的塑像啊主救我白金的塑像啊……"① 读者也不知道谢医师向天主要求拯救的是我还是白金的塑像。② 很明显，我（即谢医师）与对象（白金的塑像，即女客）之间的界限也模糊掉了。

在深层阶段，作者想表达的内容不仅是单纯的时空的解体。小说中的物质与人物、有机体与无机体等所有二元对立的价值都消失了，甚至于分不出自己的欲望是否完全属于自己。令人惊讶的是，到了所有的基准极为模糊的阶段，所有境界的崩溃带来的是寂寞与虚无。

1934 年发表的《PIERROT》显示了相类似的主题意识。如果说，《白金的女体塑像》对二元对立的价值观提出疑问，那么《PIERROT》主要关注的问题是二元化的价值观，以及认同问题和人与人之间的沟通方式。《PIERROT》中的主人公潘鹤龄先生得知，我想传达的内容与对方所接受的内容并不一致。那么，如果我的意识中的对方与实际的对方不同的时候，是否存在"实际的主体"呢？每个主体之间的沟通，到底是如何实现的？

潘鹤龄先生通过孙先生的观点，发现自己的存在是二元化的。孙先生眼中的潘先生是一直摆着笑脸的人。潘鹤龄对孙先生充满自信地说："失望的日子，感伤的脸——那全是弱者的，敏感性的——"③。但是孙先生很快记起潘鹤龄与名为丽娜的女性分手之后喝醉酒哀哭的事。此处，潘鹤龄开始苦闷。

---

① 穆时英著，严家炎、李今编：《穆时英全集》第一卷，北京：北京十月文艺出版社，2008 年，第 11 页。

② 李欧梵：《上海摩登——一种都市文化在中国（1930—1945）》，北京：北京大学出版社，2001 年。

③ 穆时英著，严家炎、李今编：《穆时英全集》第一卷，北京：北京十月文艺出版社，2008 年，第 98 页。

我也有悲哀吗？也有感伤性的悲哀吗？？？？？？……为什么他不能了解我的自由呢，纵然有了那么长的友谊？友谊？什么是友谊呢？我真的是感伤性的，敏感性的，像他所知道我的一样吗？其实，有的时候也有的！感伤性，敏感性，强悍的人，我究竟是怎么个人呢？为什么每个人，连他也不相信我的自我观察呢？为什么每个人全喜欢把自己的观察做根据，把自己的意见做观点来判断我的个性，来了解我的个性啊！究竟是他们不了解我？还是我不了解自己？总之，他们不情愿和我采取同样的意见啊！他们甚至怀疑我的意见，怀疑我的话——真的，人类是那么不同的动物啊！我和他不同，他又和他不同，每个人全是那么孤独地，寂寞地在世上生存着啊。只有琉璃子！琉璃子！琉璃子肯静静地坐在那儿听我的话的。她能了解我吗？她能了解我的，也许她不能懂我的话。可是，明天她要回国去了。琉璃子啊！在素质上，她是我的姊妹。明天，我的思想，我的见解，我的灵魂就会孤独地，寂寞地生存在沙漠里边。琉璃子，在海上盛开着的青色的蔷薇，沙漠里的绿洲的琉璃子啊！①

潘鹤龄对自我认同意识的本质提出疑问。他自己也知道，"现代人的畸形的心理的复杂性，只能直觉地体验，绝不是那一种主义能解释得了的"。② 他也知道，自己对自己的认识与他人的理解之间有较大的鸿沟。我们可以发现，在《PIERROT》里，作者开始有深度地描写自我意识。换句话说，穆时英人物的纠结，落在

---

① 穆时英著，严家炎、李今编：《穆时英全集》第二卷，北京：北京十月文艺出版社，2008年，第99页。

② 穆时英著，严家炎、李今编：《穆时英全集》第二卷，北京：北京十月文艺出版社，2008年，第101页。

自己看自己与他人看自己的视角差距中。从这一分析出发，细读小说中把都市的风景描述为"眼"的蒙太奇的场面实在耐人寻味。"街有无数都市风魔的眼：舞场的色情的眼。百货公司的饕餮的眼，'啤酒园'的乐天的醉眼，美容师的欺诈的俗眼，旅邸的亲昵的荡眼，教堂的伪善的法眼，电影院的奸猾的三角眼，饭店的朦胧的睡眼"①。紧接着"眼"的风景，作者把霓虹灯闪烁的都市风景称为"眼的光轮"。都市的风景从一个视线转移到另一个视线，这"眼"的素材上面，所有碎片化的都市的异质风景叠成一堆，而生活其中的都市人不能摆脱众多视线的拘束，被剥夺了自由的都市人在众多视线之间失去真实的自我。不仅如此，读者和研究者对作品的理解也发生分化。作者的意图和读者理解的内容之间有差异，但是不同读者的理解，也绝不会一致，反而会分裂为数千、数万种内容。那么，读者与作者对作品的理解有所不同的时候，是否意味通过作品的沟通是失败的？那么，为何那么多的读者看着作品欢喜或哭泣呢？

潘鹤龄试图通过琉璃子这位女性来解决所有的问题。他认为，真正理解自己的只有琉璃子。按照刘剑梅的分析，"当他对都市生活、友谊、文化和文学这些东西不抱幻想后，他的内心声音告诉我们，爱情成了他的精神废墟中的一个重要支柱"。② 正如谢医师在社会的规律和内心的欲望之间苦闷，潘鹤龄在他人理解的自我和自己理解的自我、自己所想的友情和他人所想的友情、作者所了解的作品和读者理解的作品之间不断地纠结。在许多矛盾之中，琉璃子是解决所有苦恼的、具有象征意义的人物。她代表的是对

① 穆时英著，严家炎、李今编：《穆时英全集》第二卷，北京：北京十月文艺出版社，2008年，第95页。

② 刘剑梅著，郭冰茹译：《革命与情爱：二十世纪中国小说史中的女性身体与主题重述》，上海三联书店2009年，第175页。

爱情的纯粹和正确的理解。潘鹤龄为了拥有这些价值，到日本去追琉璃子，但是到了日本后他才发现，琉璃子有别的男人。这不是单纯的爱情的失败。这代表着穆时英在《自序》中所提过的"一切标准的丧失"。

总而言之，穆时英小说中的时空解体，不仅仅意味着精神世界的分裂。他更进一步探讨其分裂现象，打破了他人与自我、都市与乡村、作品与读者、规律与欲望等二元对立的世界观，还强调这世界并不是那么简单的。日益复杂的世界中，所有界限的模糊，反而产生了不同的视觉和诠释。这种混乱打破了一切标准和基准，最终剩下的只是虚无和寂寞。而作者把这虚无和寂寞用"pierrot"的笑脸给遮蔽掉了。

三、结　语

以上探讨了穆时英的小说所显示的欲望因素。欲望与爱情不同。如果说爱情是朝向他人的，那么欲望则把焦点放在自我的欲求上。直到现代小说崛起之前，文学主要描写的是外部环境以及社会的变化。五四新文化运动时期的小说也是如此。为了克服传统文化的阻碍，使社会朝着光明的未来发展，五四新文化时期许多文人开始谋求社会与文学上的革命。在此过程中出现了个人的自我认同的问题。正如鲁迅所指出的那样，许多年轻人与文人等开始提出革命之后的问题。革命之后，青年革命家应该朝着哪个方向走？抛开传统文化之后，中国的民族性应该从什么地方寻找自己的根源？否定传统文化与历史之后剩下这样的终极问题："我"到底是谁？自我认同的问题让当时的年轻人不断地诘问自己的内心。"我"是谁？"我"在想什么？现在"我"体验的是什么感觉？从这个脉络来看，穆时英的作品着眼于年轻人的内面心理是在当时历史社会环境下的自然结果。而穆时英所发现的人类内面心理的核心就是欲望。

穆时英的小说结构及写作技巧是前所未有的。他以各种各样的都市因素为基础，将都市人的心理碎片化。随着都市的发展与繁荣，小说中的人物也显露出驳杂的心理与欲望。一方面，穆时英通过其独特的刺激感官的语言描写了都市风景与都市人物。但是，同样不可忽视的是他的普罗作品。穆时英自己也说过，描写劳动者的悲惨生活的小说与描写都市资产阶级的小说其实是同时写的。按照穆时英的说法，他的小说本来就内含着普罗小说和资产阶级小说的二元化性质。但是，如果从先锋性的角度去分析他的作品，不难发现二元化的文学世界中还有一个贯穿整体作品的特征：重叠性。为了展开相关论述，本文将穆时英的作品分为表层、中层、深层三个阶段。贯穿三个阶段的主要因素毫无疑问是重叠性。但是，在表层阶段，此重叠性因素只出现于文字叙述的方面。在思想方面，是非的价值判断是很明确的，并表现了较强的社会批判意识。但在叙述方面穆时英与别的普罗作家不同，他采用综合（omnibus）的描述技巧，在一个事物上面重叠了小说中人物的多种欲望。在中层阶段，表层阶段间接出现的欲望浮出水面。在这一阶段，穆时英认为一切是非、黑白等明确的价值基准都崩溃了。是与非、黑与白之间的边界也逐渐变得模糊，时间与空间意识也被解体了。小说中的人物在被解体的处境中感到不安，他们要寻找能够给予安慰的东西——那就是个人的欲望。在深层阶段，解体意识更为突出。加上空间与时间的解体，有机物与无机物之间的边界也消失了。感情也不知道是真的还是假的。最终剩下的只是虚无而已。

在穆时英那里，描写欲望是表达现实的解体、一切界限已变得模糊的一种方式。对他来说，通过现实主义的描写手段有时不能充分地表现现实生活中的经验。穆时英的作品早就超越了文学史给他们套上的羁绊。通过独特的描写技巧，他把都市劳动阶级与资产阶级的生活都写出来了。从先锋性的角度来看，穆时英选择描写欲望是一个再现实不过的事。他承认对欲望的追求是人类所具有的许多人性之一。同时，他还以欲望为基础，以前所未有的描写技巧，表现了极为丰富的现实生活经验。

师陀眼中的上海肖像

——以《结婚》为中心①

南姬汀

一、绪　　论

20世纪40年代，师陀是一位活跃于小说、散文、诗歌和戏剧作品等领域的多产作家。正如耿德华指出的那样，"无论就其作品数量、商业性成功、艺术成就或者文学实验来说，师陀都算是沦陷时期的一个重要作家。"② 尽管如此，研究者对师陀的关注并不多。这与同时期作家张爱玲和钱钟书形成了鲜明的对比。③ 在传统的文学史叙述中，他经常被归入京派作家或乡土文学作家。④ 因为，包括代表作《里门拾记》（1937）、《无望村的馆主》

---

① 本文改编自作者的博士论文《沦陷时期上海文学的日常性研究》第四章"异化的都市日常"中的第三节。参见남희정：《일본 점령시기 상하이 문학의 일상성 연구》，高丽大学博士论文，2017年。

② 耿德华著，张泉译：《被冷落的缪斯》，北京：新星出版社，2006年，第88页。

③ 在韩国学界，师陀的相关研究不多。研究论文有金多正：《师陀乡土小说的作家意识研究》，高丽大学 硕士论文，2013年；金多正：《〈夜店〉的主题意识考察》，《人文学研究》2014年第97号。

④ 最具代表性的有钱理群等主编的《中国现代文学三十年》。书中将师陀归类为京派小说家，从以下三个方面概括其艺术个性。第一，他农村人物贫富的清晰度很明显。第二，是他的讽刺的加重。第三，小说的叙述更讲究。钱理群、温儒敏、吴福辉：《中国现代文学三十年》，北京：北京大学出版社，2010年，第246页。

（1941）和《果园城记》（1946）等等，他的大部分作品主要讲述乡村和小市民的日常生活。特别是，早期作品《谷》（1936）获得 1937 年 5 月在京派作家主导下举办的《大公报》文艺奖的奖金后，他对乡土社会的生动描写和批评引起了广泛关注，他还经常被人与乡土小说的代表作家沈从文相提并论。① 但实际上，作家本人并没有把自己定位为京派作家或乡土文学作家。他在《〈马兰〉成书后录》一文中说道："在文学上我反对遵从任何流派（我所以要说出来，因为这大概是我说这种话的第一次也是最末一次），我认为一个人如果从事文学工作，他的任务不在能否增长完成一种流派或方法，一种极平常的我相信是任何人都明白的道理，而是利用各种方法完成自己，或者说达到写作的目的。"② 他在创作上并没有固守特定的流派倾向或方法，而是尝试了多种方法。叙述视角的多元化运用、文体的变用、多种体裁的尝试等都可以说是他这种艺术探索的体现。在题材方面，不仅限于乡村和小市民，在 1936 年 8 月移居上海后变得更为广泛。定居上海后，他创作了散文集《上海手札》和长篇小说《马兰》《结婚》，戏剧作品《大马戏团》《夜店》等以都市生活为中心的一系列作品。可以说，这是师陀文学生涯的一个重要转折点。他的创

---

① 剧作家李健吾曾把师陀和沈从文的小说视为乡土文学之列，论及两者之间的差异。李健吾认为：在沈从文的小说世界里，作家当年内心的创伤已经结了痂，给人以安慰，而师陀则把他的经历活生生地展现出来，流露出抑郁不平和痛苦。耿德华著，张泉译：《被冷落的缪斯》，北京：新星出版社，2006 年，第 88 页。

② 师陀：《〈马兰〉成书后录》，载刘增杰编《师陀研究资料》，北京：知识产权出版社，2009 年，第 65 页。

作范围发生了明显的变化，开始出现对新的都市生活的理解。①

> 1936 年秋，我从北平到上海。抗日战争爆发，上海被
> 日寇占领，心怀亡国之悲愤牢愁，长期蛰居上海。日寇发
> 动太平洋战争前后，曾任苏联上海广播电台文学编辑（直
> 到该台 1947 年秋冬之间结束文学节目），赖以维持最起码
> 的生活。由于伪币通货膨胀，虽有稿费、剧本上演费的补
> 贴，扔不免时常挨饿。偶成小文，每于稿末注明写成于
> "饿夫墓"。②

上述引文充分地说明了当时的情况。上海这个摩登都市中所隐藏的半殖民语境和民族危机，使师陀把目光转向了这种内在的矛盾，而不是都市的未来。师陀在封闭、麻木的中国传统乡村社会中找不到希望，同样地，上海这一都市空间从另一个方面让他陷入了绝望。可以说，他对都市的现代文明的尖锐批评源于他的这种空间体验。因此，上海时期师陀所写的都市小说是他的整体作家意识的重要组成部分。本文将遵循他对都市空间的批判性认识思路，阐明上海这座近代都市所具有的两面性，以及蕴含在都市日常中的人类的欲望。

---

① 杨义也指出：师陀从北平搬到上海是他转向都市文学的重要艺术转折点。杨义：《师陀：徘徊于乡土抒情和都市心理写照之间》，《文学评论》1990 年第 2 期。另外，王欣认为中原、北平、上海是影响师陀创作的重要地域，这"三个不同地域的经历，使他受着中国传统文化、现代都市文化和西方殖民文化的相互影响。"王欣：《师陀论》，南京：南京大学出版社，2011 年，第 46 页。
② 师陀：《师陀自述》，载刘增杰编《师陀研究资料》，北京：知识产权出版社，2009 年，第 27 页。

二、陷于"金钱"的世界

20世纪40年代，师陀的两部代表性作品《马兰》和《结婚》虽然都是以都市为主题，但是表现形式截然不同。《马兰》以20世纪30年代的北京为背景，批判了左翼知识分子；《结婚》则讲述了以所谓的文明之名享受物质生活的上海都市人的日常生活。本文将着重分析描绘20世纪40年代上海的空间特征的《结婚》。抗战后期创作的《结婚》以1941年日本攻击珍珠港前后的都市上海为背景，讲述了厌倦教师生活的胡去恶投身投机事业，逐渐走向崩溃的过程。① 小说分为两部分：上卷由胡去恶写给为躲避战乱逃往乡下的情人林佩芳的六封信组成的；下卷叙述者的视角转变为第三人称，共分六章叙述了围绕胡去恶的人物关系。这种视角的变化，一方面暗示了胡去恶的心理变化及对物质的欲望，另一方面也使得人物的各种冲突和投机过程更加戏剧化。

在此，值得关注的是他们的生活行为方式。与此相关，在小说中最为突出的是以"金钱"为标志的都市文化结构和人的欲望。师陀对都市物质文化的批判意识在孤岛时期创作的散文《上海手札》中已经反复体现出来："总而言之，上海是紊乱的。上海的商人和富翁们就像乡下地主一样，假如空气可以出卖，他们会把空气也存到货栈里去的。"② 这种叙述是当时上海文化心理和经济现象的缩影，也与《结婚》中人物的整体行为方式相吻合。解志熙

---

① 《结婚》于1945年初夏完成，从1946年9月9日到1947年4月22日在《文汇报》上分157次连载。之后单行本于1946年6月由上海晨光出版社出版。刘增杰编：《师陀研究资料》，北京：知识产权出版社，2009年，第17、314页。

② 师陀：《上海手札·上海》，《师陀全集》5，开封：河南大学出版社，2004年，第197页。

所称"生活样式"的这一行为方式,即是"社会化的人类生活模式,又体现为人的具体实存行为与复杂心性",① 它所指的并不是单纯的物质生活,还包含了社会文化结构和人类意识结构的变化。因此下面将通过小说中的具体人物来分析其特征。

(一) 价值的错位

小说中描绘的上海,是所谓的现代世界,既是价值错位的世界,也是被"金钱"推动欲望的世界。货币经济是现代社会的运作机制,人们的日常生活以数学的规定、测量和价值的数量化为基础。这也强化了理性、算计的现代特性。② 在这样的现代社会中,人际关系或人类本身也会被还原为数量化的价值,从而导致人类固有的本性扭曲变质。小说中的主人公胡去恶最鲜明地展现了小人物被以金钱为内核的上海物质文化毁灭的过程。从这个角度出发,《结婚》被概括为"一个小人物的'上海梦'的破灭史及其人性的堕落史"。③

与崇尚上海物质文明的都市人不同,胡去恶在任何地方都找不到自己的归属。对他来说,上海这个大都市只是一个冷漠而无情的都市空间。在情人林佩芳一家因战争迁居到故乡后,他变得更加孤独。因为童年的遭遇,他将林佩芳和她的家人当成了一种精神家园。胡去恶的母亲是继室,母子俩在家里一直被欺负,他

---

① 严家炎主编:《二十世纪中国文学史》,北京:高等教育出版社,2010 年,第 255 页。

② 格奥尔格·齐美尔(Georg Simmel)著,김덕영·윤미애 译:《 짐멜의 모더니티 읽기》,새물결,2006 年,第 28—29 页。

③ 严家炎主编:《二十世纪中国文学史》,北京:高等教育出版社,2010 年,第 254 页。

甚至产生了杀人冲动。① 母亲死后，他既丧失了自然基础，又丧失了安全感，所以希望通过林佩芳和她的家人找回自我认同。② 最初贷款做事业，并不是为了追求物质生活，而是想通过婚姻获得安定的生活。

胡去恶虽然因为资金问题去找田国宝借钱，但是其实内心十分看不起田国宝。这可以说是胡去恶对金钱这一物质和庸俗属性的一种内心排斥。同样地，胡去恶对于田国宝的妹妹田国秀的华丽外貌也表现出同样的排斥感，他只是觉得田国秀打扮得像个"四脚蛇"或"舞女"："她自然也利用自己的聪明，像舞女一样努过力，在镜子前面照了再照，扭了又扭，而结果却给人一个印象：外表是个妖艳少妇，骨子里是呆板愚蠢。譬如照像师在照过的底片上重照进一个人，洗出来两个人重叠，看上去只觉三分像人七分像鬼。"③ 此后，胡去恶通过田国宝认识了投机分子钱亨、自称英国博士的黄美洲等等。在与他们的来往之中，他的态度也开始发生了一些变化。他逐渐陷入物质生活，做起暴富的美梦。

> 亲爱的佩芳，我们不能老以貌取人！也许是我近来和外界稍有接触，我发现我们成见太深，我们太听信自己了！我没有想到钱亨——一个表面上十足的"小鬼"，而实际却有这

---

① 关于这一点，师陀在《谈〈结婚〉的写作经过》一文中曾说道："胡去恶搞来一把小攮子，准备替母亲报仇，是他后来杀人作的伏线。"师陀：《谈〈结婚〉的写作经过》，载刘增杰编《师陀研究资料》，北京：知识产权出版社，2009 年，第 146 页。

② 埃里希·弗洛姆通过精神分析学的框架，提出了人类存在的条件下产生的需求有以下五点：一、相属需求，二、超越需求，三、落实需求，四、统合需求，五、定向需求。可以说，胡去恶的需求与弗洛姆所说的相属需求或落实需求相适应，这是基于通过自己和他人之间的信赖和爱情等获得安全感的心理。参见埃里希·弗洛姆（Erich Fromm）著，김병익译，《건전한 사회》，범우사，1975 年，第 3 章以及정문길：《소외론 연구》，문학과지성사，1978 年，第 133—137 页。

③ 师陀：《结婚》，北京：华夏出版社，2010 年，第 17 页。

么好，他们不但把我认为"老朋友"，还答应帮我的忙，给我去找伙伴。黄美洲也是个了不得的人，他想起组织投资公司，我竟连做梦也没梦见。总之，我们以后谈到种种事业，大家弄的很熟悉。①

　　胡去恶通过钱这一媒介作为交友手段，打开了社交圈。但是他们之间缺乏对彼此真正的理解，只停留在表面的关系。这体现了由"单子"的个人、碎片组成的现代的特征。② 尽管如此，在金钱和欲望的驱使下，胡去恶无法摆脱这种关系。在钱亨的怂恿下，胡去恶开始投资股票，后来他听到自己投资的股票赚钱的消息，就陷入了自己不久也会赚大钱的幻想。个体与对自己期望的满足之间必然存在隔阂，金钱就很容易调整这个隔阂。③ 可以说胡去恶的幻想反映了这种金钱机制所具有的现代性的贪欲。实际上，钱亨所说的那笔钱并不是直接给胡去恶的，但他却觉得自己已经接近了幸福。

　　　　钱真是好东西，有了钱便有了快乐，你到处只看见笑……钱亨向我笑，黄美洲向我笑，老处女也向我笑，大家突然亲密起来，像多年的相好，别怪我浪费，我一出马就得胜，引句俗话：这是开市大吉。我只恨我钱少，赚的不够多；否则，至少是今天，我将把我所遇到的人全请来大醉。请为我快乐吧！为我们的将来快乐啊……！④

---

　　① 师陀：《结婚》，北京：华夏出版社，2010 年，第 32 页。
　　② 埃里希·弗洛姆（Erich Fromm）著，김병익 译：《건전한 사회》，범우사，1975 年，第 132 页。
　　③ 格奥尔格·齐美尔（Georg Simmel）著，김덕영·윤미애 译：《짐멜의 모더니티 읽기》，새물결，2006 年，第 26 页。
　　④ 师陀：《结婚》，北京：华夏出版社，2010 年，第 52 页。

对金钱的欲望完全改变了胡去恶原有的价值观。不仅如此，他对林佩芳和田国秀的感情也发生了变化。以前胡去恶从自己的情人林佩芳身上看到了温柔、善良、真诚和自尊自立，这种内心的美丽对他来说就是一个理想的标志，他以此安慰自己的缺失。然而，对于逐渐被金钱腐化的胡去恶来说，内心的美丽失去了本身的意义。胡去恶认为外在的一面也是人格的一面；曾像"四脚蛇"或"舞女"一样的田国秀摇身一变成为一只高贵妖艳的"天鹅"和上海的"名门闺秀"，林佩芳和坚守气节的父亲都被降格为"落伍的人"和"不识时务的顽固分子"。这反映了金钱彻底颠覆胡去恶原有的价值体系和心理结构的过程。

在这样的变化过程当中，金钱从获利手段变成了欲望本身。在金钱这种欲望的驱使下，越是追求金钱，就越会把人际的关系量化。他要和田国秀结婚的唯一目的也就是金钱。虽然他早就知道，无论在爱好还是生活方式上，自己和田国秀都完全不匹配，但是他已经沉醉在物质生活之中，真正的爱情意义不再重要，只求能得到的田氏一家的物质支持。另一方面，正如胡去恶为了钱接近田国秀一样，田国秀也有自己的目的——对林佩芳的嫉妒和对钱亨的报复。这种人与人之间的利害关系体现了人性的异化。

> 这烦躁，无聊，空虚，他没想到别有原因。原来自从放弃佩芳，他的生命失去了向上的目标——至少是维持他稳定的部分，代之而起的是纯粹的肉欲和功利心。为了达到目的，他只得攻击别人的弱点，勉强自己昏天暗地，以求满足对方。同时他也把自己闹昏了，离开热闹，不和国秀的身体贴近，便感到失了着落。①

---

① 师陀：《结婚》，北京：华夏出版社，2010年，第80页。

从引文中可以看出，胡去恶越深入都市的物质生活，就越感到烦躁和空虚。这是异化的一个征兆，也是他走向灭亡的一种前兆。后来当他得知自己被钱亨欺骗，金钱根本没有自己的份儿，他开始发疯，最终杀人。

> 去恶从来没有看见过这样的眼睛，玻璃球似的，又大又亮，磷动着绝望和恐怖。然而这种绝望恐怖，这种冷的像冰的亮光，不但引不起同情，反而更刺激他的敌意。（中略）并不觉得是在杀人，刀子下去，好像切瓜，给人一种快感。又好像他半生所受的痛苦，终于找到出气的机会，他也不管是头，是脖子，是胳膊，只朝下乱扎。有时刀子滑开了，他换个软的地方，更把上身全力压到刀把上去。①

杀人情节展现了人性异化的最极端的选择。胡去恶认为自己的杀人是"吃人的世界"中唯一能做的报复："这个世界是吃人的世界，别人吃我，我也应该吃人，大家都不需要良心，对不对？"② 这里出现的刀子——"正义之剑"具有很强的象征性："那把为母亲报仇，十几年来又鼓励他向上的刀子，于是做了所谓正义的剑。"③ 终于他用那把刀子向世人报仇。但是在吃人的世界里，胡去恶也是那个世界的一部分，这时他说的"正义"的复仇使正义本身的意义处于模糊的状态。杀了钱亨之后，胡去恶也被巡捕开枪打死了。对此，夏志清曾指出："只有在他杀死钱亨后精神极端清明的一刹那，他才彻底看透自己的本相，但他的激情未

---

① 师陀：《结婚》，北京：华夏出版社，2010 年，第 105 页。
② 师陀：《结婚》，北京：华夏出版社，2010 年，第 99 页。
③ 师陀：《结婚》，北京：华夏出版社，2010 年，第 105 页。

几就会被死亡所净化。"① 胡去恶虽然通过杀人完成了对世界、对人、对欲望的报复，但是他自己也将死去。这种结局体现了作者对社会和人类的认识。作者批评了导致人性异化的现代物质文化及社会结构，同时否定了失去本质、陷入盲目性欲望的人类。

（二）都市人：现代都市文明的复制品

如果说胡去恶是刚踏入都市的书呆子，那么其他人物都是熟悉这个都市空间和都市生活方式的都市人。每一个人都是以师陀在上海实际接触到的人物为原型创作，可以说他们是"当时上海的现实人物的复制品"，② 也是体现物质生活的都市人的典型。首先，外貌就体现了都市人的特点。我们看下面的引文：

（a）田国宝："单看外表，这位世兄不愧为堂堂丈夫。他个子相当高，营养很好，脸色红润；衣服笔挺，衬衫又白又亮；小学"修身"教他注意卫生，相信为人在世，必须每十天理一回发。他走起路来自然风度翩翩，唯一的遗憾是仿佛脚上生着鸡眼和满脸的面泡。鸡眼使他走路忸怩像女子；面泡使他感到不十全十美，常常要伸手去揪。两种毛病同时似乎又影响到他的性格，他平常很骄傲，因为他有钱；有时候很自卑，因为世上还有很多人比他有钱。"③

（b）钱亨："进来的是个胖胖的青年人，中等身材，脸蛋红润，烫过的所谓'飞机'头，穿一身咖啡色西装，里头是条子衬衫。从他的外表上我很难断定他是大学生或经常被舞

---

① 夏志清：《中国现代小说史》，上海：复旦大学出版社，2012 年，第 297 页。

② 师陀：《谈〈结婚〉的写作经过》，载刘增杰编《师陀研究资料》，北京：知识产权出版社，2009 年，第 146 页。

③ 师陀：《结婚》，北京：华夏出版社，2010 年，第 11 页。

女倒贴的舞客。其实在上海，这两种资格是很难分开的。（中略）他竖起三根丰满的指头，露出三只钻石戒指。"①

（c）黄美洲："他大约三十五岁，长脸尖下颌，额颅很高，很饱满，证明他的大脑发达，为人精明。身上穿着铁青英国料子西装，（虽然有点旧，然而烫得笔挺）朱红领带，小手上一双白手套，鼻梁上架着黑眼镜，分梳的头发上涂饱了油，身上香水气味逼人，看上去像个十足的英国派绅士。奇特的是他既没有胡子，也没有眉毛，脸上东青一块，西青一块，到处都是伤疤。至于他戴黑眼镜，到后来才知道他眼睛瞎，原是用来遮丑的。"②

从这些人物的外形描写中，我们很容易感受到现代都市的氛围。特别是干净利落的外貌和穿着整齐的衣着展现了他们都市生活的一面。随着 20 世纪三四十年代上海都市文化的繁荣，这种都市人的形象经常在文学作品中出现。但是，追赶潮流，与其说是表现自我的手段，不如说是维持自我感的手段。③ 现代人外表的摩登掩饰了他们内心深处隐藏着不安和焦躁。摩登并不是每个人的个性表现，而是一种都市文明的符号。因此，我们要关注他们身上所带有的身体缺陷。这些缺陷与他们所标榜的精彩、时髦的生活方式相左。作者故意设置这些缺陷来丑化人物，并对近代的价值观提出质疑。他们虽然比胡去恶享有更加丰富的物质生活，但他们的生活终究是在金钱的机制下把一切都物化了，在这一点

---

① 师陀：《结婚》，北京：华夏出版社，2010 年，第 18 页。
② 师陀：《结婚》，北京：华夏出版社，2010 年，第 22 页。
③ 约翰·艾伦（John Allen）：《게오르크 짐멜에 관해: 근접성, 거리, 이동》，迈克·克朗（Mike Crang）、奈杰尔·思瑞夫特（Nigel Thrift）主编，최병두译：《공간적 사유》，에코리브르，2013 年，第 112 页。

上他们之间没有区别。

以田国宝为例，他的欲望对象是名利。他以父亲留下的巨额遗产为基础，已经积累了相当多的财富。这种对财富的满足推动了另一种欲望，这就是对名利的欲望。他结交那些贫穷却有才能的人，并假装自己有高尚的品位，想以此证明自己的道德纯洁。爱好古玩鉴赏是一个标志。他强调这种高尚的品味是家族遗传，自得其乐，但实际上是他所有的古董、书画都只是赝品。而且，这最终只会变质为积累财富的另一种手段。在这里，古董和书画只是脱离传统和道德纯洁性的毫无意义的符号而已。田国宝把胡去恶拿给钱亨抵押的两本稿子伪装成自己的出版物。这种行为更加凸显了田国宝的庸俗和表里不一。从所有东西都是由货币价值来评价的一般价值形态来看，胡去恶的著作虽然无法得到交换性认可，[①] 但是对于田国宝来说，因为它可以满足自己对名利的欲望，所以具有同等的交换价值。

小说中的其他人物也如田国宝一般虚伪、自私。这也是当时上海都市人复杂的、多层次的心理结构的缩影。更值得注意的是，在他们身上民族认同感非常淡薄，这反映出半殖民地上海小市民的分裂性。在这样的语境中，他们所指的"和平派"和"抗战派"，都只是根据自己的利益所做出的选择，与民族的一体感相去甚远。他们用批判的口气来谈论发国难财的人，但是他们自己的行为也大致如此。从这一点来看，他们的立场就是自我分裂的。特别是，他们对于本国战事十分冷静，甚至讨论起美、日、英哪

---

① 参见디디:《화폐의 권력, 반화폐의 정치학》, 载이진경编《모더니티의 지층들》, 그린비, 2007年, 第116—117页。这从钱亨的话中也可以看出："我的亲爷叔! 你真阿木林。上海是个什么地方? 你要押款，你拿金条，金刚钻，股票，提单都行，可是你的稿子，哈，哈! 我说句扫兴话，论斤称还不如旧报纸值钱!" 师陀:《结婚》, 北京: 华夏出版社, 2010年, 第19页。

个国家更加优秀。这种分裂的立场使他们的身份认同更加模糊。但是在众声喧哗中表现一致的依然是钱的问题："其实我们做生意的，管他日本人胜也罢，美国人胜也罢，只要有钱赚就好。日本美国，一个要和南京亲善，一个要和重庆亲善，为来为去，还不是为钱？"① 对他们来说，战时上海这个空间只不过是赚钱的机会罢了。战争这种不稳定的状态诱发了他们的贪婪和欲望。对此，解志熙曾非常恰当地指出："摩登的上海'文明'其实是一种偏至的商业—消费文化，唯利是图的'唯"物"主义'和唯四方时尚马首是瞻的'摩登主义'，是这个半殖民地都市社会生态及摩登人士心态的两个基本方面。"②

关于都市人混乱的身份认同，我们还要关注钱亨这个人物作为"陌生人"的性格。这体现了被都市异化的现代人的另一个特点。③ 在这里所说的陌生人与本雅明式的漫游者——都市观察者不同，这反而更接近格奥尔格·齐美尔所说的"潜在的过客"："不是今天来明天走的那种过客，而是那种今天来明天会留下来的人——也就是所谓潜在的过客。虽然不再离开，但是他也没有完全克服来去自如的轻松。"④ 钱亨一方面是集体的成员，另一方面也与集体若即若离。他原来的计划是在天津办完母亲的丧事再回重庆，但途中在上海意外地停留了很长时间。再加上他到上海还不到三个星期，所有的钱都花光了。结果他以学习为借口使得父

---

① 师陀：《结婚》，北京：华夏出版社，2010 年，第 28 页。

② 解志熙：《摩登与现代：中国现代文学的实存分析》，北京：清华大学出版社，2006 年，第 241 页。

③ 关于都市人的身份认同，许多研究者试图用丧失身份认同或场所感的陌生人、漫游者、游牧民等来表明其特性，这表明现代都市的社会和空间无法提供任何生活依据和归属感。参见최병두：《근대적 공간의 한계》，삼인，2002 年，第 78 页。

④ 格奥尔格·齐美尔（Georg Simmel）著，김덕영·윤미애译：《짐멜의 모더니티 읽기》，새물결，2006 年，第 79 页。

亲允许他停留在此，之后开始陷入上海的都市生活。他崇尚的都市生活就是物质生活。他辗转于酒馆、跳舞场、回力球场等等，过着挥霍无度的生活，偶然间被介绍到了股票公司。他的生活表面上看起来奢侈华丽，其实徒有虚名。通过与上海的各类人交往，他比任何人都更加了解上海这个都市的属性。但实际上，他所交往的所有人对他来说都无异于陌生人，只是根据彼此的需要而维持关系。特别是他跟国秀的关系充分地说明了这一点，他们之间的亲密度也取决于需要的程度。[①] 可以说，他最终未能摆脱以物质生活为基础的金钱的束缚，在无法离开上海、也无法完全定居的界限上，注定要不断地漂泊。

另外，在小说的结尾部分，所有人都在走向没落的道路，黄美洲反而似乎通过"结婚"达到了目的。但是，庆祝美洲结婚的酒席再次对他们的"成功"提出质疑。反讽的是，黄美洲的婚礼是靠他离婚诉讼所得的钱才得以成行的。黄美洲表面上看起来是学识渊博的学者，对所有事情都表现出旁观者的态度，但实际上，就像他的假名"美洲"和"博士"头衔都只是虚名一样，他不过是把自己包装成留学派博士的庸俗小人物而已。黄美洲与张小姐的婚姻，只有一方是瞎子，另一方是相貌丑陋的老处女，才有可能实现。这样的细节安排给小说增添了喜剧性，使整部小说成为了围绕都市的一个悲喜剧。小说中的人物互相表现出的友情、礼节、亲切只不过是提高自身价值的"个性（personality）包装"。

---

① 埃里希·弗洛姆指出，在资本主义社会中，交换欲望已超越原来的单纯手段的功能，扩散到了经济领域以外的地方。"重要的是，人际关系中想要交换的动因也在起作用。爱情也往往是男女之间有利的交换。他们只是想尽可能地获得他们所能期待的东西。"格奥尔格·齐美尔（Georg Simmel）著，김덕영·윤미애译： 《짐멜의 모더니티 읽기》，새물결，2006 年，第 140 页。

这种肤浅的关系如果相互丧失交换价值，必然会瓦解。① 小说描述了人物之间的链式关系——每个人物因自己的利益而互相欺骗。作者通过这个作品，集中表现了被异化的都市的人类群像，批判了连人类也被物化的现代文明。

三、欲望的空间化

《结婚》的每个章节在特定的空间中展开，特定的空间则与文化相联系。根据通过空间来剖析文化的新文化理论，"文化以空间为媒介构筑，反之也会构筑空间本身。"② 因此，观察空间的暗喻，就能了解构成文化的内在体系。小说的主要叙事空间包括居住空间，还有咖啡馆、股票公司、跳舞场、电影院、饭馆等等。这些空间既是日常生活的空间，又是反映资本主义消费文化的空间。这里值得注意的是，作为消费文化主体的都市人的生活方式和他们的意识。尤其是小说中人物对空间的体验与他的行为或意识的变化有着非常密切的关系。因此，空间作为一种象征和符号，有必要着重分析考察。

外滩我当然来过，只是来这么早还是第一次。你瞧那些人罢，各种各样的车子，四面八方，打每条马路不断涌出来，滚滚像无数条奔流。真是洋洋大观，惊心动魄的场面！人和车搅在一道，把路填塞，只听见人的吆喝声，三轮车的铃声，汽车的喇叭声哄哄然闹成一片，你就别打算分出谁是谁的声

① 埃里希·弗洛姆（Erich Fromm）著，김병익 译：《건전한 사회》，범우사，1975年，第135页。

② 唐·米切尔（Don Mitchell），류제헌外译：《문화정치 문화전쟁》，살림，2011年，第163页。

音。所有的脸都是呆板的，虽称为万物之灵的人类，其实像被骗迫的野兽，除了匆忙与冷淡，压根儿就没有表情。他们是上千百种写字间去的，大家有个共同目的，为实现各自的野心去上战场。连走路都想战场。在这里你看不见中国人提倡了数千年的品德，只觉得所谓仁义礼让，根本不曾在我们国土上存在过。①

外滩通常被看作是上海现代性的一种能指。黄浦江边的摩天楼和异国建筑，既是进步的象征，也体现了殖民统治的欲望。这一点看，外滩是具有双重意义的标志性空间："外滩象征着权力意志，暗示着西方资本主义对于租界空间的掌控，是西方殖民者征服和开发十里洋场的集体意志的投影。"② 主人公胡去恶在外滩首次感受到了上海作为现代都市的残酷法则——"优胜劣败"。"佩芳，我在上海好多年，直到今日，才感到过去的生活不算生活。一个千古不变的原则：为人在世，无须慈悲，优胜劣败，谁力量大，谁就有生存的权利。"③ 从这一角度来看，胡去恶所感到的外滩的鱼龙混杂、快节奏、人们的冷淡无情，可以说是半殖民地上海的一种象征。

股票公司集中再现了被物质文明扭曲的现代人的精神世界。另一方面，战争点燃了个人的物质欲望，投机分子重新活跃起来。在这个空间里股票决定着个人的命运，所有的东西都是由物质价值来评价。无论身份卑微的市井无赖，还是地位尊崇的大学教授，表面上都是一样的。与文化界人士交往、强调自己高尚人格的田

① 师陀：《结婚》，北京：华夏出版社，2010 年，第 41 页。
② 李永东：《租界文化与 30 年代文学》，上海：上海三联书店，2006 年，第 30 页。
③ 师陀：《结婚》，北京：华夏出版社，2010 年，第 41 页。

国宝全身心地投入到股价中，像"热锅里的蚂蚁"一样坐立不安的样子更加凸显了现代文明的消极性和破坏性。将股票公司比喻为"围场"或"战场"，可以说集中体现了这种半殖民地都市空间的特性。胡去恶和其他人要一起组织一家投资公司，"太平洋投资公司"的假想空间也与此相似。虽然有着远大的目标，但他们的计划不过是纸上谈兵，没有具体内容。这从投资公司的简章中也可以看出："第一条 命名：本公司定名为太平洋投资公司。第二条 宗旨：提倡赚钱。第三条 营业范围：投资于股票及其他工商业，将来更推广到文化事业，教育事业。第四条 ……"[1] 他们对物质的欲望反映在这假想空间之中。作为欲望的载体，都市空间与作品前半部分描述的乡村空间形成了鲜明的对比。

> 每天你首先起身，用冷水洗过脸，扰扰头发，赶紧上设在大庙里的学堂去。那个以自立创办小学的老校长，你父亲的学生，因为你在大学念过书，也特别对你敬重。你弟弟顶无聊，起来得顶晚，他帮你父亲把杂货铺的牌门打开，将香烟，肥皂，毛巾整理好，然后坐下去读你父亲上天下午给他讲的古文；你父亲戴上老花眼镜，就在你弟弟对面，开始极吃力的读电机学或植物学；而在里边，你母亲则烧饭扫地，一切琐碎杂事归她负责。你们把屋后的荒园改成菜园，傍晚你弟弟这一天应做的功课完了，你父亲也把小铺关起来，他们带着水桶锄铲，和你母亲到园子里掘土下种。礼拜天你们整天团聚，大部分事件都话在园子里。（中略）你活画出衣服乡下和平空气的图画。[2]

---

① 师陀：《结婚》，北京：华夏出版社，2010 年，第 39 页。
② 师陀：《结婚》，北京：华夏出版社，2010 年，第 7—8 页。

此处描述的乡村充满着和谐、温暖的情调，可以说是胡去恶理想中的乌托邦。然而，师陀并没有把它当作都市的一种替代空间。因此，表面上虽然描写得很和谐，但这并不意味着对乡村的怀旧或肯定。根据提姆·伊登斯尔所言，高度浪漫化的乡村修辞学随着近代浪漫主义的发展，被描绘成"守护民族灵魂的地方，我们成长的地方，我们的本质民族精神停留的地方"，并一直应用于民族意识形态的生产。[1] 师陀所描述的乡村是一个完整的、理想的空间，它反而与真实脱离，在神秘化的民族意识形态中产生裂痕。那本来就是一个并不存在的理想空间，结果只能被拆解，无法获得现实性。乡村不是胡去恶自己亲身经历的空间，而是经过林佩芳想象的空间，这一点也充分地说明了这种虚构性。这与师陀之前的乡土小说所具有的批评意识一脉相通。对于乡村和都市，师陀并没有试图抬高某一方，或贬低某一方，而是希望描写出自身对于两者复杂的心理结构。即，这个空间暴露出来的"历史与现实、理性与情感、对现代文明的追求和由此产生的文化后果的忧虑，以及物质与精神进程不和谐性等一系列矛盾"。[2] 因此，作品前半部分出现的理想化的乡村空间和随后出现的现代都市空间，形成了相互批判和对照的关系。

此外，小说中经常出现的咖啡馆、跳舞场、电影院等等也值得关注。这些空间从 20 世纪 30 年代开始流行，成为都市人重要的文化空间。咖啡馆、跳舞场和电影院将都市包装一新，刺激了人们的好奇心，使人们感受到时髦的都市感觉。但另一方面，在殖民统治者的立场上，这些空间在无意中可以减少殖民地大众的

---

① 蒂姆·艾登索（Tim Edensor），박성일译：《대중문화와 일상, 그리고 민족 정체성》，이후，2008 年，第 106 页。

② 王欣：《师陀论》，南京：南京大学出版社，2011 年，第 197 页。

反抗，同时也成为管理和监督有效手段。商业性、娱乐性空间在战时状况下依然盛行，刺激大众情绪，这体现了半殖民地都市空间所具有的双重面貌。小说中的人物都沉迷于这些空间无法自拔，沉醉在现代文明带来的欢乐和幻想之中。他们经常在咖啡馆、跳舞场、电影院、饭馆、酒吧活动，这些空间象征了当时都市人的生活态度。

以田国秀为例，她喜欢打扮、跳舞、吃和出风头，经常把自己幻想成好莱坞演员瑙玛·希拉或费文·丽。其他人物也都认为自己的摩登生活方式才配得上上海这座现代都市。他们表面上与胡去恶交往，内心却轻视他，认为他愚笨迂腐。在陌生的上海，胡去恶也常常感到自卑和不安。这种挫折感与其说是在"流行"中被疏离的不安感，不如说是在"文明"中被疏远的不安感。① 这种不安或焦躁就是激发他的潜在欲望的主要动因。从这个角度来看，胡去恶对空间的经验与他的心理状态相呼应。

> 我的膝盖碰过她吗？我的肩膀挤过别人，腿太硬，步子不合拍吗？谁也没有时间去想……我们卷在人堆里，就像卷在波涛里，一开始我是被动的，国秀有时候推我，有时候又把我施开。动作是缓慢的，在和谐，舒服与节奏中，我慢慢自由了。我们滑着，摆着，旋着，或是说游着，情绪随着音乐，旋律增高，动作越来越快，我心里直叫："转呀！飞呀！"正在热烈到难分解之际，情绪高到不能再高，歌声也短促到不能短促时，忽然又回复到开头时的腔调。②

---

① 김진송：《서울에 딴스홀을 허하라》，현실문화연구，1999 年，第 76 页。

② 师陀：《结婚》，北京：华夏出版社，2010 年，第 60 页。

引文细致地描绘了胡去恶第一次去跳舞场时的感情变化。由此反映出他沉溺于都市物质生活的过程。特别是，描述跳舞场的一系列形象：熙熙攘攘的人群、嘈杂的音乐、闪烁的灯光……这些经常被作为象征都市的享乐和颓废的符号，出现在众多文学作品之中。在《结婚》一书中也有同样的描述。对于作为一名普通历史教员的他来说，在跳舞场的经验是他从未体会过的新鲜感觉，而这种刺激唤醒了他的潜在欲望。他兴奋地说："亡了国也不用管它，及时行乐的时候！"[1] 这句话流露出他的欲望。他总是认为自己学习过历史，能够彻底了解社会，但在物质的催化下，他所了解的历史反而失去了其本意。贴近现代社会和文明的冲动使他很快为都市的物质欲望所同化。但事实上，并不是他掌握了物质文明，而是物质文明吞噬了他。他还不知道由幻想组成的世界随时会被打破。所以当他发现自己被骗了，一切都是虚假的时候，空虚感就会被放大。他得知所有内情后——他失去了爱情、失去了钱、失去了最后的希望——小屋的回归象征性地表现出他的这种心理状态。

起初他望着屋顶发愣，屋顶上有一块大霉斑，去年夏天漏湿的，好像和他的被坑有什么关系，直望到头晕为止。随后他眼睛移到涂着臭虫血的墙上，由墙上移到斜倚的书堆上，由书堆又移到满是烂纸的桌子上，最后望望桌子上的玻璃杯。这一切原都跟他不能再熟的，现在却像老狗，眼巴巴望着他，又可怜又恭顺，仿佛说："你也想到过我们吗？"他的确可怜它们，它们的确给他一种如见故人，又生疏又亲近的感觉。可是即使如此，他也没有别的表示。他的眼睛是冷淡的，仿

---

① 师陀：《结婚》，北京：华夏出版社，2010年，第60页。

佛告诉它们："我过去把你们忘了；可是我顾不了你们，你们去吧。"①

在熟悉变得陌生、陌生变得熟悉的客观距离上，空间才显现出它的本质。他的破旧的房子象征了被笼罩在他幻想中的近代都市空间的真相。在进步、文明、自由的美名下，他为现代的强大力量所迷惑，但他真正拥有的却只是空虚和无力。师陀通过象征性空间反复强调的是，对物质的渴望和盲目追求最终破坏了人类固有的生活方式。作为"殖民化而商品化的、销售而购买的、创造而破坏的、利用而误用的、投机而斗争的现象"，空间本身既蕴含着近代资本主义的矛盾，又体现了复杂错综的现代人的精神。② 师陀对半殖民地都市上海的空间认识很好地体现了上述批判。

四、结　　论

上海这一都市空间不断变化。如今，上海的现代化、国际大都市的面貌，无疑给很多人留下了深刻的印象。但是，文明、进步的上海，其现代性包含了更多的层面。从这个角度来看，沦陷时期的上海更具有特殊的空间特性。当我们回忆起 20 世纪 40 年代时，不能不提的是"抗战"这一历史事实。在应对日本侵略的20 世纪 40 年代，上海主要被看作是帝国主义权力压迫和掠夺的现场。在抵抗和胜利的民族主义下，"被占领"的历史事实只能被

---

① 师陀：《结婚》，北京：华夏出版社，2010 年，第 103—104 页。

② 安迪·梅里菲尔德（Andy Merrifield），《昂利·列斐伏尔：关于空间的社会主义者》，迈克·克朗（Mike Crang）、奈杰尔·思瑞夫特（Nigel Thrift）主编，최병두译：《공간적 사유》，에코리브르，2013 年，第 297 页。

掩盖。在研究沦陷时期，我们有必要超越压迫/解放的二分法，考察更多样化的生活方式。

沦陷时期的上海文学研究也因为视角的变化，有了多种可能性。中国文学史在概括 40 年代文学时，往往强调解放区或国统区的抗战文学，而沦陷区文学则很少受到关注。当然，从沦陷区的政治形势来看，作家的活动必然会受到限制，因此沦陷区文学整体上呈现出浓厚的商业化、日常化的倾向。这也体现了被占领时期的时代状况和生存方式。即，战争状况下的文化心理和对人类基本生活条件的反思，在特定空间内以特殊的形式表现出来。因此，关注沦陷时期在上海活动的各种作家和作品可以补充文学史的某种空缺。

从这方面来看，本论文考察了师陀的都市叙事。通过师陀的都市叙事可以了解到生活在战争时期人们的另一面。小说《结婚》以作家的个人经验为基础创作，在师陀的笔下，上海赤裸裸地表现出名誉、欲望、金钱、虚荣伪装之下的现代的本质。无论是在物质上还是精神上，战争都是破坏人类生活的最暴力手段。小说背景的战时上海，物价暴涨，经济膨胀，生活每况愈下。这些危机加剧了人们之间的疏离和不信任。师陀细致地描绘了在上海这个欲望空间中人们逐渐物化、异化的过程。与解放区的革命叙事、30 年代的现代主义不同，师陀的小说从另一个方面反映了现实。可以说，师陀的这种批评意识对当今现代社会也具有很大的启示意义。

《红玫瑰与白玫瑰》里的女性
和反现代性

金顺珍

张爱玲描写的佟振保是一个典型的家长制下的中国现代男人。他的法则是把女人分为两种,把世界当作他的秩序所能安排的东西。但他的法则只有在自己的幻想里才能实现。他的法则让他与世界、他人疏离,甚至与他自己也疏离了。他所区分的两种玫瑰并不受自己支配,他自己却因两分法而走向没落。

张爱玲的《红玫瑰与白玫瑰》里有解构男性中心视线的矛盾。她显示了男性中心视角具有自我破坏的属性,描写了男性视角如何引起女性之间的反目和嫉视。张爱玲有意让红玫瑰与白玫瑰这两种女性意象的边界模糊,以呈现出新母亲的意象。

一、女性性征与母性

众人所知,在封建和改革、东洋和西洋错综的时间与空间里,中国女性曾经被双重压迫。她们站在新文化的前锋呼唤个性解放、人的解放。新文化运动爆发后,所有的男女新文化人都为女性的被压迫而发声。但众所共知,1920—1930 年代的女性话语、女性性征(sexuality)是为拒绝封建压抑而提出的。女性解放是从主张"反对封建的婚姻""婚姻自由"的声音中开始的。女性解放的声音是"五四"以后的个性解放浪潮中最大的声音，但我们不能说这是女性自觉的声音。很少有人注意到当时的社会如何理解女性性征、女性如何表现出自己的性征，以及当时对性征的话语有什么限制、这种限制从何而来。这就意味着：新文化运动初期缺乏对女性解放的全面考察，女性在现代化的话语里也找不到主体性的位置。

到了40年代以后，几位女作家才表现出对和男性不同的女性性征的关心，她们开始主张女性性征跟男性不同的看法。到了40年代，上海的几个女作家开始认真思考中国女性的性征和身份。她们看破了女性能被看作"女"性，也被看作女"性"，这是作为一个女性的自觉。也可以说，开始从差别走向差异。把女性看成具有她们自己性征的存在，这种看法带来了对理解女性特征的认识上、文化上的变化。

作为女"性"的女性自觉以后，最初遭遇到的羁绊就是"母性"。家长制社会里，女性一旦怀孕，社会就会要求女性完全放弃作为女性的性征而承认"母亲"这一新的性别。[①] 母亲从属于儿子，也压抑了女性（媳妇）性征。丧失女"性"的母亲的位置是在家长制的权力关系中形成的。那么母亲跟女"性"到底有什么关系，怎样恢复"作为女'性'的母亲"？

二、现代男性的两分法视线的飞镖

《红玫瑰与白玫瑰》的标题显示了张爱玲对男性中心两分法的批判。男性中心的两分法把女性分为红玫瑰和白玫瑰、性感女性

---

① 几年前，在韩国流行过"妻子比女人漂亮""母亲比女人能忍"等广告语。这也说明在韩国社会里也弥漫着重视母性的倾向。

和纯洁女性、情妇与妻子等。作品一开始就说："振保的生命里有两种女人，他说一个是他的白玫瑰，一个是他的红玫瑰，一个是圣洁的妻，一个是热烈的情妇"。张爱玲还说："他是有始有终，有条有理的。他整个地是这样一个最合理想的中国现代人物"。这句话意味着中国"现代"男性的看法和两分法的思维有密切的关系。因为佟振保是很端正、最理想、现代的，所以他分得清情人和爱人，具有对情人和爱人的不同标准。对于现代性，许多理论家提出了多样的观点，总之到80年代的现代性话语都跟合理性、都市性、两分法有关。我们能看出，张爱玲把两分法作为现代性的主要特征而批判。

佟振保的规则象征着现代男性的秩序、男根权力，这要求"他者"（女性）符合他们的秩序。依照这一规则，佟振保抛弃情人王娇蕊，而跟别人给他介绍的孟烟鹂结婚。他的法律不允许他跟作为红玫瑰的女人结婚。

佟振保在王士洪的家里见到王娇蕊，王士洪是从国外回到中国的，也是佟振保的朋友。佟振保一见王娇蕊，就感觉到她是红玫瑰。王娇蕊正在洗头发，堆着一头的肥皂泡沫。从她的身上，佟振保直觉地感受到放荡、热乎乎的魅力。但其实按照佟振保的逻辑来看，王娇蕊已经属于白玫瑰类了。不过佟振保还是把她归于红玫瑰，因为佟振保已经产生了想要拥有王娇蕊的欲望。

> 这女人把右手从头发里抽出来，待要与客人握手，看看手上有肥皂，不便伸过来，单只笑着点了个头，把手指在浴衣上揩了一揩，溅了点肥皂沫子到振保手背上。他不肯擦掉它，由它自己干了，那一块皮肤便有一种紧缩的感觉，像有张嘴轻轻吸着它似的。

> 王太太一闪身又回到里间去了，振保指挥工人移挪床柜，
> 心中只是不安，老觉得有个小嘴吮着他的手，他搭讪着走到
> 浴室里去洗手，想到王士洪这太太……①

其实王娇蕊的"王士洪太太"身份就已经引起了佟振保的欲望。她已经被王士洪拥有，但佟振保意欲模仿王士洪而觊觎王娇蕊。但社会的法律禁止佟振保娶王娇蕊，所以王娇蕊就成为了佟振保的缺失。也就是说，不是因为王娇蕊本身，而是因为王士洪太太这个身份，就让振保觊觎并渴望得到王娇蕊，把她当作了红玫瑰。张爱玲通过佟振保的眼睛描写了王娇蕊的形象。这说明王娇蕊之所以被当作红玫瑰、热情和放荡的淫妇，根源就在于佟振保。把王娇蕊视为红玫瑰的看法跟她的真实面貌毫无关系。重要的是佟振保自己觊觎王娇蕊，却说引起男性欲望的存在就是红玫瑰。

佟振保对王娇蕊的渴望越强烈，就越为王娇蕊所缠绕。"看她的头发！到处都是！——到处都是她，牵牵绊绊的。"这句话就描写出了佟振保的这种心情。但佟振保为欲望的他者所包围，从而感到恐惧。因为依照佟振保的法则，男性的欲望是应该支配他者，而不该为他者所支配的。佟振保看到浴室地上的头发被夜风吹成团飏逐的样子，觉得如同鬼影子。这说明佟振保的欲望已经变为了恐惧。欲望的对象变为了引起恐怖的主体，从而佟振保把王娇蕊贬为"热的，放浪一点的，娶不得的女人""一个任性的有夫之妇""用不着对她负任何责任的""具有婴孩的头脑与成熟的妇人美的、具诱惑性的联合"。

---

① 张爱玲：《红玫瑰与白玫瑰》，《张爱玲文集》（第二册），合肥：安徽文艺出版社，1992 年，第 131 页。

把欲望的对象变成了轻蔑的对象，佟振保就能一边满足欲望，一边消除恐惧。但就这成为了佟振保不得不离开王娇蕊的原因。因为"他是有始有终，有条有理的。也是一个最合理想的中国现代人物。"

佟振保离开了红玫瑰以后，别人给他介绍白玫瑰。一见到她，佟振保就对自己说："就是她罢。"按照分辨出红玫瑰与白玫瑰的佟振保法则，他看得出她就是白玫瑰。孟烟鹂没被谁向往过，佟振保自己也不觊觎她。佟振保不觊觎孟烟鹂，就赋予了她"纯洁"的名字。但是男性用"纯洁"这字眼修饰的女性即便美丽，其实对女人而言就算是"死亡"。张爱玲通过佟振保的视线描写这一点。

> 初见面，在人家的客厅里，她立在玻璃门边，穿着灰地橙红条子的绸衫，可是给人的第一印象是笼统的白。她是细高身量，一直线下去，仅在有无间的一点波折是在那幼小的乳房尖端，和那突出的胯骨上。风迎面吹过来，衣裳朝后飞着，越显得人的单薄。脸生得宽柔秀丽，可是，还是单只觉得白。①

"笼统的白""一直线下去""有无间的一点波折"的孟烟鹂身体是小女孩般的，找不到女性的生命力。但佟振保还把这看作白玫瑰之德。他们之间只有义务和责任。"佟振保是忠实地尽了丈夫的责任使她喜欢的，但是他对她的身体并不怎样感到兴趣。"结果佟振保开始宿娼。

---

① 张爱玲：《红玫瑰与白玫瑰》，《张爱玲文集》（第二册），合肥：安徽文艺出版社，1992年，第151页。

因为这种内在矛盾，佟振保不但压迫女性，而且压迫他自己的欲望。这都是从他的性别意识中产生出来的。佟振保的视线建立在男性性别的基础上，所以他认为他愿望的他者得保持女性的性别。违反这种性别规则时，他就会感到羞耻。

在巴黎，他有过最羞耻的经验。他在妓女身上花了钱，但和她在一起的三十分钟里也做不了她的主人。虽然作家没明显地描写佟振保为什么做不了那女人的主人，但能猜得出因为他不能完全支配妓女。因为"振保后来每次觉得自己嫖得精刮上算的时候便想起当年在巴黎"。因为佟振保不能支配巴黎妓女，所以在她的脸上就发现男人的脸、古代兵士的脸。他觉得所有的女性该被他支配，能脱离他法律的只有男性。

> 这一刹那之间他在镜子里看到她。她有很多的蓬松的黄头发，头发紧紧绷在衣裳里面，单露出一张瘦长的脸，眼睛是蓝的罢，但那点蓝都蓝到眼下的青晕里去了，眼珠子本身变了透明的玻璃球。那是个森冷的，男人的脸，古代的兵士的脸。振保的神经上受了很大的震动。①

佟振保在巴黎女人的脸上发现男人脸孔的时候，不能直接注视她的脸，因此通过镜子看妓女的脸。镜子这一媒介是引起佟振保幻觉的装置，也让他看到真实——他内心、精神上的真实。佟振保的现实是由他的欲望创造出来的幻想，镜子里的幻觉世界却是真相。依照这点，我们看得出佟振保已经与现实世界断绝了。佟振保看到的男性脸孔是失去生命力的。眼珠子变成了透明的玻

---

① 张爱玲：《红玫瑰与白玫瑰》，《张爱玲文集》（第二册），合肥：安徽文艺出版社，1992 年，第 127 页。

璃球，没有表情的，森冷的，没有了个人名字的兵士，还是已很久以前消灭了的古代人。在古代兵士面前，佟振保连"他/她"的脸也不能直接注视，那时候的他变成了被"他/她"支配的他者。这时佟振保的性别就变成女性。他却被巴黎女人支配，成为了被凝视的对象，所以佟振保感到羞耻。

这就是佟振保的法则。只有在他的世界里，只有在那袖珍世界里，他才是绝对的主人。而且在那世界里，所有的事物分为支配者/被支配者、男性/女性、强者/弱者。绝对的两分法就是"正经"的秩序。在那世界里，佟振保站在支配者、男性、强者的位子。为此，他世界中的其他人都女性化了。

但佟振保的法则只在他的幻想里得到巩固。在现实中，他没有力量维持他的法则。佟振保创造"对"的世界的方法就说明佟振保的法则只能在幻想里实行。其实"对"和"不对"跟真实也没有关系。

> 纵然他遇到的事不是尽合理想的，给他自己心问口，口问心，几下子一调理，也就变得仿佛理想化了，万物各得其所。①

他相信他自己就是世界变化的中心，他能创造出理想化的世界，他相信对自己的口和心提问而能创造出理想化，但是其实一点也没改变。虽然佟振保以为他的女性都存在于他的法则里，不过女性总是违背他的法则，但佟振保不知道，所以他会一再陷入他自己心中那个"对"的世界，在他的幻想里继续保持家长制的

---

① 张爱玲：《红玫瑰与白玫瑰》，《张爱玲文集》（第二册），合肥：安徽文艺出版社，1992年，第125页。

结构。作品的结局就说明这一点："觉得他旧日的善良的空气一点一点偷着走近，包围了他。无数的烦恼与责任与蚊子一同嗡嗡飞绕，叮他，吮吸他。第二天起床，振保改过自新，又变了个好人。"①

三、他者的叛乱

王娇蕊为了跟佟振保结婚，下了决心跟丈夫离婚，但佟振保不能接受她的要求。因为他一旦接受王娇蕊的话，就意味着王娇蕊成了白玫瑰，这也就违背了佟振保的法则。但是佟振保也不敢让王娇蕊放弃要跟自己结婚的希望，所以佟振保把自己的位子从"男性"换到"儿子"。把母亲当作防牌，在母亲的保护下继续维持自己的法则。结果儿子让母亲陷入家长制而与儿子共谋。

"娇蕊，你要是爱我的，就不能不替我着想。我不能叫我母亲伤心。她的看法同我们不同，但是我们不能不顾到她，她就只依靠我一个人。社会上是决不肯原谅我的——士洪到底是我的朋友。我们的爱只能是朋友的爱。以前都是我的错，我对不起你……"②

佟振保认识到不能维持自己的法则，就躲避到母亲的权威里。不是用自己的法则，而是用母亲的要求来拒绝王娇蕊。

那么这时佟振保为什么提出母亲的权威？按照弗洛伊德的说

---

① 张爱玲：《红玫瑰与白玫瑰》，《张爱玲文集》（第二册），合肥：安徽文艺出版社，1992年，第163页。

② 张爱玲：《红玫瑰与白玫瑰》，《张爱玲文集》（第二册），合肥：安徽文艺出版社，1992年，第150页。

法，在家长制的社会里，儿子的男根是父亲的法则。尤其是男孩恋母的俄狄浦斯情结被阉割情结压抑后，儿子就会认同父亲的象征力量。不过张爱玲为什么不让佟振保提出父亲的象征力量，而让他提出母亲的权威？

第一，这是很多论者已经说过的，是用设定"无父家庭"来解构家长制的作家意图。包括《红玫瑰与白玫瑰》，以家庭为背景的张爱玲作品大部分书写父权缺失的故事。这是一面要攻击家长制的作家书写方法，一面反映出当时社会的集团意识。以"家族国家"为基础的中国国家结构，自现代以后受到了强烈的抵抗。中国人所依赖的宗族迅速地没落了。封建家庭被都市和现代文明破坏。[1]"五四"反封建文化运动是挑战中国传统家长制的，是一个历史性的杀父行为。[2]

有趣的是，现代性话语也是男性化的，可是以男人为主的家庭却被男性化的现代化所破坏。维护儿子的传统母亲拒绝了现代化的王娇蕊，而选择了孟烟鹂。但是代替儿子的母亲却被她选择的白玫瑰孟烟鹂拒绝了。在这一点上，也能提出作家对男性策划女性分裂的第二个攻击战略。

母亲这个位子本来是属于白玫瑰的。在家长制的秩序下，女人通过妻子的身份然后才得到了母亲的身份，成了真正的母亲——生产儿子的母亲——由此得到稳定的地位。这样的家长制让女性一直否定红玫瑰类的女性。否定女"性"而成了白玫瑰的女性，获得了施行代替儿子的权威。白玫瑰类的女性只能通过儿子才能发挥权力，必然成为家长制的共谋。佟振保借"母亲"的

① 潘学清：《张爱玲家园意识文化内涵解释》，《文海文论》1991年第2期。
② 孟悦、戴锦华：《浮出历史地表——中国现代女性文学研究》，台北：时报文化，1993年，第329页。

名字拒绝王娇蕊，这是给母亲赋予了代替父亲行为的权利，以及儿子继承"父亲法则"的机会。

佟振保的法则只在共谋家长制的母亲权威下才能维持下去。但重要的是一个家庭里有两个白玫瑰，两个白玫瑰都觊觎着同一个对象，所以她们之间必然发生矛盾。佟振保的两朵白玫瑰（母亲和孟烟鹂）产生了矛盾，结果是佟振保的母亲退出了。作为一个最合理想的中国现代人物，佟振保（儿子）的法则是把女性分为红玫瑰和白玫瑰，白玫瑰驱赶了代替儿子的母亲，也驱赶了佟振保自己。佟振保的法则驱赶了佟振保，使得家庭里完全没有佟振保的位子。孟烟鹂的纯洁也不能将佟振保留在家中。缺乏丈夫的白玫瑰很自然地变为红玫瑰，而红玫瑰却突然变成了白玫瑰出现在佟振保的面前。男人缺失的场景在《传奇》增订本的封面上表现得更为明显。

> 封面是请炎樱设计的。借用了晚清的一张时装仕女图，画着个女人幽幽地在那里弄骨牌，旁边坐着奶妈，抱着孩子，仿佛是晚饭后家常的一幕。可是栏杆外，很突兀地，有个比例不对的人形，像鬼魂出现似的，那是现代人，非常好奇地孜孜往里窥视。如果这画面有使人感到不安的地方，那也正是我希望造成的气氛。①

清末的时代性，晚饭后的时间性，女人闺房的空间性，这都是在传统的旧文化中常见的。在房间里的人弄着骨牌、抱着孩子，享受着平稳，但往里窥探的比例不对的现代人，更让读者感到

---

① 张爱玲：《有几句话同读者说》，《张爱玲文集》（第四册），合肥：安徽文艺出版社，1992年，第259页。

不安。

在这里，有几个问题值得注意。首先，作家选择的平稳空间是旧式家庭，比例不对的侵略者是现代人物。张爱玲通过这张画要说的不安就是以前安乐的传统会被现代因素破坏的不安。不过到底谁在感到不安？在这里存在着与视线有关的问题。封面上的传统人和现代人都是女性（不知道小孩的性别）。画里不存在的男性在画外面注视着女人们。看封面的女性读者，有的可能认同传统妇女，有的可能认同现代女性。所以女性的不安是一半的，另一半却能感到平安或快感。但男性感到的不安是存在性的不安，他们怕他们的位置会完全消失，也怕他们支配的家庭会遭到破坏。在男性家长看来，现代女性和传统女性都是该受到他们支配的他者。但比例不对的现代女性非常好奇地窥视男性权威下的传统家庭，其中完全没有男性的位置。现代、古代的两个女人代替了本该作为主体的男性。这是他者的叛乱。

四、新母亲形象

张爱玲不愿意让代替儿子的母亲仍然维持慈祥的面貌。白玫瑰孟烟鹂放逐佟振保的母亲而占有新母亲位置，还把佟振保从传统儿子的位子放逐了出去。那一瞬间孟烟鹂变成了红玫瑰。肉体上的母亲离开了佟振保，这对于佟振保来说，意味着完全丧失了保护他的法则。就在这时，王娇蕊变成白玫瑰。

有一天，佟振保在公共汽车上遇到王娇蕊。她涂着脂粉，耳上戴着金色的耳环，佟振保觉得那艳丽显得俗艳。佟振保既然把王娇蕊当作红玫瑰，她就得是引起欲望的存在。但王娇蕊换了面目，具有白玫瑰的特质。她一大早带孩子去看牙医。介于红玫瑰与白玫瑰中间的、当了母亲的红玫瑰对佟振保说了致命的话："是的，年纪轻，长得好看的时候，大约无论到社会上做什么事，碰到的总是男人。可是到后来，除了男人之外总还有别的……总还有别的……"王娇蕊的这句话很彻底地推翻了佟振保的秩序，给佟振保很大的冲击。这时候佟振保有了难堪的妒忌，他想说"完满幸福的生活"，但一个字也说不出来。

当时，佟振保不知道他心头的感觉是什么，也不知道他的法则已经毁坏了。他从镜子才看见他的眼泪滔滔流下来，但也不知道为什么不是她而是他哭。像在巴黎通过镜子看见巴黎妓女的经验一样，在公共汽车司机座位右边的小镜子里看见他自己哭泣的脸。这意味着他没有能力正视他自己。这是从自己的疏离中显露出来的。

王娇蕊得到了母亲的位置，佟振保对孟烟鹂更有了拒绝感。而且佟振保听见孟烟鹂向八岁的女儿诉冤，不久就把女儿送到学校里去寄宿，让渡了自己的母亲位置。孟烟鹂再也不愿意听从佟振保的法则。孟烟鹂在浴室里创作她自己的世界，观察自己的肚子和肚脐，觉得它们很可爱。孟烟鹂得了便秘症，每天在浴室里一坐就是几个钟头。佟振保为她治病，但后来觉得她不甚热心，就放弃了。孟烟鹂情愿留着便秘症，这行为表现了她想要怀孕的愿望。①

这时，张爱玲为了再度暴露两分法的矛盾，把红玫瑰和白玫瑰的意象结合起来了。孟烟鹂怀有再度成为母亲的愿望，为了当母亲，先得恢复女"性"。要走向母亲的路，孟烟鹂自然走向了"有欲望的女性"。孟烟鹂的欲望让她觉得自己的身体美丽，之后

---

① 金顺珍：《张爱玲小说研究——以女性主义观点看身体、权力、叙事》，韩国外国语大学博士学位论文，2001 年，第 100—103 页。

就跟裁缝发生了关系。通过跟裁缝的关系，孟烟鹂完全解脱了佟振保的法则。从那时候起，孟烟鹂成了佟振保的象征母亲。"他的放浪渐渐显著到瞒不了的程度，她又向他解释，微笑着，忠实地为他掩饰。"站在保护佟振保的位子，孟烟鹂能够说话，也有了自尊心。

张爱玲用这样的结构呈现了被男性区分的两种女人：红玫瑰和白玫瑰。其实这并不是两种女人的面目，而是一个女人的面目。她还揭示了成为母亲也得经过性爱这一事实。

从《上海的早晨》看 1950 年代
资本家与革命家的形象

高在媛

一、导　论

20 世纪 50 年代，中国建立起社会主义体制并开始了工业化建设，取得了巨大成就。这一时期的中国新旧并存，处在巨大的变革过程中，可以说 50 年代是中国的过渡时期。因此，我们关注中国的 20 世纪 50 年代的时候，重点应关注向社会主义制度过渡的过程，而不仅是社会主义制度的建立。这不仅为过渡时期的研究提供更详细的方法，也有助于更深入地了解 50 年代的（社会主义）中国。

英国文化批评家雷蒙德·威廉斯（Raymond Williams）克服了对经济确定性的庸俗马克思主义的解释，把文化理解为"社会物质实践"，并强调了文化本身的自主性，这为文化批判研究奠定了基础。他将文化的一般定义分为三类：首先，把文化假定为"理想"，即绝对或普世价值，并将其视为完成状态或完成过程；第二，把文化视为记录各种人类思想和经验的知识和蕴含想象力的作品的整体；第三，把文化看作是一种描述特定生活方式的"社会性活动"，这种生活方式不仅表现在艺术或学术活动中，而且在机构活动或日常活动中都具有某种意义或价值。从这种观点来看，"文化的分析是解释生活方式、特定文化中明示或暗示的意义和价值。"① 雷蒙德·威廉斯在这三种文化中特别关注文化的社会性方面。对他来说，文化是一种普通的生活方式，文化分析就是要解释这种普通的生活方式所默示和直截地揭示的含义和价值，进而在这种生活方式中发现一般性的"法则"或"趋势"。

根据雷蒙德的说法，中国的 20 世纪 50 年代正是"决策系统（政治）和维护系统（经济）"② 转型的时代，本文主要关注的是这两个系统之间的关系，即通过对当时社会主义改造政策的分析，考察 50 年代中国的政治和经济之间的关系。但是，人类可以"以多种方式在一个非常多样化和特殊的系统中表达为基于生命创造和发展的复杂关系"③ "即使整个决策系统已经通过，总体社会现实仍然会出现。这是因为，无论决策系统多么强大，它都必须在现实的物质习惯环境中运行。"④ 也就是说，如果我们以那个时期的人的视角来看这个转换时期，可以发现比政治和经济体系更为根本的物质和习俗环境包围着人的生活，这样的发现将会成为对这个时期产生更为深刻理解的契机。

关注描写 20 世纪 50 年代中国的长篇小说《上海的早晨》的理由就在这里。尽管中国的政治和经济制度发生了巨大变化，但这一时期的人们的日常生活是建立在具有一定稳定性的社会现实

---

① 雷蒙德·威廉斯（Raymond Williams），成银爱译：《漫长的革命》，韩国：文学邻里，2007 年，第 83—84 页。

② 雷蒙德·威廉斯（Raymond Williams），成银爱译：《漫长的革命》，韩国：文学邻里，2007 年，第 187 页。

③ 雷蒙德·威廉斯（Raymond Williams），成银爱译：《漫长的革命》，韩国：文学邻里，2007 年，第 187 页。

④ 雷蒙德·威廉斯（Raymond Williams），成银爱译：《漫长的革命》，韩国：文学邻里，2007 年，第 192 页。

基础之上的。《上海的早晨》通过各种人物展示了在深受资本主义影响的城市上海，资本主义制度向社会主义制度转变的过程。这本小说通过"决定和维持的体系"的转换，展开了对作为生活方式的文化转换过程的叙事。但是，从政治和经济制度的转变是否导致作为一种生活方式的文化也发生转变的角度来看，我们可以发现小说的意图被打破了。换句话说，虽然《上海的早晨》试图通过政治和经济制度的转变展现对应的作为生活的文化变革，并以此引导叙事结构，但生活在上海的人们是否实现了作为一种生活方式的文化转变有必要被重新讨论。这也再次提出了一个问题，即中国在 20 世纪 50 年代通过社会主义改造试图建立的社会主义文化是什么？这种社会主义文化追求的价值观是什么？这可能成为研究 20 世纪 50 年代中国的一种新的角度。

二、关于《上海的早晨》的介绍

为全面了解一个社会，首先要了解构成社会体制的核心要素。为此，需要与对象进行微观的接触，通过这种观察发现，最能体现当时时代变化的就是文学，最能展现 20 世纪 50 年代中国的文本也是文学。20 世纪五六十年代的中国是社会主义文学的成长时期，当时的现实和对社会主义的想象交织在一起，追求社会主义的文学作品成为主流。其中，周而复的《上海的早晨》就是这样一部表现从 1952 年到 1966 年近 15 年间发生的社会主义改造过程的作品。该作品在 2000 年以后，也成为理解和研究 20 世纪 50 年代中国的重要文本，再次受到关注。

《上海的早晨》共四卷，是作家从 1952 年到 1966 年，历时近 15 年的创作而成的。第一部于 1952 年夏天开始写作，于 1954 年春完成草稿，第二部于 1954 年开始，1956 年秋完成草稿。第一部于 1957 年修订后，1958 年在文学杂志《收获》上发表后出版单行本。第二部的部分章节于 1961 年在文艺杂志上发表，并在《北京晚报》上连载后，于 1961 年冬天出版单行本。第三部在1962 年完成，1965 年送到出版社，但并未发表，第四部在 1966 年完成初稿，但也没有发表。这是因为"文革"开始后，他遭到了"拥护资本家、贬低工人"的批评。结果，第三部和第四部在"文革"结束后才得以发表。第三部刊登在 1979 年春复刊的文学杂志《收获》第 1 期和第 2 期上，第四部于 1976 年 11 月完成修改后，发表在 1979 年文学季刊《新苑》冬季号上。该作品发表和出版过程也经历了五六十年代和文革时期，而且在"文革"前后得到了截然相反的评价。①

从作者所说的四个部分的构想来看，第一部分是关于民族资本家抵抗或斗争的内容，第二部分是关于对民族资本家的社会主义改造运动的内容，第三部分是关于民主改革的内容，最后第四部分是逐渐将资本主义私有制转换为公有制，最终废除私有制的内容。② 作家在这一构想以外，还结合自己丰富的实际经验，通过塑造各种人物，生动地描写了包括民族资本家在内的资本家抵抗社会主义的活动，以及最终逐渐适应的过程。与此同时，劳动者成为社会主义体制的主导阶级，并成为了革命和产业化的主体，其过程也描写得淋漓尽致。此外，还刻画了作为中间阶层的知识分子和专业技术人员在灵活运用社会主义体制方面发挥重要作用

---

① 对《上海的早晨》的文学性或政治性批评和评价，在 50 年代、"文革"时期和"文革"之后的三个时期各有不同。特别是 2000 年代以后，对该作品的文学批评日益多样化，笔者认为有必要从文学社会学的观点出发，对随着时代而改变的作品批评或变化进行研究。

② 这是《上海的早晨》第 4 部（1980 年版本）中记载的"后期"的一部分，此后版本中没有记载，在百度知识百科《上海的早晨》篇中公开了后期的全部内容。

的情形。作家通过刻画各阶层的代表人物，敏锐地观察了 20 世纪 50 年代中国社会主义改造过程。另外，当时代表中国资本主义的城市——上海被改造成社会主义工业城市的过程，也成为各种人物活动的背景。

但是，该作品的主题，不仅仅是通过社会主义改造来完成社会主义体制，而是讨论上海的资本主义遗产在社会主义改造运动中出现的各种复杂状况，是立足于现实主义的。因此，《上海的早晨》虽然以社会主义体制的确立为目标，却体现了中国社会主义现代性所蕴含的内在矛盾。从这个意义上说，《上海的早晨》可以说是了解和研究 50 年代中国的重要文本之一。

20 世纪 50 年代中国社会主义改造的研究主题是一个宽泛的话题，需要在政治、经济、社会、文化等各个领域进行多方面的考虑。本文以《上海的早晨》为文本，从改造对象和改造主体出发，将分析对象限定为资本家和革命家，进而考察社会主义改造形态。为此，首先将简要概述 20 世纪 50 年代实行的对资本主义产业和资本家的社会主义改造政策的实施情况。接下来通过分析《上海的早晨》中的人物来考察社会主义改造情况。《上海的早晨》是一部四卷本的长篇小说，不但篇幅长，而且人物众多。由于代表每个类别的人物也都具有不同的位置和个性，因此有必要首先对这些人物进行详细分析。本论文在这些不同的人物中，把分析对象限定为被改造的对象（资本家）和改造的主体（革命家），将考察这两种人物在资本主义向社会主义体制转换的过程中的形象及意义。在此基础上，通过《上海的早晨》的主人公徐义德和他的家族关系，从文化社会转型的观点出发，考察资本家的生活方式和价值观，以及象征革命家的共产党干部杨健和象征劳动者的汤阿英的生活方式和追求的价值。

三、20世纪50年代中国的社会主义改造政策

1949年，当第二次国共内战胜利的天平开始倒向共产党时，资本家们正处在选择国民党还是选择共产党，抑或是探索第三条道路的十字路口。选择国民党的资本家与国民党一起移居台湾，选择第三条道路的资本家则移居香港或国外。但更多的资本家决定留在大陆。留在大陆的资本家的立场也根据各自的情况有所不同。首先，部分很早就与共产党建立联系的资本家基本上都持支持共产党的态度，因此对共产党没有太大的担忧，留在了大陆；第二，部分资本家虽然对共产党还抱有怀疑和忧虑的态度，但对国民党更不信任，对国民党的未来更加悲观，因此留在了大陆；第三部分的小资本家的经营多是以大陆为基础，到国外发展没有前途。这些资本家虽然各自的立场有些不同，但都认为与共产党关系的好坏可以左右企业的未来。比起理念，他们更相信国家和民族的未来。① 这个理由也很重要，但是共产党对资本家总体上保持警惕，但并无敌意，称他们为民族资本家，并将其作为人民的一部分。②

在新中国成立之前，中国存在四种经济形态：自然经济、外国资本主义经济、民族资本主义经济和官僚资本主义经济。社会主义公有制被认为是建国后新民主主义时期最合适的经济形式。从新中国成立前后到1952年，中共都没有试图通过社会主义公有制将资本主义改造为社会主义经济。因为新中国成立后最大任务

① 师吉金：《1949—1956中国民族资产阶级心理之变迁》，《安徽师范大学学报》2004年第1期。

② 毛泽东：《论人民民主专政（1949年6月30日）》，《毛泽东选集》第4卷，北京：人民出版社，1991年，第1475页。

之一就是通过现代工业化实现经济发展。也就是说，为了实现工业化和经济发展，就不能排斥资本主义产业和资本家。此外，由于恢复和稳定因国共内战被破坏的经济状况比什么都重要，在初期几乎没有对资本主义产业和资本家的限制和制裁。[①]

　　然而，从 1952 年 2 月开始，以资本家为对象展开对贿赂、逃税、不当得利、骗取国家财产、产业信息泄露等的"五反"运动，资本家开始受到冲击。中共通过调查和监察企业违法行为的"五反"运动，开始将资本家的企业改造为社会主义公有制体制。就是说，逐渐开始废除资本家的私有制，转换为公有制。面对这个过程，资本家们开始担心政策的变化会影响经济，并为他们自己的前途担忧。但是从中共实行的"五反"运动的实际结果来看，因严重违法而受到处罚的资本家数量只占全体的 5%。60%—70% 的资本家基本上遵守了法律，25% 的资本家都只是有待改善，因此真正受到处罚的资本家并不多。由此，资本家们意识到，如果他们是合法经营生产的公司，共产党对企业所有权和资本家个人的影响不会太大。但还认识到因为新中国是社会主义国家，所以总有一天会废除私有制，转换为公有制。[②]

　　接下来就从 1953 年开始通过社会主义公有制全面实施社会主义改造。对此资本家们的立场根据各自的情况有差异。一方面，接受社会主义改造的资本家之间存在差异，一些有声望的资本家把在社会主义国家下向国营企业的转变当作时代的趋势，他们认为这是以私有制为基础的资本主义转变为社会主义公有制，因此支持共产党的政策。但是，有些资本家则认为个人无法逆时代潮

---

　　① 毛泽东：《在中国共产党第七届中央委员会第二次全体会议上的报告（1949年 3 月 5 日）》，《毛泽东选集》第 4 卷，北京：人民出版社，1991 年，第 1498 页。
　　② 师吉金：《1949—1956 年中国民族资产阶级心理之变迁》，《安徽师范大学学报》2004 年第 1 期。

流，而不得不接受公私合营制。另一方面，有些资本家对企业向公私合营深感忧虑，表示不满。然而他们也无法阻挡社会主义体制转变的时代潮流。①

在这种变化中，大多数资本家最关心的是公私合营以后对资本家的待遇和利益分配问题。中共在进行社会主义改造的过程中，基本上是通过有偿没收政策，将私营企业转换为公私合营企业。自1955年下半年以来，分阶段实行的公社合营制已全部适用于所有企业，由于企业之间的差异很大，资本家的股份被有偿没收，并支付了5%的利息。对此资本家没有提出不满。② 此外，在建立公私合营制以后，也保证了资本家原有的职位。在社会主义中国，资本家的社会地位虽然比以前有所降低，但他们的既得权益和社会地位大体上得到了保障。例如，从1954年至1956年北京市上层资本家的安排情况就可以看出："1954年市财协副主席1人；1955年有副市长1人、副厅（局）长4人，市财协副主席1人；1956年副市长1人，副厅局长5人，市财协副主席1人。1956年公私合营私方人员安排：工业方面总人数5 387人，在专业公司担任经理副经理10人；担任正副厂长经理314人，生产股长及分厂长752人；工程技术人员104人；从事生产工作的人员2 813人；职员1 394人。"③ 中共对资本家和资本家企业实施了一贯的政策，以促进稳定的工业化，而资本家通过这些政策能够相对稳定地过渡到以社会主义公有制为基础的社会主义体制。

---

① 师吉金：《1949—1956年中国民族资产阶级心理之变迁》，《安徽师范大学学报》2004年第1期。

② 孙瑞鸢：《资本主义工商业社会主义改造道路的形成》，《中共党史研究》1988年第4期。

③ 参见《中国资本主义工商业的社会主义改造·北京》，北京：中共党史出版社，1991年，第605—606页。转引自师吉金：《1949—1956年中国民族资产阶级心理之变迁》，《安徽师范大学学报》2004年第1期。

如上所述，我简要总结了中国在 20 世纪 50 年代的社会主义改造政策，在这里我们可以看到，社会主义公有制是中国在 50 年代为促进稳定的工业化和恢复经济而采取的过渡经济形式。对此，本论文从改造的对象和主体出发，通过资本家和以党干部为代表的革命家之间的对立和紧张关系，分析 50 年代社会主义改造情况。20 世纪 50 年代中国的资本家虽然政治地位和社会地位有所下降，但他们拥有的资本、社会网络以及文化力量在城市并没有减少，对此中共也感到担忧和紧张。

四、改造的对象和主体：资本家和革命家

《上海的早晨》的中心叙事是资本家和劳动者这两个阶级之间的对立和矛盾、妥协。但在"社会主义改造"这一主题下，作为改造对象的资本家和改造的主体——党的干部之间的关系与资本家和劳动者之间的关系不同。如果说资本家和工人这两个阶级之间的关系是剥削和被剥削的关系，那么资本家和革命家的关系可以说是改造和被改造的关系，这是一种超越了政治意识形态关系的更为复杂的关系：虽然他们政治理念不同，但有着追求经济发展的共同点，他们之间的关系可以说是政治力量和经济力量之间的斗争关系。正如前文所说，20 世纪 50 年代中国共产党根据"新民主主义论"，将民族资本家纳入"人民"之中，实行有偿没收政策，将资本家包容到社会主义体制中。这是因为从经济角度来看，政治权力与经济权力的取向相似，因此从根本上不可能单方面排斥。在这样的阶段性改造过程中，资本家虽然处于与之前社会不同的社会地位，但在促进经济发展、推进工业化方面是不可或缺的存在。因此，资本家充分利用他们拥有的经济实力和社

会文化网络，在维持资本主义生活方式和其文化遗产的情况下，逐渐适应了社会主义体制。换句话说，资本家们仍然保留着现代都市人的生活方式和价值取向，正处在向社会主义体制的转换过程中。因此，对资本家的社会主义改造及其改造过程，具有二律背反的因素。

在《上海的早晨》中，资本家集团和革命者形成一种对立紧张的关系，一种新旧对立的结构。资本主义者被视为旧时代的人物类型，社会主义者被视为新时代的人物类型。换句话说，资本家被刻画成了古老而落后、只致力于追求私人利益的人物，而革命家则被刻画成了年轻、聪明、为了公共利益而投身其中的人物。但是，小说不只以典型的人物构成各个集团，还安排了背叛各个集团的人物和态度模糊的人物。以下是小说开头的一幕，是代表资本家的人物——沪江纺织厂的老板徐义德跟副总梅佐贤对话的场面。

    "总经理，汕头的电报到了⋯⋯"

    徐总经理一听到汕头两个字马上就紧张起来了，他的眼光从米色的屋顶移到梅佐贤长方形的脸上：

    "那几批货色怎么样？"

    "都脱手啦。装到汕头的二十一支三百八十件，装到汉口广州的二十支一共八百三十二件全抛出了。"

    "多少款子？"

    "一共是一百二十五万二千四百八十块港币。"

    "找到香港没有？"

    "现在政府对外汇管理得紧了，不容易套。这个数目又不小，想了很多办法，靠了几家有港庄的字号才找过去。因为这个原因，电报来迟了。"①

"你的意见对。那批美棉和印棉有消息没有?"

"货已经到广州，正在接头……"

"要他们快一点脱手，脱手就买进……"徐总经理说到这里停了停，思考了一下才接着说，"买进糖（美钞）。"

梅佐贤看他有点拿不稳，话讲完了眉头还在皱着想心思，就接上去说：

"是不是买进参（黄金）划算? 这两天香港参的行情看涨，大户多买进。我们买进参一定可以得到一笔外快，这数目可不小。"

徐总经理没有思考，果断地说：

"还是糖好。香港大户做参的买卖怎么也做不过汇丰银行，这是大户的大户，最后他吃通，我们不上那个当。"②

这部小说的时代背景是新中国成立后的 20 世纪 50 年代。这一场面是小说的开头，似乎是上海被封锁之前的情况。通过两人的对话，可以看出在这个时期资本家将资本转移到香港或购买美元、黄金的情况很多。就是说，这是作家提出的资本家的典型。

一个矮胖的中年人走到客厅门口，荣光换发，脸胖得像一个圆球，下巴的肉往下垂着，使人担心这肉随时可以掉下来。看上去年纪不过四十左右，实际上他已是靠五十的人了。头上没有一根白发，修理得很整齐，油光发亮，镜子似的，

① 周而复：《上海的早晨》第 1 卷，北京：人民文学出版社，2009 年，第 4 页。
② 周而复：《上海的早晨》第 1 卷，北京：人民文学出版社，2009 年，第 5 页。

苍蝇飞上去也要滑下来的。他很得意自己没有一根白发，用谦虚的语气经常在朋友面前夸耀自己："我是蒙不白之冤，尤其是大老婆最恨我的头发不白。"如果朋友们凑趣地说："那是怕你纳第三个姨太太。"那他就高兴得眼睛眯成一条缝，乐得说不出话来，只是嘻嘻地笑笑。上海解放以后，他的说法有点修正："我的老婆对我没有一根白发是很不满意的。"他不再提三个老婆了。①

引文是对徐义德个人形象的描绘，虽然身材有点胖，但"气色好，比自己的年龄更显小"的外貌描写，是富人的典型形象。而且自豪地说有三位夫人意味着仍然维持着传统的家族制度，并通过这些传统的家庭关系形成了社会关系和经济网络。他和第一任妻子之间没有孩子。因此，第一任妻子把侄女吴兰珍带来，把她当成养女，并依靠她。吴兰珍很聪明，学习好，考上了大学，后来成为共产党员，并在"五反运动"开始后，在徐义德处于困境时给予帮助。他与第二任妻子朱瑞芳有一个独生子，是商业伙伴，可以说是实权人物。第三任妻子林宛芝是徐义德最宠爱的妻子，但在家庭中的地位并不高。这些妻子的亲戚、兄弟和朋友等在生意中起着重要作用。例如，朱瑞芳的堂兄朱暮堂是地主，后来由于农村地区实行土地改革而没落。朱瑞芳的弟弟朱廷年是在上海进口西药进行销售的企业家，在"五反运动"中被定为犯法的资本家。由此可见，徐义德的家庭结构是体现以家长为顶点的垂直关系的封建形式，商业关系也是以家庭为中心的传统形式。就是说，作为现代资本主义社会的资本家的典型，徐义德的家庭形式和商业形式仍然具有旧时代的面貌。

---

① 周而复：《上海的早晨》第1卷，北京：人民文学出版社，2009年，第3页。

与此相反，作为改造主体，党干部杨健展现了典型的知识分子共产党员形象。

　　如烟一般的往事，又一幕一幕出现在她的眼前。

　　那是一九四一年，她和杨健都在上海一座私立大学里读书。杨健读的是中文系，戚宝珍是教育系，虽然他比她高一班，选修课却常碰在一班里。中国通史这一课，他们俩人不仅在一班，而且同一张桌子。杨健在学校里的功课很好，几乎他所读课程的成绩都名列五名以前。当时他已经是中共党员，在学校里很活跃，学生方面有啥组织，他不是委员，就是代表。他是消息最灵通的人，对于抗日战争的前途他比任何人看得清楚，分析得头头是道，和他接近的人得到鼓舞，同他谈过话的人找到前进的方向。同学们有疑难不解的问题都去找他，他总满足你的要求，设法给你解决。经过他用各种办法介绍，许多同学暗中去了抗日民主根据地。在学校里，在公开的场合，他非常沉默；在校外宿舍里，在个人接触中，他是个富有风趣的人，谈起来就滔滔不绝，可是一点也不啰嗦。

　　认识他的人常常到他的宿舍里来，不认识他的人想去和他接近。戚宝珍发现他常到图书馆去，她也常到图书馆和他一道看书。他每次到图书馆有意坐在他的附近。她故意和他谈论中国文学啥的。吃饭后，他们两个人常常肩并肩地在校园里散步。

　　一九四三年夏天，杨健读完了大学，组织上决定他到苏北抗日民主根据地党校去学习。两人相约：她毕了业，便到苏北来，参加抗日民主根据地工作。

临别前夜，他们两个人手挽手地在河边草地上走来走去，几次走到校园门口，她又把他拉回来，舍不得离开校园，舍不得离开草地，舍不得离开小河，舍不得夏夜的宁静。

一九四四年八月，她来到了苏北，和杨健结了婚。婚后，她分配在县政府教育科当干事。这个工作正投合她的兴趣。

第二年十月，她生下珍珍。那时抗日战争虽然胜利了，国内并没有取得和平，解放战争的烽火在各地燃烧起来了。杨健和戚宝珍随着部队转移到山东。他担任县委宣传部长工作。①

上述引文概括了杨健和他的夫人戚宝珍在大学相识、一起学习、恋爱、结婚后作为共产党员一起工作的过程。通过这一叙述可以看出，两人的恋爱和结婚是以爱情和同志情谊为基础的，家庭形态也是由妻子和孩子组成的典型的小家庭形态。这与徐义德的家庭形态形成鲜明的相比。而且，妻子戚宝珍生下孩子后，因病在家中疗养，丈夫也对妻子照顾至极。两人住在公共住宅，在公用食堂吃饭等，展现了新中国干部家庭的日常生活。家庭中互相帮助、互相爱护、平等的面貌也是社会主义追求的家庭的典范。杨健的家庭可以说是理想的社会主义家庭的典型，特别是平等的夫妻关系是组成家庭的核心要素。子女的作用不像现代的家庭那样大。一般来说，现代家庭的典型是以夫妻和子女为中心的小家庭形式，实际上比起平等的夫妻关系，子女在维持家庭方面起到重要作用的情况比较普遍。但是，社会主义追求的理想家庭形态是以爱情为基础，以平等夫妇为中心的家庭形态，并通过这两者

---

① 周而复：《上海的早晨》第 2 卷，北京：人民文学出版社，2009 年，第 198—199 页。

得到呈现。

另一方面，代表工人阶级的汤阿英和张学海的家庭形态则是复合型的。

> 张学海是沪江纱厂保全部的青年工人，思想进步，对机器特别有兴趣，有空就钻研技术，一分一秒钟的空隙也闲不下他，不是修修这个，就是擦擦那个，不知疲倦地做生活，充满朝气勃勃的精神。他像是头铁牛，浑身有使不完的劲头。[1]
>
> 汤阿英进了厂，张学海经常到她那个车间去修理车子，两个人更熟了。
>
> ……
>
> 张学海做的是常日班，逢到汤阿英上白班的辰光，常常在路上碰到他，一道上工，又一道下工。[2]
>
> 汤阿英早就洞察他对自己的情景。她认为张学海努力向上，是个好样的，对她的态度不错，每逢她有啥困难和需要，他都主动地过来帮助和照顾；并且他为人忠厚诚实，不是一个轻浮的青年。[3]
>
> 张学海和汤阿英结了婚，当时汤阿英十七岁多一点，长得像是二十岁的人了。汤阿英从秦妈妈的草棚棚里搬到张学海的草棚棚里，度着幸福的新婚生活。当年，汤阿英生下了巧珠，今年快七岁了。现在，汤阿英肚里又有了孕。[4]

---

① 周而复：《上海的早晨》第 1 卷，北京：人民文学出版社，2009 年，第 48 页。
② 周而复：《上海的早晨》第 1 卷，北京：人民文学出版社，2009 年，第 49 页。
③ 周而复：《上海的早晨》第 1 卷，北京：人民文学出版社，2009 年，第 50 页。
④ 周而复：《上海的早晨》第 1 卷，北京：人民文学出版社，2009 年，第 51 页。

工人阶级汤阿英和张学海在工厂工作时相识、恋爱、结婚成家。这两人的恋爱和结婚也是基于对彼此的爱和信任。这与杨健和戚宝珍的关系一样，并不是为了利害关系或物质利益而结婚。两人结婚后，侍奉婆婆，形成了包括子女在内的三代同堂的家庭形态。这些家庭部分保留了传统农村大家庭的形态。虽然婆婆和儿媳这种婆媳关系依然表现出传统家族制度的痕迹，但汤阿英家族不能说是传统的家长中心的家族形态。因此，工人阶级的家庭形态是传统和现代相结合的。

正如雷蒙德·威廉斯（Raymond Williams）所说，即使“整个决策系统”已经改变，社会现实关系也“在现实的物质和习惯环境中运作”。因此，即使在以理想的现代家庭形式为目标的社会主义体制中，父权制和封建制的惯例仍在继续，而体现这些惯例的群体就是资本家。与此形成鲜明对比的是，只有改造的主体——杨健的家庭才显示理想的社会主义家庭的面貌。

但实际上，当时上海的党干部大部分都是中下层干部，不像高层干部那样具有强大的政治能力，大部分分散在上海市民居住的地方，与民众一起生活，因此自然而然地容易为城市居民的思考方式和生活方式所同化。① 事实上，对资本家的改造必须与对城市的改造联系起来，否则改造的主体就可能被逆向同化。当然，作家对这一问题并不是没有认识。

夏世富领着苏北行署卫生处的张科长一上了六楼，朱延年马上就迎了出去，像是会到一位老朋友一样，一把紧紧握住张科长的手：

---

① 参见张刚：《1949年革命与上海城市生活风格变迁》，华东师范大学硕士论文，2005年，第60—61页。

"张科长,久仰久仰。"

夏世富在一旁介绍道:

"这是散号的经理,朱延年先生。"

张科长穿着一身灰布人民装,里面的白衬衫的下摆露了一截在外边,脚上穿了一双圆口黑布鞋子,鞋子上满是尘土,对周围的环境与事物都感到陌生和新鲜。他显然是头一次到上海来。他见朱经理那么热忱招呼他,就像是有了几十年的交情似的,他想头一回到大都市,不要给人家笑话自己是土包子,叫人看不起,他也学朱延年那股热呼劲:

"久仰久仰,朱经理。"

可是他究竟不熟练,口音有点不顺,态度有比较勉强。[①]

张科长是一个乡村知识分子,别说上海,连南京和镇江也没有去过,在解放区参加工作有三四年了,为人本本分分,老老实实,谨慎小心,观察事物比较迟钝。因为工作认真负责,慢慢提拔当了副科长。张科长听到朱延年这番话,又看见店员身上一律穿着布的人民装,讲话的时候嘴上缺不了新名词,完全是一派新气象,确实和别的药房不同,果然感到和朱延年亲近了些,不像刚才进门时那样提高警惕,精神也没有那样紧张了。[②]

张科长是活跃在农村的党员干部的典型形象,但是对城市生活和城市文化同时怀有羡慕和恐惧的张科长反而更容易为享乐的城市文化和物质主义所迷惑。作者通过张科长这个人物,展现了

---

① 周而复:《上海的早晨》第1卷,北京:人民文学出版社,2009年,第145页。

② 周而复:《上海的早晨》第1卷,北京:人民文学出版社,2009年,第146页。

改造的主体并非坚如磐石。从当时的史料中可以看出，50年代初期上海的部分党员干部因无法适应城市生活而要求调动工作，部分农村出身的党干部的享乐和腐败现象相当严重。另一方面分配到地方的中下级党干部大多来自农村，对城市抱有紧张和异化感，而城市中对农村出身的干部的身份歧视也普遍存在。革命家集团习惯性的二元对立的思维方式面对城市问题时，既无法应对城市多元的文化形态，又对资本家的物质诱惑感到不安。①

作家对资本家和革命家的人物形象刻画方式也有所差异。代表资本家的徐义德这个人物是以作家经历为基础，通过逼真细致的心理描写加以形象化的。而革命家集团的人物则分为理想化的人物和被否定的人物，通过抽象笔法进行描写。因此，就容易被看作是缺乏生动感的公式化的人物，对表现作家的意图反而起到相反的作用。这表明，在向新体制转变的过程中，普通人摆脱既有的物质、习惯性环境，实现思维方式的转变并非易事，革命家自己也存在革命家的困境。

如前所述，对资本家的改造与对资本主义城市的改造有关，这其实与城市文化也有着密切的关系。城市文化是通过城市居民的生活方式或日常生活形成的。基本上，资本家的日常生活是以代表资本主义的上海这座城市具备的基础设施和物质环境为基础形成的，是城市文化的重要因素之一。

> 在一片红色砖墙的当中，两扇黑漆大铁门紧紧闭着。铁门上两个狮子头的金色的铁环，在太阳里闪闪发着金光，小奥斯汀的喇叭对着黑漆大门叫了两声。黑漆大铁门开了，迎

---

① 参见吴秀明、郭传梅：《洋场遗风与改造运动交织的暧昧历史——重读〈上海的早晨〉》，《福建论坛（人文社会科学版）》2008第6期。

面站出来的是身上穿着银灰色咔叽布制服的门房老刘。他伸开右手，向里面指着，让小奥斯汀开了进去。他旋即关紧了大门，好像防备有坏人跟在汽车后面溜进来似的。他过来拉开小奥斯汀的车门，里面跳下一个四十开外的中年人。他穿着一身浅灰色底子淡蓝色条子的西装，打着一条玫瑰红的领带；长方形的脸庞微笑着，两腮露出两个酒窝，鼻梁上架着一副玳瑁边框子的散光眼镜，眼光机灵地向四边一扫：院子里没人。他橐橐地走了进去。[1]

冯永祥一跨进徐义德的大客厅，他的眼睛向四周扫了一下，见那些富丽而又堂皇的陈设，立刻感到徐义德的的确确是上海工商界的实力派。在这样人物的身上下些功夫，是值得的。他觉得今天登门拜访是非常英明的举动。他站在钢琴旁边，远远望着壁炉上的一只汉朝的发绿色的小铜鼎。[2]

资本家徐义德的房子是一座有花园的豪宅，有专门负责家务的管家，并以西方风格装饰。客厅里陈列的古董和书画体现了他的富有，但对古董和书画缺乏了解也体现了徐义德的庸俗和浅薄。《上海的早晨》中这种对资本家的日常生活的描写参考了 1930 年代上海租界的记忆和经验，据说是以真实人物为原型，对当时的情况、人物描写和上海城市背景描写进行了重新改编。[3] 通过这样的描述可以看出，20 世纪 50 年代资本家的日常生活水平与以前相比没有显著变化。虽然社会地位因向社会主义体制转换而有所下降，但这并没有对资本家个人日常生活产生很大影响。也就

[1] 周而复：《上海的早晨》第 1 卷，北京：人民文学出版社，2009 年，第 1 页。
[2] 周而复：《上海的早晨》第 1 卷，北京：人民文学出版社，2009 年，第 77 页。
[3] 张鸿声：《论上海的早晨》，《文艺争鸣》2009 年第 4 期。

是说，资本家的城市生活方式仍然得到了有效维持。

资本家的日常生活中的重要内容之一就是阅读和观看活动。这可以看作是衡量资本家教养的一种标准，其中之一是阅读当时主流报纸《解放日报》。《解放日报》虽然不是与他们的日常生活密切相关的报纸，但是新时代的潮流是无法避免的，而且只有了解、适应新时代才能生存下来，所以阅读《解放日报》就成了他们学习和掌握新事物的一种必要学习过程，也是资本家与工人阶级共享的唯一文化。①

20 世纪 50 年代的资本家仍然保持着资本主义的生活方式。资本主义社会把日常生活、休息时间和工作时间完全分开。② 休息与工作之间的这种区分与休闲文化、娱乐文化和消费文化有关，休闲文化、娱乐文化和消费文化是城市生活的重要组成部分。

在《上海的早晨》中，资本家的休闲文化往往被描述为看电影、看传统戏剧。徐义德的第三任夫人林宛芝和儿子徐守仁喜欢看美国好莱坞电影，全家人则经常一起看戏剧，这显示了观看在他们的休闲生活中占有重要部分。代表传统文化的戏剧和现代性娱乐的电影，是资本家日常生活中的休闲文化之一。除此之外，他们还经常去百乐门或大世界和家人朋友一起吃饭，或者去舞厅跳舞娱乐，甚至这种休闲文化并不只是资本家才能享有的城市文化，而是城市居民都喜欢的休闲活动之一。但是，引领这种城市文化的是资本家阶层。资本家的生活文化作为城市文化的一部分，可以继续维持其影响力。

相反，在社会主义制度中，理想的日常生活是打破工作时间

---

① 参见马以鑫：《上海的早晨：工业小说视野中的观照》，华东师范大学硕士论文，2008 年，第 9—10 页。

② 马以鑫：《上海的早晨：工业小说视野中的观照》，华东师范大学硕士论文，2008 年，第 10 页。

和休息时间的分隔。① 这种社会主义的想象通过新的制度重新塑造了工人阶级的日常生活。新制度大致分为两种，一种是单位制，一种是居民委员会的出现。单位制是以职场和机关组织为单位，通过这个单位来进行个人生活保障和社会保障。那些不属于单位的人主要是自由职业者、商人、小贩、无业者和失业者等，他们则是通过居民委员会组织的。② 基本上通过这两个制度，国家有效进入了劳动者和大众的日常生活，特别是将劳动者的个人业余时间与提高政治意识的公共活动联系起来。这有效克服了因工作时间和休息时间的分离而产生的个人意识和公共意识的分离或断裂，重塑了工人的阶级意识。但在社会主义统一生活的追求中却缺乏休闲、休息的位置，在这种尚未建立新的替代方案文化的情况下，资本主义生活文化的娱乐要素就依然在潜在地发挥功能。

作为改造主体的革命家集团试图通过工人阶级形成新的社会主义文化来对资本家集团进行改造。在这个过程中，资本家隐藏了心理上的抵触，通过"合法"的方式抵抗革命家和工人阶级，看似逐渐进入接受和顺应社会主义体制的阶段。但是，由于20世纪50年代的社会主义改造政策蕴含着通过工业化发展经济的现代化诉求，因此，50年代中国的上海仍然保留着资本主义的生产因素，在这个城市空间存在的"徐义德式家庭"的日常生活和城市娱乐文化在向社会主义体制的转换过程中也继续发挥着其潜在影响力，这都是与社会主义想象相悖的，它表明作为一种文化的生活方式的惯性仍然在社会现实的巨大变革中起作用。

---

① 马以鑫：《上海的早晨：工业小说视野中的观照》，华东师范大学硕士论文，2008年，第10页。

② 参见张刚：《1949年革命与上海城市生活风格变迁》，华东师范大学硕士论文，2005年，第68—69页。

五、结　语

本文以《上海的早晨》为文本，比较分析了 20 世纪 50 年代中国的社会主义改造中作为改造的对象的资本家和改造主体的革命家，并着眼于这样一个事实：在 20 世纪 50 年代的中国社会主义改造过程中，资本家比较稳定地适应了社会主义体制。

通过改造对象资本家和改造主体革命家之间的家庭关系形态和日常生活的比较可以看出，在 20 世纪 50 年代的上海，资本主义生活方式和社会主义生活方式混杂在一起，在这种社会现实中，"残余的文化"和"崛起的文化"① 相互展开了角逐。

与 20 世纪 50 年代的中国一样，21 世纪的中国至今仍未能完全实现社会主义想象，资本主义因素在各处依然持续发挥着其影响力，而且，这种情况将以经济发展和富强的中国为名长期存在。如果对此抱有问题意识，那么对于 20 世纪 50 年代和 60 年代的中国，需要从更多元化的角度进行详细研究。

（原载韩国《中国现代文学》2020 年总第 93 期）

---

① 参见雷蒙德·威廉斯（Raymond Williams）著，朴万俊译：《马克思主义与文学》，韩国：Jimanji 出版社，2009 年，第 195—204 页。

王安忆的《富萍》与上海移民者叙事

金垠希

一、绪　言

王安忆自 1978 年发表处女作《平原上》到 2011 年出版长篇小说《天香》，在这一期间创作了数量可观的作品。王德威针对王安忆在过去三十年的创作活动做了如下评价："这三十年来中国文坛变化巨大，与她同时崛起的同辈作家有的转行歇业，有的一再重复，真正坚持写作的寥寥无几。像王安忆这样孜孜矻矻不时推出新作，而且质量保证，简直就是'劳动模范'。"①

众所周知，王安忆登上文坛以来，出版著作 70 余本，撰写了诸多小说、散文和文化评论，并获得了各种荣誉，是一位活跃于中国现当代文坛的高产的实力派作家。② 就创作倾向而言，同样

---

① 王德威：《虚构与纪实——王安忆的〈天香〉》，《扬子江评论》2011 年第 2 期。

② 代表性的获奖经历如下：1981 年，小说《本次列车终点》获"全国优秀短篇小说奖"；《流逝》与《小鲍庄》在 1982 年和 1986 年先后获"全国优秀中篇小说奖"；代表作《长恨歌》1998 年获"第 4 届上海文学艺术奖"，2000 年获"第 5 届茅盾文学长篇小说奖"，被推荐为 90 年代最具影响力的文学作品之一；《发廊情话》2004 年获"第 3 届鲁迅文学优秀短篇小说奖"；《启蒙时代》2008 年荣获《南方都市报》举办的"第 6 届华语文学传媒大奖年度小说家奖"；《天香》在 2011 年和 2012 年分获"年度优秀女性文学奖"，随后在 2013 年获"法兰西文学艺术骑士勋章"。

显示出了其创作范围之广泛,① 包括初期刻画"文革"时期少女内心世界的"雯雯系列",描写"文革"时期下放知青内心矛盾的"知青小说",以"文革"前后的乡村为背景呈现传统儒家价值体系崩溃的"寻根小说",书写人之性欲这一原初本能的"三恋"与《岗上的世纪》,以及以上海为背景的"都市小说"。

如上所示,其创作倾向显示出了多样性和多变性,同时也引发了所谓的"王安忆危机论"。有研究者指出,王安忆在创伤中曾尝试依附过多种价值立场,但往往没有深入挖掘,使其精神探索的层次、情感表达的力度深浅不一,甚至相互矛盾,始终未找到适合自己的精神立足点。② 但是,笔者认为这样的多样性和多变性更应视作转型期中国社会带给人们的文化心理上的变化,以及随之而来的作家能动性的书写策略。王安忆曾经在《我的小说观》一文中指出,自己并不清楚理想的小说创作需要做什么,但不应该做的却是很明确,包括特殊环境、特殊人物、过多的材料、风格化的语言,以及独特性。这可以看作是对"王安忆危机论"所要求的规格一致又具有一定特殊性的作品世界的恰当答复。

其中,王安忆在 1990 年以后创作的、以上海为背景的一系列作品,如《纪实与虚构》(1993)、《长恨歌》(1995)、《富萍》(2010)、《妹头》(2010)、《天香》(2011)等,相当值得注目。以上作品基本是以作家的童年记忆以及长期的都市生活经验为基础,

---

① 王安忆在创作倾向上表现出的范围之广,以及现在仍保持旺盛创作这一点,使得笔者很难对其创作世界进行阶段性的划分。迄今为止的创作可以分为三个变化阶段,"雯雯"系列的知青小说阶段,"寻根"系列的《小鲍庄》与"三恋"小说阶段,以《叔叔的故事》与《长恨歌》为代表的精神探索与艺术革新阶段。以上参考温儒敏、赵祖谟主编:《中国现当代文学专题研究》,北京:北京大学出版社,2002 年,294 页。

② 参考徐雁:《王安忆的危机》,《淮阴师范学院学报》2000 年第 1 期。

从另一个角度去观察上海，或者是以不同的历史为背景进行反复刻画。实际上，作品处处都透露出王安忆对上海以及都市的热爱与关注，她对上海的热爱是与自己的生活紧密联系在一起的，下面这段引用文可以说是极好地说明了这一点。

> 上海，我从小就在这里生活。我是在上海弄堂里长大的，在小市民堆里长大的。我对上海的认识是比较有草根性的……我觉得上海最主要的居民就是小市民，上海是非常市民气的。①

对上海的书写从根本上与上海这座城市的特性有着不可或缺的关系，她将之解释为"上海这城市在有一点上和小说特别相投，那就是世俗性"。② 她对上海小市民的日常生活表现出了浓厚的兴趣，更是对置身其中的都市女性给予了特别的关注。她认为"女性特别适合在城市里生活，首先人多，聚集在那里；其次，她有消费"③，并进一步指出"写上海，最好的代表是女性"，因为"谁都不如她们鲜活有力，生气勃勃。要说上海的故事也有英雄，她们才是。"④

王安忆专注于上海都市女性的生活，发表了代表作《长恨歌》，但很快又质疑了这种弥漫着老上海怀旧风的上海叙事，她直言"现在上海已成了新话题……可在那里面，看见的是时尚，也

---

① 王安忆：《王安忆说》，长沙：湖南文艺出版社，2003 年，第 15 页。
② 王安忆：《上海和小说》，《男人和女人，女人和城市》，北京：新星出版社，2012 年，第 25 页。
③ 王安忆：《王安忆说》，长沙：湖南文艺出版社，2003 年，第 18 页。
④ 王安忆：《上海的女性》，《独语》，长沙：湖南文艺出版社，1998 年，第 154 页。

不是上海。再回过头来，又发现上海也不在这城市里。"① 王安忆的视线开始从上海的那种浮于表面的病态般的华丽转向隐藏此间未能经由书写而呈现的上海的另一面。她的这种视线的转换可以从下文中得到确认。

　　　　进入婆娑扬州，那过往的人事忽就显现出它的色泽和情调，我甚至于觉得，钢筋水泥的上海，因有了扬帮人的乡俗，方才变得柔软，有了风情。这可说就是我写《富萍》的起因。②

王安忆将自己的视线转向了上海的底层，那些散发着浓郁的农村气息的健康而朴素的生活，而不是高楼林立的大都市之庄严和华丽。这一方向转变的成果就是《富萍》的创作。《富萍》自出版伊始便受到了很多研究者的关注。该作品被研究者从寻根文学、女性意识、现实主义等各个角度进行了研究，而针对该作品的否定性评价和肯定性评价也有着很大的差距。例如，有研究者从传统的现实主义观点出发，指出作品中富萍的订婚和退婚这一极具戏剧性的一幕由于作者的平铺直叙而导致故事情节的弱化，最终只是创造出了一部奇幻且莫名其妙的作品。③ 此外，还有研究者指出作家将自己的艺术视野局限于上海边缘人狭隘且原始的生活，未能放眼广阔的世界，从而导致小说的结构变得狭小，对生活的表现也欠缺丰富的想象力，相对弱化了思想的贯通能力。④ 另有

---

① 王安忆：《寻找上海》，台北：INK 印刻出版有限公司，2002 年，第 11 页。

② 王安忆：《水色上海——关于写作〈富萍〉》，《街灯底下》，济南：山东画报出版社，2005 年，第 135 页。

③ 唐晓丹：《解读〈富萍〉，解读王安忆》，《当代文坛》2001 年第 4 期。

④ 吉素芬：《〈富萍〉：人生的另一种审美形式》，《商丘师范学院学报》2004 年第 1 期。

研究者指出了该作品中的女性主义的局限，认为作品未能明示女性意识爆发的相关出路，只是从另一个角度对女性意识进行了召唤而已。①

不同于以上负面评价，部分研究者认为该作品是体现王安忆创作世界变化的重要标志，肯定了其积极意义。评价该作品通过对上海物质化、功利化一面的批判和否定，重新建构了充满着日常生活的感性和人情味的上海。② 还有研究者高度评价了该作品在寻找那些为宏大叙事所遮掩的永久不变的精神和物质方面所作出的努力，认为该作品挖掘出了生活在底层的平凡人们其精神世界所内含的令人感动的美与质朴的力量。③ 另有研究者从"文化寻根"的角度，肯定指出该作品真正体现了寻根文学对本土文化的认识和体验的深度。④ 王晓明更是特别指出该作品摆脱了对上海的怀旧风潮，打破了为现代化和最新流行风潮所编织的外壳，高度评价了作品在尝试刻画真实的上海面貌上的努力。⑤

韩国学术界对王安忆作品的研究也取得了斐然的成果，但关于《富萍》的相关研究还很少。⑥ 本文首先从王安忆创作世界的方向转换之意义对《富萍》进行了考察，着眼点在于该作品所呈

---

① 杨秀丽：《卑微中女性意识的生长——〈富萍〉中女性形象分析》，《现代语文》2012 年第 5 期。

② 黄晶：《寻找真实的上海——读王安忆的〈富萍〉》，《文教资料》2012 年第 7 期。

③ 刘华：《论〈富萍〉中底层民间书写的特点》，《时代文学》2011 年第 10 期。

④ 肖晶：《她为富萍插上希望的翅膀——关于王安忆的断想》，《贺州学院学报》2003 年第 3 期。

⑤ 参考王晓明：《从"淮海路"到"梅家桥"——从王安忆近来的小说谈起》，《文学评论》2002 年第 3 期。

⑥ 王安忆作品的相关研究成果中，《长恨歌》的研究论文最多，《富萍》的研究成果不是很多，具有代表性的学位论文和学术论文如下：李朱弦：《王安忆的〈富萍〉研究：以作品分析为中心》，启明大学硕士论文，2011 年。李炳铁：《富萍》，启明大学翻译大学院硕士论文，2009 年。朴贞淑：《上海与都市农民工的移民与生活，以及共生：王安忆〈富萍〉之小考》，《中国语文学论集》2009 年第 59 辑。

现的上海底层之叙事。为此，本文首先根据作家的创作意图，分析其叙事策略，然后关注上海这一移民城市的边缘地带，并尝试分析分割的叙事空间所具有的意义和相互关系。笔者期待本文的研究能够有助于加深对《富萍》的理解，促进对王安忆创作世界的全方位多层面的研究。

二、《富萍》的叙事策略

小说《富萍》的叙述是以 18 岁扬州少女富萍作为"奶奶"的孙媳妇来上海见做保姆的奶奶的一幕开始，以富萍怀着瘸腿青年的孩子为躲避洪水而搬家的场面结束的。以富萍的婚姻为中心来叙述这一故事的话，即是：富萍背弃了奶奶要她嫁给自己收养的孙子的心愿，拒绝了舅妈将她和自己娘家侄子撮合到一起的意图，最后却与和寡母一起生活的贫困的瘸腿青年结为夫妻。小说《富萍》中围绕着富萍的婚姻所发生的曲折的情节似乎是引导故事发展的最重要的内容，但作家对此并未投入过多的篇幅，也未加以细致的刻画。那么，作家在《富萍》一书中所要表现（show）和所要倾诉（tell）的到底是什么？作家在小说出版之后，在一次媒体访谈中对《富萍》的创作意图作了如下说明：

　　《富萍》写的是"文革"前——六四年、六五年的故事。……我从一个我特别感兴趣的题目——移民入手，描述上海人怎样到这个城市来聚集。我分头写了许多上海中层、底层的市民，他们以什么样的理由来到上海，又慢慢居住下来。富萍这个人是在一个城市组织严密、生活秩序已经相当完善、已经不太能够允许有外来分子的时候，慢慢潜入上海的。当然她背后有许多榜样。①

　　如上所述，作家王安忆在小说《富萍》中所要展示的并非富萍的订婚、退婚以及结婚的过程，而是移住到上海的移民者来此定居的缘由与过程。另外，作家对这一内容的刻画不是通过单独的一个人，而是通过对各种各样不同类型的人"分头"叙述来进行的。当然，富萍可以算是包括"她背后的许多榜样"在内的无数上海移民中的一个类型。如此看来，围绕富萍的婚姻所发生的曲折故事，更大程度上是作为一个叙事机制在发挥作用，以展示上海移民者多样化的生活方式以及他们看待生活的态度。

　　考虑到这一点，再来看作家在创作过程中是采取了如何的叙事策略，来有效地贯彻自己的创作意图。首先，必须指出《富萍》所具有的独特的结构，即流浪汉小说的结构。该作品以富萍（主人公坎坷的婚姻）为主线，将多个人物的多样化的生活像串珠一样编织并铺展开来。该作品整体来说是将 1964—1965 年的富萍的生活横向展开，与此同时，将散布于作品各处的多个人物的多样人生纵向布置。可以说这些横断面与纵剖面相遇的点就构成了作品中的各个章节。②

　　作家通过这一独特的结构，以作品中的主要人物"奶奶"和富萍为线索，将拥有各种各样生活经历的移民一个接一个地引入到作品之中。即，先通过"奶奶"介绍保姆吕凤仙和房管所修理工戚师傅，然后通过吕凤仙将保姆阿菊阿姨引入到小说中，再经

---

　　① 参考《作家访谈：与王安忆关于小说的对话》，钟红明：《王安忆再说上海和上海人》，《中国青年报》2000 年 10 月 10 日。
　　② 作品里面具有以上纵横交错的叙事结构的章节包括第 1 章（奶奶）、第 3 章（富萍）、第 4 章（吕凤仙）、第 6 章（女骗子）、第 7 章（戚师傅）、第 8 章（祖孙）、第 9 章（舅妈）、第 10 章（孙达亮）、第 11 章（小君）、第 16 章（孙子）、第 18 章（舅甥）、第 19 章（母子）等。

由"奶奶"的东家引入邻居宁波老妇人，接着通过东家的孩子介绍"女骗子"陶雪萍。同时，舅父舅母通过富萍在小说中登场，然后经由舅妈的关系，舅妈的娘家侄子光明和邻居女孩小君出现，河南出身的盐水店主则是通过舅父的关系登场。最终，通过与舅舅的邻里乡亲间的往来，瘸腿青年母子出现于小说之中。作品中的这些人物随着富萍活动领域的拓宽、叙事空间的扩张，一环扣一环地，以各种契机在小说中逐次登场。

作家让作品中人物次第登场，而不是设定为同时出现，显然是为了更加有效地描述多种多样的上海移民者的生活。如此以来，作家将不同人物的生活作为独立的故事进行叙述的同时，确保各自独立的故事不会脱离作品整体的故事情节，以此来实现作家的展示上海移民历史之意图。作家的这一叙事策略在其重点强调各个人物的移民类型，而表面看来很重要的围绕富萍婚姻的那些波折只是轻描淡写这一点上，可以说是如实地表现了出来。也就是说，流浪汉小说的结构是作家贯彻自己创作意图的最佳选择。

第二，是小市民琐碎的日常生活的前景化，以及过去的历史和理念因弱化或模糊化而出现的后景化这一特点。历史和理念的弱化或模糊化这一现象经常出现在王安忆的大部分作品中，《富萍》也不例外。实际上，这与作家的态度不无关系，过去的创作中经常出现关于历史和理念的宏大叙事，而王安忆显然是有意识地与之保持距离。这一创作观源于作家审视历史的独特角度，她曾经明确指出，"我个人认为，历史的面目不是由若干重大事件构成的，历史是日复一日、点点滴滴的生活的演变。"[1]

作家的这一历史观在《富萍》一书中表现为对历史和理念之

---

① 徐春萍：《我眼中的历史是日常的——与王安忆谈〈长恨歌〉》，《文学报》2000 年 10 月 26 日。

叙述的简略。如在描写中日战争时上海为日军占领后的民众生活，只是简单地将其概括为"孙达亮来到时，先生家的生活已经很拮据了。那是上海沦陷的第二年""日子实在维持不下……苏州河上，到处是日本人。"① 而在中日战争结束后，对当地情况的描写也只是简而言之为"日本人走了，然后，国民党也走了。苏州河上逐渐太平，粪码头收归国有。"② 此外，与作品人物的生活有关的历史，至多就是 1949 年颁布的《婚姻法》，1950 年的私营企业国有化，1956 年的建立合作社，以及 1960 年的饥荒在叙述者的叙述中被简略地提到过。

如上，《富萍》中平凡人物琐碎的日常生活作为主导因素（dominant）被前景化，而对民众生活可能产生重大影响的历史和理念，其作用只是一个警戒符号，用来提示剧中人物和事件的时间背景，而这也在暧昧模糊和不明确的情况下被后景化处理。实际上，王安忆曾表达过自己对构成上海底层的平凡小市民的琐碎日常有着超常的关心和热爱，下面的文章可以说是为作家的这一观点提供了鲜明的证据资料。

> 上海这个城市很奇怪，它固然繁华华丽，但真正它的主人，是在这个华丽的芯子里面的，未必参与这种华丽的。我觉得他们特别奇特，什么都见过，但他们可能过的完全是另外一种生活……在上海浮光掠影的那些东西都是泡沫，就是因为底下这么一种扎扎实实的、非常琐细日常的人生，才可能使他们的生活蒸腾出这样的奇光异色。③

---

① 王安忆：《富萍》，台北：麦田出版，2001 年，第 108—110 页。
② 王安忆：《富萍》，台北：麦田出版，2001 年，第 111 页。
③ 参考《作家访谈：与王安忆关于小说的对话》，钟红明：《王安忆再说上海和上海人》，《中国青年报》2000 年 10 月 10 日。

"上海的真正主人"追寻的是"底下这么一种扎扎实实的、非常琐细日常的人生"之信念，因此作家在该作品中采取的叙事策略是将历史和理念对个人生活和命运所产生的影响最小化。也就是说，历史和理念仅停留在作家的介入式叙述上，不仅没有被事件化，而且叙述过程中历史事件也没有成为剧中人物曲折人生的决定性因素。如果像阐释历史和理念的宏大叙事那样，由历史事件或意识形态改变个人命运的话，那么个人的人生就很有可能被处理得平面化且千篇一律，从而导致作家无法实现刻画移民者多样生活的意图。

第三，是通过对叙事空间的分隔，明确划分各种生活的界限。《富萍》一书沿着富萍的移动路线划分出了三个空间。富萍移动路经的扩张与其在上海生活的适应过程相关联，同时又是其对人生认识的深化以及眼界提高的标志。作家将作品中的空间背景一分为三进行了叙述，一是"奶奶"做保姆的淮海路一带，一是舅舅家生活并工作的闸北苏州河畔的棚户区，再就是瘸腿青年母子居住的梅家桥附近的棚户区。这三个地区同属上海，其中梅家桥的棚户区可以说是苏州河畔棚户区的一部分，但就像笔者在后面将要探讨的那样，这两个地区被作家有意识地加以了区分。

这三个空间里，如果说淮海路一带的代表人物是"奶奶"和吕凤仙，那么苏州河畔棚户区的代表人物则是舅舅和舅母，而梅家桥的棚户区就是以瘸腿青年母子为代表。在分隔开的叙事空间中，表面上是在作者的全知视角下展开叙述，但富萍作为连接三个空间并起到媒介作用的人物，三个空间的典型特征实际上是通过富萍的视线来呈现的。特别值得关注的一点是，这三个空间在大上海这一空间内分别具有不同下位空间的性质。具体而言，淮海路一带是包括虹口地区在内的大上海的下位空间，苏州河周边的棚户区是淮海路一带的下位空间，而梅家桥的棚户区则是苏州河畔棚户区的下位空间，这一系列的下位空间通过对各自下下位空间的对象化，来确立自己的文化主体性。

作者在不同的叙事空间分别叙述了居住其中的移民的出身、性格、生活形态和条件等。但同时，作者在这些不同的空间里分别安排了具有相似的生活经历和职业以及思考类型的人物，以实现空间本身的统一性，并通过这种统一性，将各自空间的性质特色化（characterization）。如上，作者分别设置不同的空间层次，与此同时，谋求空间的内在统一性。这一叙事策略的使用，可是说是突破了对特定人物生活的书写，不仅能够广泛描绘出上海移民者的不同阶层和生活形态，而且还能关注到上海不同移民者阶层的共同点。

三、移民者的城市：上海

150 多年前，仅是一个小村庄的上海，在通航之后，迅速发展成为一座国际性的都市。在这样的城镇化过程中，来自农村的移民持续涌入，这些移民者作为支撑上海的生产、流通和消费的廉价劳动力，成为上海发展的基本动力。通航初期，曾是 25 万的上海人口在 1942 年剧增到 392 万，1949 年剧增到 554 万。其中原籍不在上海的人口高达 461 万，占上海总人口的 85%。[①] 据统计，每年有数十万外来人口涌入上海，其中大部分是农村出身，在

---

① 参考孙昕：《漂泊回归寻找——王安忆小说〈富萍〉中的新上海故事研究》，中南大学硕士论文，2010 年，第 15 页。

1958 年实施户籍制度、限制人口流动之前，这一趋势一直在持续。①

如前所述，作者表示《富萍》的创作意图是要与移民者的移民背景和定居过程相吻合。其实王安忆对上海移民的关心，在《富萍》之前发表的那些作品中可见一斑，如短篇小说《鸠雀一战》(1986) 和《好婆和李同志》(1989) 等。这两部作品描述的都是移民者的外来文化和上海人的当地文化之间的矛盾和冲突，王安忆基本上都是以当地文化的优势和优越，以及外来文化的失败和同化为结论来建构文本的主题。② 与这些作品相比，《富萍》对移民者的外来文化报以温暖的视线，这与以往的移民叙事不同，可以说是表现出了不同的观点和态度。

《富萍》刻画了上海移民者多样的移民生活，在不同的叙事空间里，移民者的出身和职业有着明确的差异。例如，淮海路一带的移民，大都是扬州或苏州出身的保姆；苏州河周边棚户区的移民，是扬州出身的垃圾运输船船员；梅家桥的棚户区移民则是来自于各地的嘈杂行业的从事者。他们不仅根据职业种类形成共同体，而且通过共享出生地的地区文化，具备了各自的共同体意识。现在让我们根据不同的叙事空间来考察一下上海移民的各种生活经历。

淮海路的移民者，最具代表性的是"奶奶"。来自于扬州的"奶奶"家有一女，奶奶年纪轻轻就死了丈夫，16 岁来上海，已经做了 30 多年的保姆了，现在作为一名正式居民在该地区已经落

---

① 1929 年至 1936 年期间，每年有 10 到 20 万人口涌入上海，1951 年到 1954 年期间，每年有 21 万名人口涌入上海。参考杨东平：《城市季风》，北京：东方出版社，1994 年，第 340 页。

② 参考滕朝军：《王安忆小说中的移民书写》，《哈尔滨学院学报》2004 年第 6 期。

户。"奶奶"很文雅，而且很容易听信别人的话，"是个不大有主意的人，凡事喜欢听别人的。"① 不过，"奶奶是命苦，可总归靠自己"，② 通过自己的保姆生涯积攒了不少财产，计划着哪天不干保姆了就回老家。因为这一计划，"奶奶"不断地借钱给乡里乡亲，她"这样借钱送钱，究竟也是为了临到那时，众人念她的情，不嫌弃她。"③ 她把大伯家的孙子过继到自己名下也是为了以后自己能在老家安心养老。

淮海路的另一位移民者吕凤仙，也是个很有趣的人物。苏州出身的她是以前东家的陪嫁女佣，1948 年年底没有跟着老东家移居到香港，而是留在了上海。后来，东家的房子被解放军没收，她住在分配给自己的房子里，每天上下班，"虽然是帮佣，可和别人帮佣又不同，是吃自己饭的。"④ 为了自己的将来，吕凤仙给自己父母弄了一家锡箔店，可是后来被收归国有，她也就断了返回老家的念头。吕凤仙的朋友阿菊阿姨也是苏州出身，在上海当保姆，把自己赚来的钱都寄给家乡的丈夫，开了一家鱼店。但是丈夫后来与另一名女子暗通款曲，还有了孩子。于是，1949 年《婚姻法》颁布后，她就与丈夫分手，独自生活。

在上海移民者形态中也有特殊的例子，那就是并非保姆的宁波老太。宁波老太的丈夫原先是税收部门的小官吏，但丈夫不到三十岁便夭折了。丈夫死后，老太太就将儿子送到由上海亲戚经营的典当铺，让其熟悉生意后，开典当铺当店主。老太太给儿子在乡下娶了一个老婆，生了五个孩子，但儿子死于结核病。儿子死后，老太太开始放高利贷，积累了不少财产，但在乡亲们的指

① 王安忆：《富萍》，台北：麦田出版，2001 年，第 47 页。
② 王安忆：《富萍》，台北：麦田出版，2001 年，第 84 页。
③ 王安忆：《富萍》，台北：麦田出版，2001 年，第 20 页。
④ 王安忆：《富萍》，台北：麦田出版，2001 年，第 44 页。

责和谩骂下，他们一家移居到了上海，把自己的房子租出去收租金，同时做投机生意炒黄金，赚了不少钱。1949 年以后辞掉工作，由儿媳赡养。

苏州河畔棚户区的移民可以以富萍的舅舅舅母为例。舅舅孙达亮是扬州的佃农的儿子，12 岁便随伯父在往来上海的运粪船上学干船上的活。伯父很怜惜侄子孙达亮的聪明，把他托付给经营私塾的远亲供他读书，但是因为中日战争的爆发而经济困难，他放弃学业重新回来帮伯父在船上干活。1950 年，22 岁的他与船上人家的女儿结婚，同时继承了伯父的船开始从事垃圾运输，辛苦多年后终于在苏州河畔安了家。

梅家桥一侧棚户区的移民，则是瘸腿青年母子。青年的爸爸生前是中国银行的基层职员，因此青年小时候家境还算安稳富足。但在父亲因伤寒去世后，他们母子二人回到婆家，却受到了婆家的冷遇。青年的母亲更因落入经营棉花事业的小姑子夫妇的圈套，所有的财产都打了水漂。她在 1950 年成为织布工厂的职员，但不幸的是，儿子因发高烧而患上小儿麻痹，最终成为残疾人。接着母亲又因织布厂改为纱厂而被辞退。母子俩人为维持生计，又回到了上海。在丈夫原来同事的帮助下，在梅家桥定居了下来。

这些人虽然缘由相异，但都是为了维持生计离开家乡来到上海的。然而，他们虽然同是上海的移民，但他们居住在上海的生活方式、状况、性质都有所不同。保姆们"大都是年轻时守了寡，或者男人没出息，荒唐，而且没儿子的"，因此"没有靠头，只有靠自己"① 的人。保姆因其职业性质，无法摆脱依靠东家生活的寄人篱下的生活。宁波老太得益于足够的财产能够在上海丰衣足食地安度晚年，但同时她能够成功地进驻上海中心区域这一点，

---

① 王安忆：《富萍》，台北：麦田出版，2001 年，第 13 页。

足以说明她是一个有着相当特殊的性质的移民。相反，富萍的舅舅舅妈以及瘸腿青年母子，虽然在上海定居，却还没有摆脱贫困，可以说是作为边缘人生活在上海。

在这些上海移民中，作者通过《富萍》最精心刻画的人物就是保姆。王安忆对保姆的关爱，以及她对保姆生活的逼真叙事应该说是与作家自己的生活息息相关。即，王安忆小时候，父母因为工作的原因经常不在家中，代替他们看护照顾孩子的正是保姆。王安忆对保姆的地位和属性作了如下说明：

> 保姆是上海这城市里信使一般的人物，又有些像奸细，她们可以深入到主人的内房，以她们独特的灵敏的嗅觉，从一切蛛丝马迹上组织情节，然后再将这情节穿针引线似地传到这家又传到那家，使这里的不相往来的家庭在精神上有了沟通。①

如上所述，保姆的特征属性就是媒介的性质。如《富萍》中的保姆阿菊阿姨为东家跑腿，到吕凤仙那里询问昔日东家的消息。听闻陶雪萍的委屈处境，"奶奶"履行了中间人的角色，将事件经纬传达给邻居的保姆们。但是，保姆的这一媒介属性，在连接农村（文化）和城市（文化）方面表现得尤为突出。在她们返乡时，"回去的时候，多半会带着一、两个女人，带到上海去，替她们也找个东家。还有时候，她们从上海写信来，让谁家的女人去上海，也做人家。"② "奶奶"的情况则是给东家的孩子们讲述故乡的故

---

① 王安忆：《米尼》，《王安忆自选集》之五，北京：作家出版社，1996 年，第158 页。

② 王安忆：《富萍》，台北：麦田出版，2001 年，第 13 页。

事，给他们看越剧，或是为东家准备充满乡土风味的扬州料理。像这样，保姆们起到了一种桥梁的作用，将农村（文化）输入到城市（文化）中。

除了媒介者的属性以外，保姆还具有边界人的属性。事实上，就保姆与东家的家人一起生活这一点而言，他们可算是一家人，但基于她们与东家的家人没有血缘关系这一点，她们其实是站在家人与他人的界线上的人。保姆作为边界人的这一属性，从"奶奶"的日常生活中很容易发现。"奶奶的脸色不是城里人那样的白，也不是乡下人的黑，而是黄白的"，而她的口音"不是完全的家乡话，但也不是上海话，而是夹了上海话的乡音"，甚至于她"走路腰板挺直，坐在椅上吃饭做事腰板也是直的，但一旦弯下腰，那岔开腿下蹲的姿势，就有了乡下女人的样子。"[1] 就像书中所说"虽然在上海生活了三十年，奶奶并没有成为一个城里女人，也不再像是一个乡下女人，而是一半对一半"[2]，保姆站在农村和城市的界线上，既不能成为完全的城市人，也不能完全摆脱农村人的形象，可谓是类似于居中的存在。

由于这样的边界人的性质，保姆们虽然在上海维持生计，但是自己的老年生活还是想在老家过，因此她们为应对年老后的生活也做了充分的准备。就像"奶奶"跟富萍说明的那样，"认了你那个女婿作孙子，是为了防老"[3]，而借钱或寄钱给乡下的亲戚朋友，也是为以后的返乡做准备。吕凤仙的锡箔店虽然后来被收归国有，但起初也是为了准备给自己养老，将锡箔店交给老家的父母打理的。阿菊阿姨虽然最终也是把在老家开的鱼店给了自己的

---

① 王安忆：《富萍》，台北：麦田出版，2001年，第12—13页。
② 王安忆：《富萍》，台北：麦田出版，2001年，第13页。
③ 王安忆：《富萍》，台北：麦田出版，2001年，第84页。

风流丈夫，但那店是她用自己在上海赚的钱支撑的。相对于"奶奶"仍寄希望于在老家养老，这两个人早已习惯于上海的生活，最终将自己曾经为老后准备的退路都掐断了。

四、《富萍》的叙事空间

前面多次提到，《富萍》被划分为三个空间，即淮海路区，苏州河畔的棚户区，还有梅家桥的棚户区。这些空间分别指代的是"上海"这一城市的中心地带、周边地区和边缘地带。因此，就像各空间在城市所担负的功能不同一样，各空间所具有的文化意义也不相同，特别是随着作品中不同人物的视线，其意义也随之改变。首先让我们来看一下"奶奶"投向淮海路一带的视线。

> 她回到淮海路上，才觉着心定了。那些较为短浅的，新式里弄房子，可看得见弄底。街道是蜿蜒的，宽窄得当，店面和店面挨着。……街面上也很繁荣，但不闹，人来人往的，大都是本地段的人，所以，就不杂。……这里的人，长得也好，文雅。不像虹口的人那样，有些粗砺。这里的人也会穿衣服，倒不是一味地摩登，而是见过摩登的世面，反倒安静下来，还略有点守旧。①

"奶奶"眼中的淮海路一带虽然繁华却不繁杂，面对时尚不落伍，但又不盲目地赶流行，是品味与优雅人士的生活空间。但富萍眼中的淮海路却完全不是这样，"走在街上，就像走在水晶宫里似的，没有一星土，到处是亮闪闪的，晃眼。富萍觉得

---

① 　王安忆：《富萍》，台北：麦田出版，2001 年，第 17 页。

好看，但到底是与她隔了一层，和她关系不大。那些摩登的男女，在富萍看来，好看是好看，却是不大真实，好像电影和戏里的人物。"① 相反，富萍感兴趣的是存在于淮海路繁华景象背面的东西，那些围绕着劳动和养家糊口而展现出的丰富的生活样态。

相反，苏州河畔的棚户区有着与淮海路一带截然不同的居民、工种，以及街头的风景。因为闸北和普陀等上海周边地区，"大都是在历年的战争和灾荒中，撑船沿了苏州河到达上海的船民。他们找了块空地，将芦席卷成船舱那样的棚子，住下来，然后到工厂里找活干。上海的产业工人里，至少有一半，是他们。"② 当富萍看着"这一片棚户的上方，萦绕着丝丝缕缕的炊烟，散着股柴火和煤炭味"时，不禁感慨万分。

> 他们都说着富萍耳熟的乡音，富萍甚至能辨别，是在她们家东边的那个县份，还是西边那个县份。他们不像奶奶那样，带了上海腔的。……这些房屋大都是砖砌的墙，有的还用竹篱笆围个巴掌大的院子，种些瓜豆，藤攀上来，挂在篱笆上，就有一股草木和砖瓦的气息。又叫爽利的阳光一晒，更加蓬勃。③

与淮海路一带不同的是，富萍在苏州河畔的棚户区感受到了一种共性，引发这一共性的重要契机显然是扬州的乡土方言。反而言之，富萍一直未能拉近自己与连同"奶奶"在内的淮海路之间的距离，是由于"奶奶"说话时所夹带的上海口音。但是，在

---

① 王安忆：《富萍》，台北：麦田出版，2001 年，第 37 页。
② 王安忆：《富萍》，台北：麦田出版，2001 年，第 14 页。
③ 王安忆：《富萍》，台北：麦田出版，2001 年，第 96 页。

苏州河畔的空间里也"有那么几个不是的，也跟着说苏北乡音"的，但"他们的乡音就又是一个标志，标志他们来自于同一个部落。"① 以语言的同质性为基础，这个空间形成了一个如同充满人情味的大家庭一样的共同体。当富萍第一次来这里找她的舅舅时，"就像一张大网，它们互相联系"的空间里，居民们一个接一个地把富萍交接给下一个人，终于把她送到了她的舅舅家，"他们比村庄还抱团，还心齐，一家有事，百家帮忙。"②

除了苏州河畔棚户区的共同体意识以外，作者特别强调的一点还有居民们的清洁意识。作者以"做垃圾船是个腌臜生活，他们就养成特别爱清洁的习惯。见过他们的船吗？那才叫纤尘不染"之语进行了开场白后，接着叙述道，"前舱和甲板上，却干净极了。矮桌子，小板凳，直接在河里刷过的，手脚也是随时洗，不穿鞋，赤了脚，在舱里舱外走来走去。要是回家，那更要大洗特洗，大晒特晒。"③ 作者通过他们的清洁，将他们勤劳乐观的生活态度叙述得淋漓尽致。

与此同时，对于梅家桥的棚户区，作者将之叙述为："一片棚户，要比他们所住的那个规模小，房子也破旧低矮，甚至有一些是土坯茅顶的泥屋，巷道也逼仄弯曲。"④ 作者着重指出，和苏州河畔的棚户区一样，他们虽然贫穷，但同样形成了充满温情的共同体。如果瘸腿的孩子拄着小拐杖艰难地走在狭窄的小巷里的话，"就会有一双手，粗鲁有劲地将他拎起来，连人带拐地往平车，或者三轮拖车上一墩，然后就骑走了""有几家拾荒的，收到书本什

---

① 王安忆：《富萍》，台北：麦田出版，2001年，第98页。
② 王安忆：《富萍》，台北：麦田出版，2001年，第98页。
③ 王安忆：《富萍》，台北：麦田出版，2001年，第97页。
④ 王安忆：《富萍》，台北：麦田出版，2001年，第194页。

么的，就送来给他挑选"。① 与这种共同体意识一起，作者还强调了梅家桥棚户区的清洁且健康的生活。

> 这里的营生，因为杂和低下，难免会给人腌臜的印象。可是，当你了解了，便会知道他们一点不腌臜。他们诚实地劳动，挣来衣食，没有一分钱不是用汗水换来的。所以，在这些杂芜琐碎的营生下面，掩着一股踏实、健康、自尊自足的劲头。……他们对外面来的人都有着谦恭的态度。但这并不等于说是卑下，而是含有一种自爱。②

如果对三个叙述空间的相关叙事进行比较的话，会发现作者利用富萍的叙述视角否定"奶奶"对淮海路一带的认可，与此同时却反复表达自己对城市周边地区之共同体意识的认同。作者还特别强调了梅家桥棚户区的人们辛勤劳动之所得的纯粹，以及基于自尊和自爱之上的谦虚。此外，值得注意的是，作者所说的苏州河畔棚户区的清洁只是单纯的卫生问题，而梅家桥一带的棚户村的清洁指的却是他们精神世界的纯洁。在这一点上，上海周边地区较之于城市的中心区域，梅家桥的棚户村较之于苏州河畔的棚户区，显然作者对于前者在投入关爱的同时，赋予其高度的道德意义。那么，这三个叙事空间对自己的下位或上位空间采取了何种态度呢？在上海的淮海路等繁华区居住了 30 年之久的"奶奶""也和闹市中心的居民一样，将那些边缘的区域看作是荒凉的乡下"，而且"她也有市中心居民的成见，认为只有淮海路才称得

---

① 王安忆：《富萍》，台北：麦田出版，2001 年，第 207 页。
② 王安忆：《富萍》，台北：麦田出版，2001 年，第 199 页。

上是上海".① 面对城市周边地区这些下位空间,"奶奶"有一种优越感。相反,苏州河畔棚户区的居民感觉自己就像是生活在其他省份的乡下人一样,一直以来把市中心地区称为上海,"奶奶所住的淮海路,在他们住闸北的人眼里,是真正的上海。"② 对淮海路这一上位空间的赞慕直接转换成了对"奶奶"的尊重,以致在初次见到"奶奶"的瞬间便产生了自卑感,"这奶奶比预先想的还要有身分,有气度,于是便有些怯场,还有些激动。"③ 因此,在舅妈去淮海路见奶奶的时候,还特意去商店买了两斤糖果,这一行为可以说是上述自卑感的表现。

但是,苏州河畔棚户区居民在面对自己的下位空间梅家桥棚户村时,同样有着心理上的优越感。尽管这两处都是城市的边缘地区,但在苏州河畔棚户区居民的眼里,"这片棚户比他们小得多,住户比较杂,有江苏的盐城、射阳、涟水的,又有安徽、山东、河南的。不像他们这里,几乎一色是扬州、高邮、兴化,操的是水上运输。而前者干什么的都有:剃头,磨刀,菜场里贩葱姜,刮鱼鳞。"④ 在住房的大小,出生地的同质性,职业的稳定性等方面,苏州河畔棚户区的居民有优越感,看不起梅家桥棚户区的居民。这一优越感同样反映在孩子们身上,"他们多少是有些傲慢,不怎么把这些小棚户的同学放在眼里,有意在人家跟前说些人家不明白的事情,显出自己是正宗,而人家是外来的。"⑤

每个叙事空间所具有的文化意义网以及与下位空间的相互关系,围绕着富萍的订婚和退婚表现出明显的差异。其实富萍只是

① 王安忆:《富萍》,台北:麦田出版,2001年,第14页。
② 王安忆:《富萍》,台北:麦田出版,2001年,第137页。
③ 王安忆:《富萍》,台北:麦田出版,2001年,第141页。
④ 王安忆:《富萍》,台北:麦田出版,2001年,第198页。
⑤ 王安忆:《富萍》,台北:麦田出版,2001年,第208页。

遵循叔叔的意思订婚而已，订婚与自己的意思完全无关。富萍不跟奶奶的孙子李天华结婚是因为"李天华是老大，家里难免穷困些"①。富萍从"女骗子"陶雪萍那里看到的是自己的过去，即照顾着叔父家的堂弟堂妹们的自己，同时也想象到了在下面有一群弟妹的李天华家里操持家务的自己的未来。最终，富萍拒绝了李天华，和一名处境不比自己强多少的瘸腿青年结了婚。

但是，奶奶认为富萍配不上自己诚实且功课好的孙子，自己的孙子很亏本，因此，当着富萍的面就说，"单凭他的人品，就不定非找你富萍了"②。吕凤仙看到富萍在犹豫自己和李天华的婚事，就觉得她很不知分寸。因为结婚的问题，富萍和奶奶之间开始慢慢变得生分，给人一种富萍不适合李天华的印象，奶奶的邻居大婶们也开始带着非常严厉的表情审视着富萍。淮海路一带的居民认为李天华是一个初中生，对富萍来说明显是高攀了。这种想法的基础上还深深地印着一种以奶奶为代表的保姆们所具有的虚伪意识，也就是说，她们以上海人自居，暗地里有一种看不起乡下人的潜在意识。

相反，对于富萍的退婚，苏州河畔棚户区的居民提到的不是富萍是否具有作为奶奶的孙媳妇的地位和资格，而是考虑做人的道理和信义。例如，舅妈批评富萍道，"做人不能这样，要讲信义，人家待你不薄，在你身上花销够多了，退一万步说，人家待你不怎么样，你应下的事也不能反悔，要被众人指脊梁骨，骂祖宗八代！"③ 他们"虽然离开了乡土……家乡发生的事情就像发生在他们中间"，因此，认为富萍的退婚是"不光彩"④ 的事情。这

---

① 王安忆：《富萍》，台北：麦田出版，2001年，第11页。
② 王安忆：《富萍》，台北：麦田出版，2001年，第88页。
③ 王安忆：《富萍》，台北：麦田出版，2001年，第183页。
④ 王安忆：《富萍》，台北：麦田出版，2001年，第186页。

一态度与苏州河畔的棚户区是一个以扬州地缘为中心形成的共同体，乡村传统文化心理还在其中起着作用这一点有着深刻的关系。

五、结　语

如上，本文从《富萍》对王安忆创作世界之方向转换的表现，以及对上海底层的叙事这两点出发，重新分析了作品所富含的意义网。为此，本文首先根据作者的创作意图分析了文本的叙事策略。作者在该作品中，力求以移住到上海的移民者的移民背景和定居过程为重点，塑造出不同的移民者形象。为有效地贯彻这一创作意图，作者运用了自己独特的叙事策略。本文从流浪汉小说的作品构成、历史和理念的后景化、小市民的琐碎日常生活的前景化，以及叙事空间的明确分割这些角度对文本进行了分析。通过这一叙事策略，作者让拥有各种人生经历的上海移民者作为剧中人物登场，并根据出生地、职业、文化心理，将他们部署在不同的空间，同时也展现了生活在不同空间里的上海移民在不同层次上的共同点。

此外，与之前刻画上海移民的作品不同的是，《富萍》对移民者的外来文化投注了温暖的视线，本文在关注这一点的同时，考察了该作品所刻画的上海移民者多样的生活状况。上海的移民者们在不同的叙事空间，由特定的出身地区和职业群体组成。他们在各自的空间形成各自的共同体，并在定居上海的过程中，表现出了坚韧的生命力。作者特别精心刻画的人物是保姆集团，这一集团具有媒介者和边界人的共同点。也就是说，她们作为连接农村和城市的媒介，发挥着农村文化进入城市文化之通道的作用。

与此同时，她们既没有完全成为城市人，又不能完全摆脱乡村人的形象，处于农村和城市的界线上。

另一方面，在叙事空间上，《富萍》被分为三个空间，即淮海路区，苏州河畔的棚户区，以及梅家桥的棚户区。虽然这些空间大致被分为上海的中心区和边缘区两个部分，但作者有意将同属于边缘区的苏州河畔棚户区和梅家桥棚户区加以区分，赋予了后者生活更高的道德意义。另外，作者还把这些空间进行了层位的划分，其中中心区域的下位空间是边缘地区，苏州河畔棚户区的下位空间是梅家桥棚户区，上位空间表现出了排他性的优越感。而这些文化心理对富萍的订婚和退婚表现出了不同的态度。

《富萍》与《长恨歌》同出一脉，都是上海叙事。只是《长恨歌》的王琦瑶为世俗欲望所诱使，不断地想爬进城市中心的繁华世界，结果逐步走向灭亡。而《富萍》却恰恰相反，从城市的中心区域到边缘地带，再到边缘的边缘，表现出了顽强的生命力，像不倒翁一样站立着。就这一点而言，《富萍》的"富萍"谐音"浮萍"，意指没有根的漂浮生活，同时也可以说是一个悖论。王安忆出于对上海这座城市的热爱，持续书写了一系列与上海相关的叙事。期待以后能够就《富萍》《纪实与虚构》《长恨歌》《妹头》及《天香》中出现的上海形象与性质进行比较研究。

"70后"人群的文化征候

——以《上海宝贝》为例

鲁贞银

一、前　　言

　　在当今中国文坛，卫慧、棉棉等同时代的文学创作者通常被称为"70后"作家。然而在 20 世纪 90 年代中后期，即他们崭露头角之时，这一批作家曾一度被冠以"新人类"[①] 的称号。当时，用"新人类"来标记他们，其背后存在一种认识：这些作家的价值观和生活方式不同于以往的作家。随着"80后"和"90后"作家的崛起，"70后"作家"新人"的位置也被这些后起之秀取而代之。即便如此，"70后"作家的出现在当时的中国仍可谓是相当震撼的文化现象。可惜的是，文坛仅将其视为一时的、个别的案例，对他们的现实认知和文学世界并未予以认真的探讨。究其原因，既有对"70后"作家的偏见和误解，也有复杂的文化要素的介入。无论如何，"70后"作家经历了中国文学从未遭遇过的时代性转折，他们是把这种巨变作为文学的条件合盘接受的时代

---

　　① "新人类"这一称谓始于 20 世纪 90 年代初，被舆论媒体和学者用来概括 1970 年以后出生的人及其时代特征。到了 90 年代末，对卫慧和棉棉，以及魏微、戴来、丁天、姜丰、朱文颖、金仁顺等 70 年代出生的作家，则用"70后"作家予以指称。

先锋,还是个体写作的先导。此外,当下中国文学所面临的现实断裂和间隙问题,其征候也是从"70 后"作家开始的。因此,就目前而言,有必要对"70 后"作家这一创作群体进行重新审视。

20 世纪 90 年代,"70 后"作家在中国的出现,是一个提前预告过的文化现象。无须借用后现代主义这一表述,"图像"比"现实"更受重视的文化氛围便足以表明,中国已步入了后资本主义社会,而"新人类文学"则如实呈现出了这种后工业社会的文化氛围。文坛对新人类文学的反应大体是相似的,视其文学态度为无足轻重的虚无主义,且未将其作为真正的文学对象进行评价。有学者指出:"70 后"作家的作品之所以缺乏文学的真实性,是因为他们缺少社会主义历史经验。① 此外,还有一些持批判立场的人表示:"70 后"作家对能将自身及其文学商业化的美学策略作出了前所未有的敏感反应,他们利用了市场,最终也被市场利用。而那些试图为他们辩解的人,也仅仅只提到了"新女性主义的出现",而这种新女性主义在他们的文学中则是以颠覆性的身体叙事为中心来呈现的。②

尽管中国文坛对新人类文学给予否定,并对其进行了猛烈的抨击,但它在当时却引发了前所未有的社会反响。这种反响不仅体现了 20 世纪 90 年代中后期文学在社会中的无力感,还反映出对消费文化的渴望,即新人类文学没有被视为单纯的文学文本,而是被当作一种文化现象与大众文化符号。这一过程中,发挥主导作用的作品是卫慧的《上海宝贝》。当时,卫慧的一举一动接连

---

① 杨扬:《70 年代作家——被无限延长的青春期》,《南方周末》2000 年 6 月 2 日。陈思和:《现代都市社会的〈欲望〉文本》,《文汇报》2000 年 4 月 1 日。

② 林树明的《关于身体写作》和朱国华的《关于身体写作的诘问》,《文艺争鸣》2004 年第 5 期。韩东、葛红兵和王干的极力维护遭到了同时代批评家们的反击,从而声势减弱。

登上了报纸的头条，成了社会争议的焦点。卫慧也积极配合媒体曝光自己，声称《上海宝贝》是基于其私生活而创作的半自传体小说，并以此为卖点大肆宣传，还动用了出版签售会、采访等商业化的形式。此外，她还利用禁售、抄袭等负面新闻进行炒作，进而在短时间内登上了畅销书作家的宝座。在中国被打上"禁书"印记的《上海宝贝》，被翻译成多种语言出版，成了世界各地的畅销书。①

然而，韩国对"70 后"文学的反应则比较消极。对韩国读者来说，靠煽情吸引眼球的文学作品并不陌生，他们早就经历过，因此，在他们看来，"70 后"文学不过是一种迟来的潮流。无论是中国还是韩国，对他们的评价都以煽情性为依据一言蔽之，但这种反应却反映出一个共同问题，且这个问题的关键并不是针对他们的评价是否妥当，而在于评价过程中对他们的忽略和排斥。如果把他们的出现视为全球化资本主义的案例或商业化文化潮流，则无法把握中国的文化认识的变化，还会造成"70 后"文学承载的历史性矛盾的去历史化。这种普遍的看法，是为了在统一构成的世界史脉络中抹掉中国内部的实况。

在探讨 90 年代后期中国文化的变化与征候的层面，本文试图对 90 年代新生代的符号——"卫慧"和《上海宝贝》所参与的文化地形图进行考察。究竟"70 后"作家的创作内容与形式是否区别于以往的作家？如果说他们的文学是对 90 年代后期中国文化现象的反映，则有必要解决以下两个问题：第一，在后社会主义中国，历史性矛盾是如何通过他们的作品来呈现的？第二，他们的现实认知是如何通过"年代"和"阶层"意识来反映的？由此一来，即形成了通过《上海宝贝》进一步探讨新人类文学使用了何

---

① 《上海宝贝》在 48 个国家出版，还进入 11 个国家的销售榜前十。

种修辞性战略，以及这在解释 90 年代中国文化与价值的冲突时发挥了何种效力的讨论。

二、"新人类"的时间——"断裂"

在《上海宝贝》这部作品中，叙述者兼主人公 CoCo、其男友天天以及他们的朋友所展现的生活方式，均不同于以往的小说主人公。他们没有稳定的工作，也不在乎职业，完全不受社会规范和价值的约束。他们的自由奔放在男女关系上得到了充分的体现，他们的关系依附于直观的感受，且以肉体交感优先。然而，与展现自身的"新"相比，卫慧揭露"旧"的方式给人留下了更加深刻的印象，这种方式对他们的"不同"源于哪里给予了说明。

场面 1：对 CoCo 而言，从小与之交好的表姐朱砂，一直是她羡慕的对象。朱砂是共青团干部，走的是精英路线，与在外企工作的男友成功步入了婚姻的殿堂。朱砂是典型的模范生和窈窕淑女，而导致她离婚的起因却是电影《泰坦尼克号》。在观看电影的时候，衣食无忧的她开始对真爱展开了思考。关于朱砂的离婚过程，文中的说明极其细碎，但正是这种细碎使得"美丽的婚姻"虚妄地崩塌。作为已经获得中国社会性安全网保障的阶层的代表人物，朱砂的离婚也充分暗示了一点，即中国中产阶层的社会性安全网是多么虚幻。

场面 2：对 CoCo 的父母而言，父亲具备足够的知识共鸣，母亲也足够慈祥，因此可以理解女儿的世界。面对女儿毫无计划的离家宣言，他们强调"真实与安定"的根基很重要，还搬出了张爱玲的文章为依据。父亲的建议是优雅和理想的，即便面对女儿的盲目和莽撞，也展现出了中产阶层家庭不为之所动的健全与完整。这种"健全与完整的危害性"却在父亲的生日宴上暴露无遗。父亲是历史系的教授，为了给他张罗生日宴，学生们像家人一样聚在一起，这样的师生关系承载了一种比血缘更为强烈的家族观念，而作者却对承袭这种家族观念的教育机构的虚构性，以及对放大和复制这种家族伦理的教育制度给予了无情的嘲讽。学生们围着拿到研究经费的父亲打转，为"得到指导教授的青睐而战战兢兢""在指导教授的撮合下结婚、生子、就业，甚至贡献自己的一生"，他们看起来无异于奴隶或寄生虫。CoCo指出，前近代的观念在资本主义伦理中更为顽强地存活下来，其现场便是"中国的大学"。由此一来，大学这一最高学府的体制和观念的虚构性硬生生地被解体。

场面3：CoCo接到将自己的作品视为商品的总编辑的电话时，她用"腐朽不已的文坛"对他们伪善的精英主义不留情面地加以讽刺。与创作灵感枯竭的成名作家的约定，也因暴露身体的跳舞行为而被解除。

上述三个场面表明，作者所界定的"旧"，其对象绝不仅仅是上一代人的"老观念"。在经济单位重组过程中，含有前近代性的家族制度和教育机构，以及把国家政策作为消费观念予以驱动的媒介生态，它们既是后社会主义的制度性现实中培养新主体的手段，也是体验国家权力常态化的场域。常态化的国家权力隐匿其实体，更为巧妙地渗透到了日常生活之中，但其无比暴力的残忍绝不容许个体自律空间的存在。对新人类而言，他们未曾从历史中经历过观念的困惑，因此，相对于过往年代的人，他们更加依赖身体感觉对此进行感知和反应。他们应对权力和制度的方式极为轻浮，却又非常写实，他们的脱轨也是从这些层面出发的。

对他们脱离制度规范回归物质主义的评价，有必要重新进行考察。这是因为，需要把他们对待物质的立场与之前王朔那个年代以及今天的新富阶层进行区分。20世纪80年代后期，作为当时文坛异端的王朔崭露头角，其小说描绘了青年的脱轨，赤裸裸地呈现了在改革开放初期沦为金钱的奴隶、四处彷徨的青年的处境。从毛泽东时代进入邓小平时代，在新的文化体制的过渡时期，小说的主人公们虽然毅然决然地嘲弄社会主义规范，却依旧徘徊在社会主义的影子下，怅然若失，犹豫不决，无法欣然融入资本的浪潮。但对新人类来说，资本的价值已不再混乱，他们对资本效力的判断比以往任何一个时代都要正确。宣称"不赚钱也行。我们有的是钱，写小说就成"① 的他们，对自身的阶层属性——享受消费却又不必挣钱，有着明确的认知。

20世纪90年代以后，中国由"社会主义人民"向"有教养的公民"转型。用新的经济主体培养"新公民"成了国家事业，而为了实现作为前提条件的"教养"，高等教育机构和大众媒体高调登场，替代了国家机构的角色。文化活动和大众广告为现代公民具备合法的新的经济主体性提供指引。当时，多数大众话语敦促人们做合法的消费者，"为了享有更多的闲暇，努力投入生产，理性地参与娱乐，把自身的劳动能力发挥到极致，为了致富而投资。"但是，成为新的主体，也意味着终将从属于受国家支配的市场的合理性。卫慧一代人对待资本态度的违和感便是由此而发。他们拒绝教养，也不参与合法的生产活动，由此放弃公民这一身份认同。然而，他们之所以没有与新富阶层的观念发生冲突，是

① 周卫慧著，김희욱译：《上海宝贝》，首尔：집영出版社，2001年，第17页。

因为他们凭直觉领会了资本的法则，且很好地掌握了应对它的方法，即靠非法的经济活动营生。妓院老鸨出身的富孀、瘾君子、行为艺术家，他们这些人比合法的消费者更懂得愉快地享受消费文化。很明显，他们对中国的制度性断裂作出了更为现实的解读，甚至用尖锐的方式加以展现。

既然如此，新人类的不安究竟是什么？评论界从物质与欲望的过剩中探寻他们的不安，并将其与他们的上一代进行区分，八九十年代的作家（以朱文为代表），他们的不安强调了一点——有强烈的政治性含义，他们的不安还是因个体与现实的紧张而产生的存在论性质的问题。与之相反，卫慧式的不安则因物质与欲望追求所带来的结果而被轻而易举地消除或回避。[①] 新人类的不安定果真不需要历史性的解释？以天天为例，他在作品中表现出极度的不安与失落，他的情绪障碍和性格障碍皆源于与父母的关系。天天的父母为了挣钱而抛弃他，因为钱遭遇变故，为了钱规划新的人生，他们给天天唯一的补偿也是钱。父母那个年代的人，经历过历史性的内部斗争和理念的不合理，他们积极接受了以资本为信条的国家主导的新兴中产阶层意识形态。对此，新人类的立场十分鲜明。他们认为，迟到的补偿无法弥补对社会价值和理想的信仰缺失，甚至还控诉，毫无根据的物质补偿损害了他们在经济和性方面的自立能力。同时，他们还对父母的"缄默不语"，即在"继承遗产——作为遗弃的补偿"的过程中，父母那代人对自身舍弃了何种价值和信念以及如何发家致富未作出任何说明——发出抗议。在十多年的致富过程中，留给他们的只是无法填补的精神空缺和物质过剩的后遗症。他们究竟该从哪里寻找缺失的伦理根据？

---

① 陈思和：《现代都市社会的〈欲望〉文本》，《文汇报》2000年4月1日。

三、"新人类"的战略——"写作"与"性爱"

　　脱离制度性价值之后，新人类偏执狂似的一味沉溺于自身的肉体，他们前所未有地以一种毫无遮掩的方式展示着自己。直至结尾，小说还在不停追问"我是谁"这个问题。为此，卫慧精心准备的方式是"写作"与"性爱"。卫慧是通过 CoCo 的写作进行小说创作的。通过 CoCo 的写作，CoCo 和卫慧的小说根据得以确立和强化。卫慧为何要采用这种叙事战略？在小说中，她总会突如其来地介入故事的展开，如她的小说观、对作品的看法等，展示小说的虚构性和创作过程。可以说卫慧通过写作，把写作的目的以及无异于虚构的世界进行了解构，且试图按自己所赋予的秩序构建新的世界。各章标题下面的引用文章中，处处可见的关于米兰昆德拉、亨利米勒、披头士、伊丽莎白泰勒、萨尔瓦多达利、西尔维娅普拉斯等的阅读痕迹，以及淮海路、复兴路、和平饭店、YY 吧等上海的都市空间与形象，这些反映了卫慧小说的基础及其观念的来源。卫慧的小说并非发自于人生的泥泞，而是多种另类类型接洽形成表象，又配合此种表象人生重构的现象。从某种角度来看，这些可以说是构成他们人生的真实存在。

　　既然如此，又该如何解读把性爱置于小说正面的操作？与性行为的健全和激烈无关，作者在小说中对性的探讨近乎偏执，这从性爱描写的篇幅以及作者花费在性爱描写上的心力中都得到了体现。一般来说，过多的性爱描写成了批判卫慧写作轻浮、享乐和非社会性的依据。实际上，《上海宝贝》在正面推崇的性开放或性偏激，是伪恶的、娱乐的。这种源于单调素材的相对强烈的感受，通过对性话语毫无禁忌的描写，无限放大了阅读的娱乐性。

然而，《上海宝贝》中的性爱描写之所以引人兴味，是缘于性爱的激进性之下作家的写作战略。卫慧在《上海宝贝》中构思性爱的方式与其（卫慧/CoCo）写作过程是相辅相成的。在 CoCo 的创作过程中，她的性爱以多种方式展现出来，这与性想象互补，制造出津津有味的解读空间。

CoCo 的创作空间是天天的家。为了和天天同居，她义无反顾地从家里搬出来，但住进天天家之后，创作成了她的主要活动。天天是激励她写作的精神伴侣，也是她的物质后盾。两人之间正常的性关系无法维持之后，他们的关系便集中到 CoCo 的写作上。在小说中，性爱并不仅局限于性爱。天天为何对 CoCo 的小说如此执着？即便是 CoCo 因马克的出现离开，即便是沉溺于毒品浑浑度日，他用于表达对 CoCo 爱意的还是"小说"。另一个男人马克也是如此。CoCo 的性歪曲被解读成获取想象力的必然过程。对她而言，马克的出现是预知关系的写作过程，"我所有的预感都藏在了小说里，伴随永远无法挽回的行动，这些预感一个个地开始应验"①。CoCo 一边写作，一边往返于天天和马克之间，这种关系以"完结-死亡-分别"告终，小说也就此完成。

然则，卫慧沉浸于《上海宝贝》的色情世界的过程，是她享受即兴创作——自由奔放的叙事游戏的过程。卫慧的创作是对文学疲劳的否定，从这一点来看，即兴写作是对抗外部世界最有力的武器。袒露性爱是揭露现实的虚构和伪善的最透明的方式，而写作过程则是对重现的观念性进行解构的最透彻的方式。更激烈或更伪恶的性描写，其前提是对假装严肃的文坛的驳斥。他们试图把身体感受作为自己的语言，从而突破他们这些为历史信念和价值所遗弃的人的历史性制约。但问题是，他们这种自慰写作终

---

① 周卫慧著，김희욱译：《上海宝贝》，首尔：집영出版社，2001 年，第 56 页。

究归于极其自闭且自慰的世界。以自慰为基础的性，如同依赖于双手的身体感觉。手引发感知作用，而这种直接又具体的感知作用于克服眼睛的观念性、意识性和伪善，但从只允许依附于幻想的结合这一点来看，它无法独擅，不过是一种想象的感受而已。即便使用了颠覆性的战略，最终也不过是用于确认彼此之间的距离的，不孕且没有生产的消费性的性。这一点倒是与他们的前辈不同，前辈们通过性与肉体，徘徊于权力和抵抗的境界边缘，在"观念性的钢丝绳"上铤而走险。[①] 他们从未被赋予那些遗失的信念以及要否定的观念体系，被丢进茫茫的物质主义的大海之后，他们能应对现实的方式只剩下"我很可爱"的咒语和自恋的安慰。为保住自身而与自己的身体性交，是一种惨烈的生存战略。从这个意义上来看，自慰的性爱并不单纯。他们的写作脱离了既有的秩序，最终却沉陷于强烈的本我之中，这就像即便标榜他们的性最真率，但仍依赖于想象的感受一样。性爱与写作的自闭性，反映出"文革"在后社会主义制度下自我陶醉般的承袭，这与余华和朱文的政治讽刺相比，更加赤裸地呈现出了"历史的空缺"。

四、"新人类"的空间——"都市上海"

卫慧为何抹掉了"上海"与"新人类"的关系？小说中的都市——上海被置于主要媒介的位置，对新人类的现实认知与生活方式进行传达。这里的上海并不是单纯的作为物理性存在的都市（city），而是由符号、媒体和符码构成的形象（the urban）。

---

① 如新生代作家朱文和韩东的小说。

　　站在顶楼看黄浦江两岸的灯火楼影，特别是有亚洲第一
塔之称的东方明珠塔，长长的钢柱像阴茎直刺云霄，是这城
市生殖崇拜的一个明证。①

　　都市是语言，都市空间是"作为话语的文本"。都市向居民倾
诉着什么，居民居于其中，或观望或徘徊，以此向都市倾诉着什
么。可以说，都市的意义发生在主体插入和解读特定语义结构的
过程中，在秩序化的个人、集体、性、人种、阶层等错综复杂的
关系中有差别地生成。

　　进入 20 世纪 80 年代，中国的都市形象大有改观，不再被看
作是农村的替身，也不再是作为农村剥削者和社会主义理想禁忌
的隐匿空间，而是被赋予了改革开放这一正当性的公认的合法化
空间。90 年代之后，都市暴露出社会主义中国的制度性矛盾激
化，同时，还呈现出"资本主义与共同体""公与私的对峙""金
钱与道德"等资本主义矛盾与"禁绝之城""公共空间的破坏"
"对群众的恐怖"等象征后现代的特征错综交杂的样貌。不仅如
此，这种矛盾不再局限于都市，随着矛盾扩散到内陆，就转化为
国家性的课题。该事实也表明，对都市空间的重新审视迫在眉睫。
卫慧这代人亲眼目睹了空间分化的进程，并亲身体验了这种都市
日常，那他们是如何认识这种变化的？他们通过感性触摸来认识
日常发生的权力关系的变化。从这一点来看，他们的现实认知理
所当然是通过对都市空间的解读得以确认的。

　　与王安忆勾画的作为历史空间的上海叙事不同，卫慧式的
"都市叙事"被归于其他类别，这起因于对时间性——历史性的否
定。因此，他们的上海不是一个整体的都市，而是像拼图一样构

---

　　①　周卫慧著，김희옥译：《上海宝贝》，首尔：집영出版社，2001 年，第 28 页。

成的都市秩序。在这个空间里，高耸入云的生殖图腾——东方明
珠充当着稳固的资本权力的指针，在此期间，城市居民在上海不
停地迁移和流动，由此确认自己的阶层。他们常去的黄浦江岸，
能看到外滩、淮海路、新乐路、绍兴路、衡山路，这些马路曾是
30 年代上海地图上的租界（公共租界和法租界）。卫慧为之向往
和信仰的上海是"老上海"，就像纽约的第五大道和巴黎的香榭丽
舍大道一样，流露出某种优越感。CoCo 漫步在这条马路上，吟咏
着"上海的固有性"，而这固有性究竟是什么？它作为"都市复兴
的物质性进程"，由"历史（或实在的，或象征性的，或像成模仿
再创的）"与"共同体（为了销售，由实在的、想象或生产者而
重新包装的）"的恢复①——这一虚构性叙事构成。通过 CoCo 沿
路消费的旅游和亚文化，"老上海"得以生成和演绎。② "老上海"
存在于形象或叙事本身，这种意识取代身份认同，成为了消费的
对象。但问题是，"上海的发现"这一虚构性叙事，一边对构成实
存空间的阶层的不平等和力学关系进行隐匿，一边又作为现在的
空间秩序在运转。

　　以过去的"租界"为中心区划的上海市中心，其所有权的持
有者，不是久居于此的上海人，而是跨国企业的高管、华侨和新
富阶层这些"流动"到此地的人。都市的"秘密花园"前是罕见
的蓝色草坪，它归缴纳"2 万 5 千美金"月租的人所有，且在所
有权上，全然无需考虑持有者的国籍以及资本的合法性问题。梦
想进入这一空间的年轻人，他们在这里溜达，享受消费和闲暇，
能做的也只是把"这都市完美的物质性回响"印刻在自己的全身

---

① 大卫哈维著，조희수译：*The Urban Experience*，首尔：한울，1996 年，第 337
页。
② 如南京东路到人民广场之间的步行街和新天地。

上下，他们的日常生活则不得不被挤到远离市中心的郊外。作为展示上海市民日常生活的空间——弄堂，小说从头到尾都没有提及，对 CoCo 写作和生活的公寓，也只用都市外围委婉地进行了交待，可见，这与都市空间的等级秩序相重合。

"后上海主义生活"这一口号并不是单纯的居住理念，它是通过强化对上海的虚构性视线，进而对等级化的秩序进行再生产，且通过永久支配的空间治理术来运转。市中心既是成功人士所拥有的财富和权力，也是他们的文化取向、流行、经典、自然甚至未来都能独占的"象征性资本"。"象征性资本"与拜物主义有关，这一点非常明确，但"象征性资本"通过文化取向的领域，隐藏了经济区分的实质性基础。① 高级酒店、高级住宅的草坪以及高级餐厅前的街道，往往不再被当作公共区域，而是转换成作为阶层安全网的私密性空间。无论是正当提出还是被迫接受，从这一认识中不难看出：上海的空间治理绝非是向新富阶层开放的，而是以"阶层排斥"为前提的。如果说这种公共空间与私人空间的对峙终究会产生分裂性后遗症，那么，因毒品上瘾在"收容所"接受隔离治疗的天天和接受精神科咨询的 CoCo，他们的症状便是空间分化的"病理性征兆"。在被"封锁"的都市——上海，他们的关系要么彻底地去功能化（CoCo 和天天的关系），要么成为过剩（CoCo 和马克的关系）的象征，而这种空间对峙的龟裂，如同发生在沦为滥交场地的咖啡店和酒吧里的性爱一般，以毁损等级秩序的方式展现出来。上海精神的虚构性是与卫慧自闭的缺陷联系在一起表现出来的。

---

① 可以理解为布迪厄的"习性（habitus）"。大卫哈维著，초희수译：*The Urban Experience*，首尔：한울，1996 年，第 329 页。

　　我不能确定我们之间到底是不是爱情，但肯定是一种被命运囚禁在密室里的糟糕得不能再糟的、粹得不能再纯粹的诗化的抒情，就像荒原上摇曳的丁香，就像在绝望深渊里游泳的鱼。

　　我们在尚未开始的地方就失去了所有可能的可能。而时代高速列车也正在城市史诗般的现代建构中呼啸着渐行渐远了。①

以强制开放的方式被赋予都市这一存在方式的上海，不得不用租界的形式来维持都市活力的先天缺陷。为了具备都市这一生存基础，这是上海不得不承受的历史性创伤，也是现如今无法摆脱先天缺陷的不毛性。这和新人类的缺陷恰好一致。在他们的父母奔赴资本前线发家致富的十余年里，无法挽回的精神空缺和欲望过剩的后遗症，就像永远无法被填充的"空缺"的都市一样，让他们精疲力竭。由此一来，上海空间与卫慧的自我意识得以同步把握，两者都被看成是派生于殖民资本主义的剩余物，最终他们面临两种选择。要么像天天一样，以自闭的方式遮掩缺陷；要么像 CoCo 和上海一样，积极地展露其殖民性。

五、结　　语

如今，"70 后叙事"在中国再也无法提出新的认知，但他们在暴露自己的过程中所展现的中国内部的裂痕，却以内在化方法更为稳固地隐藏起来。在社会主义与资本主义的制度和方法的对峙中，多个冲突与矛盾并存。这种现实情形下，90 年代后期"70

---

① 周卫慧著，김희옥译：《上海宝贝》，首尔：김영出版社，2001 年，第 223 页。

后"作家的文化地理位置不仅如实反映出中国社会的文化"空缺",还表明以脱近代的方法解决近代课题的尝试是多么的乏力。在中国文坛将他们的文学视为幼稚的文化现象并宣称与之决裂的今天,他们的文学依旧呈现出实体的虚构性——试图对制度性裂缝进行更加缜密和精巧的缝合。

(原载韩国《中国现代文学》2008 年总第 45 期)

俞镇午的《上海的记忆》
与消失的"国际歌"

金良守

一、小说《上海的记忆》

以小说《金讲师与T教授》而闻名的俞镇午（号玄民），是京城帝国大学的第一名新生，也是第一名毕业生，曾在过去的普成专门学校担任教授。20世纪40年代，他参加过大东亚文学者大会，光复（1945）后又是奠定大韩民国宪法基础的重要人物，还担任过在野党的总裁和大学校长。他的这些经历，显示出追逐权力的倾向，但在文学史上却把他分类为老卡普（KAPF，朝鲜无产阶级艺术家同盟）周边的"同路人作家"。这样的他竟然能创作出《上海的记忆》这部作品，多少让笔者有些意外。

"同路人（fellow traveller）"出自托洛茨基"不是无产阶级革命的艺术家，而是革命艺术的同路人"①。"同路人"在韩国文学中指"没有加入卡普，但在作品活动中有卡普所主张的意识形

---

① 托洛茨基著，金正谦译：《文学与革命》，科学与思想出版社，1990年，第66页。

态的作家"①。在第 2 届革命作家世界大会（哈里科夫大会）上，同路人文学被规定为受无产阶级文学指导的革命先驱文学，因而确定了它在文坛当中的位置。根据一个作家的个人信念和世界观而将其定义为"卡普"，不管怎么说这都是主流世界对作家俞镇午的单方面定义。

本稿的目的是摆脱这种"单方面定义"，从多种可能性出发，开始重新审视这位叫做俞镇午的作家。在迈向激进政治理念顶峰的 20 世纪前半期，维系社会变革的渴望心理和现实的纽带破裂以后，历史的视角又该是怎样的呢？在俞镇午活跃于文坛的那个年代，主流左翼文人把"同路人"作家看成是"指导的对象"，如今的学者们是否可以通过"同路人"来考察韩国文学发展史上还没有说到的各种可能性呢？林和、金南天、韩雪野、安漠等当代的主流"卡普"文人大部分是通过留学与日本建立关系的。"卡普"的文化运动在很大程度上受日本影响，已经有很多研究结果可以证明这一点。与此相反，俞镇午并没有日本留学经验，本稿的研究对象《上海的记忆》这篇小说的舞台设定在中国。笔者想通过本稿考察殖民地时期左翼文学的发展是否有日本为主流以外的可能性来进行具体分析。换言之，是想探讨"殖民地时期朝鲜作家的眼里中国到底是怎样的存在"这一问题。我们首先从《上海的记忆》看起。

小说是从 20 世纪初上海最大的娱乐场所"大世界"② 开始

---

① 在韩国文学史中将同路人作家定义为即是非加盟员，又是追随卡普政策的作家。即使不加入卡普，但只要方向相同，作品中自然模仿卡普的作家，统称为同路人作家。但实际上卡普中同路人作家仅限于李孝石与俞镇午，范围并没有扩大。参考《民族文化大百科事典》中的记述内容。

② 大世界是黄楚九医生在 1917 年建立的，后来被称为"黑道三大亨"之一的黄金荣接手，成了东洋最大的享乐百货店。"文化大革命"时期曾被封锁，1987 年春节再次以大世界的名字开放至今。

的，第一次去上海的主人公"我"跟随朋友朴君去"大世界"游玩，在被各种杂技等享乐文化总攻势冲击得头晕目眩的瞬间，"我"遇到了在东京留学时认识的中国朋友徐永相君。徐君在结束留学生涯之后回国，而他作为"新兴剧作家同盟"的领导者之一活跃在文坛上。于是跟他约好一会儿在叫做"都益处"的餐厅见面，"我"和朴君先去那里等候他。不久后与徐君再次相见，谈起了曾经的故事与中国目前的政治形势等。彼此相谈甚欢，觉得就此分开很可惜，因此决定两天后在南京路的××旅社再次见面。去事先约好的场所拜访徐君的"我"无缘无故地遭了殃，竟然有人拿枪指着"我"，硬逼"我"坐上车，还把"我"带到了一个陌生的地方，那个地方好像是个监狱，在地狱一样的中国监狱里呆了几天的"我"被送到日本领事馆。获释回国后，偶然在一本美国朋友寄给"我"的杂志上中看到了有关徐君的报道。根据报道内容猜测，那天约"我"在南京路见面的徐君已经被国民政府逮捕，几天后便在监狱中被处决。"我"合上杂志闭上眼睛回想着那天的情景。①

二、被删除的"国际歌"

俞镇午的小说《上海的记忆》有两个版本。一个是 1931 年 11 月在《文艺月刊》1 卷 1 号上发表的，另一个是 1939 年在学艺社发行的《俞镇午短篇选》中收录的，而这一期间作者对一部分内容进行了修改。修改的具体情况在下文再作阐述。首先来了解一下这两个版本的差异，修改的部分主要集中在以下三个地方。

第一，1931 年版本中徐永相在中国活动的文化团体名称是

---

① 俞镇午：《俞镇午短篇集》，首尔：学艺社，1939 年。

"中国左翼剧作家同盟",而 1939 年版本中则换成了"新兴剧作家同盟",这或许是由于社会主义因素,把"左翼"换成了"新兴"这样更具有普遍性的词语。但是这里的普遍性不仅仅是指"隐蔽"问题,可能又包含了上层的问题。这个"新兴剧作家同盟"的名称①是世界任何国家都有可能存在的说法,但是"中国左翼剧作家同盟"可是在当时的上海确确实实存在的,是一个进行文化运动的团体。② 这一点很重要,也就是说俞镇午了解中国文化运动界的动向。

第二,1931 年版本中"我"去见徐永相时被坏人抓走,"我"在监狱中听到了《国际歌》。而到了 1939 年版本中,"国际歌"一词被删除,下面是这两个版本的比较。

（1931 年版本）哇!听那旋律,虽然听不懂,但那分明是《国际歌》,我怀疑我的耳朵是不是听错了。但是歌曲还在继续,那庄严的《国际歌》是从军人足迹踏过的地方传来的。"军人!难道是国民政府的军人在唱?"

（1939 年版本）我怀疑我的耳朵是不是听错了,但是歌曲还在继续,歌声是从军人足迹踏过的地方传来的。"军人!

---

① 在"作家"前面加"新兴"的情况曾在《金讲师与 T 教授》中出现,有左翼倾向的金讲师曾经在《朝鲜日报》上投了一篇叫《德国新兴作家群体》的文章。可是他在 S 专门学校中隐藏了自己的过去。作品中 T 教授对金讲师说"我知道你的过去",金讲师认为对他提这篇文章是一种威胁。对于俞镇午来说,"新兴作家"这一概念可能是有特殊历史背景的,但本文暂时保留追其具体意义,只把"新兴"看成是一般的意义来进行研究。

② 正式名称是中国左翼戏剧家联盟,前身是左翼剧团联盟。1931 年 1 月组织改编,其后与中国左翼作家联盟,中国社会科学家联盟等一起开创了"中国左翼文化总同盟"。由夏衍、田汉、阳翰生、阿英、洪深等主导,简称"戏联",一直活动到 1936 年。马良春主编:《中国文学大辞典》(2),天津:天津人民出版社,1991 年,第 837 页。

难道是国民政府的军人在唱？①"

众所周知《国际歌》（*The International*）在巴黎公社之后成为象征社会主义传统的歌曲，在 1931 年版本中说，"虽然听不懂语言，但旋律确实是《国际歌》"。这部分恰好说明"我"虽然无法用语言与中国左翼作家沟通，但在社会主义的理念上是有共感的。这是作品中非常重要的一个细节，但在 1939 年版本中却删除了这段。

第三，回到朝鲜的"我"收到了在美国的朋友寄来的杂志，发现了中国艺术家团体向全世界发送的号召文。1931 年版本中团体名是"左翼艺术家同盟"②，而 1939 年版本却换成了"中国艺术家同盟"。"左翼"这个词语被淘汰，也许这是因为意识形态上的原因。③

由此可见，对中国左翼文学运动关心的俞镇午创作出"我"与徐君相见的情景，可能是出于对国民党的反感而创作出了绑架和处决的情景，在这里笔者想说的是该小说的叙事结构与中国当代现实的距离到底有多少，换句话说，作品中的舞台上海只是作品的异国题材吗？作者是不是通过文学作品来表达自己的政治理想呢，这之间会不会带有某种必然性呢？

小说中 1 月 17 号这一天，是主人公"我"与徐永相约定在南京路××旅社再次相见的日子。那一天"我"被一帮歹徒绑架，

---

① 尹大石编：《金讲师与 T 教授》，《现代文学》，2011 年，第 288—299 页。

② 此名称与中国真实存在的"中国左翼作家联盟"非常相似。

③ 除此之外，还有"我"去南京路××旅社找徐永相时，有一段"我"跟门卫对话的场面。1931 年版本中"徐永相在这里吗？"，1939 年版本中换成了"黄子明在这里吗？""徐永相"和"黄子明"都是作品中的人物，但是对此改变没有更多的线索，所以本稿中没有提到。

拖到某个地方，半夜听到了有人被处决的枪声。小说中的人物、事件、地点全都没有必然性。在上海最繁华的南京路约见以前的朋友，却被卷进了意想不到的麻烦当中。这些都是有可能发生在"冒险家的乐园"上海的某个角落的事件。唯独主人公被抓住，听到枪声那天是 1 月 17 日，写得清清楚楚。为什么要这样写呢？中国现代文学史上，1931 年 1 月 17 日是中国共产党五名年轻作家被逮捕的日子。他们在 2 月 7 日那天被处决，这五位年轻的作家被称为"左联五烈士"。小说里"我"与"左联五烈士"被设定为朋友关系。作家通过这一关系为纽带，想象主人公（朝鲜人）与中国左翼作家之间理念上的连带。超越语言的热情在 1 月 17 日这一天融为一体。

史料显示 1931 年 1 月 17 日中国左翼作家联盟（左联）李伟森、柔石、胡也频、冯铿、殷夫这五位作家被捕之地是上海"三马路的东方旅社"。① 因此我们可以设想在作品中"我"与徐君约定的地点"南京路××旅社"实际上就是参考原地点。

以《金讲师与 T 教授》为代表的俞镇午短篇小说，大部分是以京城为舞台背景的，小说的主要特征之一就是都市空间标识非常具体。在这一点上《上海的记忆》也不例外。作品的前半部分出现的是大世界的具体位置与建筑外貌，还有延伸到建筑内部的细节描写。由此推断作者有可能去过作品中所描写的场所。

三、中国现代文学史的精神创伤："左联五烈士"

中国现代文学史的分期与中国新民主主义革命的发展过程紧

---

① 姚辛编著：《左联画史》，北京：光明日报出版社，1999 年，第 317 页。三马路是汉口路的旧称，与当时的四马路（南京路）非常近。

密相连。1949 年以前为"现代文学",1949 年以后为"当代文学"。"现代文学"又以十年为单位划分为"五四时期""左联时期""抗战时期"三个部分。左联是中国左翼作家联盟的简称,这是和中国共产党联结后在 1930 年 3 月成立的文学团体。与激进的政治团体联结,以无产阶级革命为目标,这些特点与韩国的"卡普(KAPF)"、日本的"纳普(NAPF)"不尽相同。与文学史中出现过的短暂的"卡普"与"纳普"不同的是中国文学史中将一个时期称为"左联时期"。这可以说是以中国共产党和社会主义的胜利为起点,重新解释历史过程的中国式历史叙述的一个片段。

但是,在那时的具体情况下,左联存在的十年能否当得起"左联十年"这个头衔,有没有一批代表性作家,还让人怀疑。左联内非党员作家中的代表人物是鲁迅,他于 1930 年 3 月 2 日在左联成立大会上发表演讲,① 批评了"很容易变成右翼作家的'沙龙式社会主义者'",这是体现他和中国共产党的距离感的最好例子。正如在《〈三闲集〉序》里写到的那样,鲁迅经历过"革命文学论战",并发现了"科学文艺论"。此后他对社会现实性介绍做出了巨大贡献,看其翻译成果有《艺术论》与《文学批评》,以及苏俄论文集《文艺政策》,同路人作家雅各武莱夫的《十月》和法捷耶夫的《毁灭》。但是,鲁迅对这样的苏维埃文学的"未来性"表示认同,与此同时始终对中国共产党保持距离感,这两种事实有着不同的脉络。

鲁迅成为了左翼文坛的旗手,但胡风却在被左联解职的 1934 年秋天以后与左联渐行渐远,甚至还怀疑左联在背后攻击自

---

① 鲁迅:《对于左翼作家联盟的意见》,《萌芽月刊》第 1 卷第 4 期,1931 年 4 月 1 日。

己。① 与中国共产党保持距离的鲁迅加入了左联，生命中的最后十年在上海度过，这个时期的鲁迅的内心世界充满着"不信任"。可是由于"左联五烈士"事件，他对左翼又产生了强烈的悲伤和怜悯之情。当时的鲁迅与以德国报纸特派员身份来上海的美国人史沫特莱交往密切。事件发生后史沫特莱曾极为传神地描述了鲁迅的当时面貌。为了具体研究鲁迅当时的心情，笔者引用了史沫特莱的文章。

> 我急忙赶到鲁迅家里，在他书房里，我发现他面目黝黑，没有剃须，头发散乱，两颊深陷，目光森森，锋棱逼射。语调中充满愤恨，令人生畏。"这是那天夜里我写的一篇文章。"他把一篇签有他的化名的手稿交给我说道："我称之为《写于深夜里》，请把它译成英文在国外发表吧！"（中略）离开他以前，我们俩人拟好了一个就屠杀作家、艺术家的事件告西方作家的声明。我把手稿带给茅盾，茅盾对此文章进行润色，并协助我把手稿译成英文。这篇文章引起西方世界的第一个反应是，有五十多名美国一流作家联名抗议国民党反动派杀害中国作家的罪行。这使国民党大为震惊。鲁迅的《写于深夜里》这篇手稿甚至在国外也未发表过，我一直把它留在我的身边。② 我在中国读到的所有文章中，这篇文章给我的印象最为深刻。这是在中国历史上最最黑暗的一个夜晚用血泪

---

① 藤井省三著，白启文译：《鲁迅——活在东亚的文学》，2014年，第174页。

② 史沫特莱提到的《写于深夜里》发表在上海的一个英文杂志《The Voice of China》1卷6号（1936年6月1日）。中文发表于《夜莺》1卷3号（同年5月）。收录于《鲁迅全集》中的《且介亭杂文末编》，以上细节参考了竹内好的译注。

写成的一篇豪情怒放的呐喊。①

　　史沫特莱将鲁迅起草的宣言翻译成英文投稿于美国左翼杂志《新大众》（*The New Masses*）。② 《新大众》（*New Masses*）在 1931 年 6 月对《左联五烈士》事件进行报道介绍。

《新大众》（*New Masses*）的左联五烈士记事

　　除了之前介绍的 5 位作家外，还有一位叫宗晖的作家，共刊登了 6 位作家的照片以及英文介绍。这样的内容在《上海的记忆》中也有所描写，下面引用俞镇午的小说原文。

　　① 　史沫特莱著，申庚林译：《中国革命的歌》，首尔：社思研，1985 年，第 89—90 页。
　　② 　《新大众》（*New Masses*）（1926—1948），美国的杂志。鲁迅于 1931 年给这个杂志投稿，文章叫《黑暗的中国文艺界现状》。这篇文章写于 1931 年 4—5 月，但是当时并没有在中国发表，收录于《二心集》（1932 年，上海合众书店）。

在那个记忆逐渐消失的四月里，我解开了那个疑问。无意间翻开美国朋友寄来的杂志，看到中国艺术家同盟向全世界发出的呼吁如此引人注目。那个呼吁上面有五六个年轻人的照片，其中一张就是徐永相的。徐君照片下清晰的用罗马文字写着徐永相，就连年龄二十九岁都清晰地写在上面。①

从在五张照片和英文名字来看，情况非常相似。但小说中主人公看杂志报道的时间是 4 月，而事实上《新大众》（*New Masses*）报道的时间是 6 月，可见这一点上有所差异。②

俞镇午是通过什么渠道得知五烈士的消息的呢？也许当时的朝鲜对"中国左翼作家联盟"有所了解？据笔者调查，1931 年 6 月 1 日出版的朝鲜杂志《三千里》16 号收录了缩略版的左联宣言文，其中介绍了左联的团体构成以及相关人物。左联于 1930 年 3 月 2 日建立，与宣言出版相差一年零三个月。对于当时中国文坛的动向，传到朝鲜是否有一定的时间差，今后还要对此做更精确的考察。但目前来看俞镇午很可能是在《新大众》（*New Masses*）1931 年 6 月号上了解到"左联五烈士"的消息，当然也有可能是通过英语以外的其他语言获得这一消息。

让我们再回到鲁迅那里，看看"左联五烈士"的牺牲给她带来怎样的冲击。在前面讲到史沫特莱的文章时提到的德国女画家珂勒惠支（Käthe Kollwitz，1867—1945）刻画了工人们的悲惨生活面貌。

---

① 尹大石编：《现代文学》，2011 年，第 290—291 页。
② 该文刊载于《新大众》（*New Masses*）6 月号的内容参考 TSI-AN HSIA，*The Gate of Darkness*，University of Washington，1971 年，第 167 页。除此之外 1931 年 11 月 23 日《纽约时报》有 104 名作家联名抗议屠杀左联作家。这是发生在《上海的记忆》发表之后的事。《上海的记忆》于 1931 年发表于《文艺月刊》11 月号，作品末尾写着 9 月 20 日。

她经历了两次世界大战，最后站在了反战和平运动的最前线。鲁迅被珂勒惠支的木刻画感动，1931 年 8 月在上海举行了版画展，[①] 并邀请日本的木刻画家内山嘉吉参与木刻画讲解。[②] 史沫特莱所提到的木刻画《牺牲》是鲁迅为纪念最喜爱的年轻作家"柔石"的牺牲，后来提供给《北斗》杂志的。这就是鲁迅自己对"柔石"沉默纪念的作品。[③]

珂勒惠支　《牺牲》

鲁迅在 1933 年撰写了《为了忘却的纪念》，文章中他写道："五烈士事件之后的这两年，悲愤一直缠绕在我心头，因此我写了

---

① 　鲁迅搜集的木刻画包括德国，俄国，捷克，荷兰，匈牙利，法国等多个国家作品在内，曾经先后四次举办木刻画画展。对于画展的具体日期与内容参考拙稿《鲁迅与版画》，《中国现代文学》第 21 号，450—451 页。

② 　内山嘉吉是上海的书店主人内山完造的弟弟，当时在日本成城学园小学部担任美术教员，由于哥哥在中国的原因，内山嘉吉也经常往返中国。1928 年来到上海与鲁迅相见。小学教师内山嘉吉告诉学生他在上海的内山书店的地址，放假期间学生寄给他的明信片上的版画被鲁迅发现，所以策划了这次画展。薛绥之：《内山嘉吉回忆鲁迅和木刻讲习会》，《鲁迅先生史料集编》第五辑（下），天津：天津人民出版社，1986年，第 768—770 页。

③ 　鲁迅：《写于深夜里》，载竹内好译注、韩武熙译《鲁迅文集》Ⅵ，首尔：日月书阁，1987 年，第 190 页。

这个，现在我想将他们忘掉"。这篇文章主要以回忆与五位作家相见的形式来写。尤其是在写到柔石的那一部分，鲁迅悲伤到了极点。

> 我便将我和北新书局所订的合同，抄了一份交给他，他向衣袋里一塞，匆匆的走了。其时是一九三一年一月十六日的夜间，而不料这一去，竟就是我和他相见的末一回，竟就是我们的永诀。（中略。）天气愈冷了，我不知道柔石在那里有被褥不？我们是有的。洋铁碗可曾收到了没有？……但忽然得到一个可靠的消息，说柔石和其他二十三人，已于二月七日夜或八日晨，在龙华警备司令部被枪毙了，他的身上中了十弹。在一个深夜里，我站在客栈的院子中，周围是堆着的破烂的什物；人们都睡觉了，连我的女人和孩子。我沉重的感到我失掉了很好的朋友，中国失掉了很好的青年，我在悲愤中沉静下去了①。

柔石的死亡与鲁迅的创作有着错综复杂的关系，鲁迅在《药》《祝福》《明日》等作品当中刻画了许多死人的灵魂，到了不再写小说的 30 年代，柔石的无辜死亡成了鲁迅解不开的心结。鲁迅对柔石的死深感愧疚，怀着赎罪和忏悔的心踏上了面前的道路，正如他曾经写的小说《伤逝》中的主人公涓生一样。

四、俞镇午的文学世界与马克思主义

在俞镇午的文学世界当中，《上海的记忆》有多少分量呢？

---

① 鲁迅：《写于深夜里》，载竹内好译注、韩武熙译《鲁迅文集》Ⅵ，首尔：日月书阁，1987 年，第 190 页。

1924 年以第一名成绩考入京城帝国大学的俞镇午，因成绩优异而
备受教授青睐。他在那时就有了文学创作的梦想，而且对马克思
主义也颇为关心。根据回忆录记载的内容，俞镇午在读完预科后
顺利考入法学系，1926 年他在校内设立了学习马克思主义的团体
"经济研究会"，该组织是朝鲜唯一的大学内马克思主义研究团体。
后来成为南劳党骨干的李康国、崔容逵、朴文奎等在学生时期大
多都加入过这一团体。1929 年俞镇午在大学毕业后将这种聚会发
展成叫做"朝鲜社会研究所"的校外团体，[①] 也许正是那个时候
他的政治意识成长了起来。1932 年俞镇午经历了一场政治镇压，
"朝鲜社会研究所"被搜查，资料也被没收了。就连俞镇午也被警
察带走，虽然很快被释放，但是此后"朝鲜社会研究所"因私自
集会被封，俞镇午也有将近两年没有发表作品。1934 年他发表了
《行路》，1935 年发表了代表作《金讲师与 T 教授》，但是作品风
格与"朝鲜社会研究所"被封之前截然不同。可以说，他对社会
问题、劳动问题批判的视角逐渐弱化，转变成了回忆类的作品。
让我们举几个例子来看。

《五月求职者》（1929）的内容与题目相似，讲述 2 月份大学
毕业，直到 5 月份都没有找到工作的人的迫切心情。主人公赞九
出身于农村，集乡亲期待于一身，进入大学后关心社会问题的他
与学生主事 T 针锋相对，但是在就业问题上被 T 抓住了弱点，并
受其掌控。这是因为企业的推荐书由 T 控制。虽然就业困难，但
赞九不愿向 T 低头。随着经济的不景气，家人越来越依靠赞九，
赞九也变得越来越痛苦。最后赞九不得不拿着礼物找到 T 家拜托
T 帮忙，最后面试结果终于出来了，但赞九还是落榜了。赞九与
学生主事 T 之间的心理战，也可以说是"金讲师和 T 教授"中

---

① 俞镇午：《青春自画像》，首尔：博英社，1976 年，第 34—35 页。

"理想和妥协""纯真和卑劣"的主题相连接，求职者的焦虑心理被刻画得惟妙惟肖。

1931 年发表的《女职工》和《深夜散步的人》让工厂工人登上舞台。《女职工》讲述的是在条件恶劣的制丝厂工作的主人公玉顺向厂长报告同事们劳动运动的动向，但最终还是领悟到了自己的错误，走上了反抗道路的故事。文章描绘了劳动运动的现实情况和主人公的意识的成长过程，虽然人物描写中存在简单化的缺陷，可是作家在结尾不只提出了乐观的展望。《深夜散步的人》是集中描写工会内部人际关系的作品。主人公哲南怀疑同一个工会成员光恩是公司培育渗透进来的间谍。工会虽然决议罢工，并向公司提出了要求，但协商并不容易。在这一过程中，哲南和光恩一直在进行心理战，有一天看到从厂长家里出来的光恩，两人缠斗在一起。通过描写惩戒背叛者来讲述当时激烈的劳动运动的情况。

与此相反，1934 年的《行路》是社会运动进入衰退期的带有轶事性质的小说。叙述者用围绕在哥哥的同学钟赫周围的一位女性的视角，来讲述钟赫如何从光芒万丈的志士逐渐走向堕落，对"我"的热情到达极点后又回归平淡。

回忆那段美好记忆时的作品氛围与《金讲师与 T 教授》非常相似。俞镇午的代表作《金讲师与 T 教授》描绘了左派知识分子被权力锁链束缚的过程的氛围。《金讲师与 T 教授》虽然以"知识分子的妥协"为主旨创作，但是仔细观察作品里描写的城市空间的问题也很有趣。金讲师从三清洞 H 科长家出来，和不喜欢的T 教授来到一家叫做"Ser-pang"的茶馆，过了 11 点以后走出那家茶馆，又去旭町（Asahi-machi）的鱼豆腐店喝一杯，金讲师买招待用西点的明治屋（Meiji-Ya）等，当时叫做本町（Honmachi）的都是日本人居住的地方。作品中的日语随时出现，可见当时殖民地时代的风景。作者很自然地描写了被关在"权力构造"里的"知识分子世界"。

《沧浪亭记》（1938）与《秋天》（1939）大量讲述了"时间"的问题。岁月流逝，只剩下模糊的乡愁而已。《蝴蝶》（1939）是最能代表作家俞镇午当时的内心世界的作品。小说讲述了有夫之妇"Flora"到咖啡店上班，逐渐适应风月场所氛围的过程。她用艺名"Flora"来代替本名崔明顺，即使她有丈夫，但还是与来往咖啡店的客人暧昧不清。这些都影射了殖民地时期知识分子的形象。这些作品都是以 1932 年为界线划分的，因此《上海的记忆》应该与俞镇午的作品世界相结合起来进行分析。

在朝鲜社会研究所事件发生之前发表的《上海的记忆》（1931）是俞镇午对马克思主义最为关注时期的代表作。俞镇午 1930 年去满洲国旅行，回国之后创作了《马贼》与《归乡》，从执笔时期和内容来看这两部作品与《上海的记忆》有着密切的关系。

《马贼》（1930）是从"零下五十度"的鸭绿江边安东县展开的，这个村子偶尔会有马贼出没，引发枪战，与马贼交战后，警备队员经常聚集在富人金主事家举行酒宴。有一天，安东县的伐木工人明焕在山中发现一个陌生人。无论怎么看这个年轻人都像是马贼，明焕好奇这样温顺的人怎么会是马贼呢，他甚至怀疑自己的眼睛。性格孤僻的明焕将自己的饭团分给离队孤立的年轻马贼，几天后两人的关系变得亲近起来。年轻的马贼对明焕说："马贼不会去招惹穷人"。有一天，马贼下山时和明焕换了衣服，用自己温暖的衣服换了明焕的褴褛的衣服。马贼袭击了村子，杀死了有钱人金主事。[1] 小说刻画了樵夫与马贼之间的感情交流，讲述

---

[1] 《朝鲜之光》1930 年 6 月。

了穷人之间的感情联结。

《归乡》（1930）讲述的是生活在日本的朝鲜人的故事，故事是从 1923 年的"关东大地震"开始的。关东大地震发生后，日本社会的不安情绪迅速膨胀，找不到发泄出口的群众心理使得社会主义者和在日朝鲜人成为了情绪宣泄的牺牲品，这已经是众所周知的事情。从事社会运动的金泽，面临既是"社会主义者"，又是"朝鲜人"的双重威胁，在同志 Asano 的帮助下到农村隐居，并以假名"Eshima"生活，与淳朴的农民关系日益亲近。Asano 的妹妹 Sadako 迫切希望去东京，随后两人来到了东京，但是同志 Asano 对此表示了强烈的不满。金泽以工人的身份继续从事劳动运动，Sadako 却在都市物质生活的诱惑下逐渐沉沦，结果两人最终分手了，而与 Asano 之间的误会也没能化解。回国后的金泽被捕，那段时间他经常回忆起与 Sadako 的故事。[1] 这个故事描写了革命家怎样成为国际的"纽带"。把主人公设定成日本留学生，这一点与《上海的记忆》情况也相吻合。

《上海的记忆》中叙说了和我寄宿在一起的徐永相的文学素养和政治倾向，但是没有讲述叙述者"我"的故事。与此相反，《归乡》中的金泽和朋友一起"学习"，一起制定出版杂志的计划。他进入工厂工作，并参加工会运动，并与在朝鲜的朋友们继续保持关系的"纽带"。将相差一年的《归乡》与《上海的记忆》连接起来的话，可知作品当中的主人公的梦想就是成为中日韩三国的"纽带"。这在《上海的记忆》中以《国际歌》的形式表现出来。

对于满洲马贼表现出同情的作品《马贼》也令人印象深刻，把给人"无法无天"印象的马贼带入框架之中，告诉读者"马贼也是人"。在校期间深受法学教授青睐、担任过法学教授、参与过

---

[1] 《别乾坤》第 15 卷 4 号，1930 年 5 月。

大韩民国基础宪法制定的俞镇午，写出了处于"法制外延"的马贼的事实，令人震惊。

1930年发表的《归乡》与《马贼》带有作者放眼东亚的视角，与1931年发表的《女职工》还有《深夜散步的人》有所区别。回想起1930年俞镇午游览满洲的事实，笔者猜想他在旅行时一定碰到了某种刺激他的因素。不管怎样，经过1932年"朝鲜研究所"事件以后，这种政治热情逐渐下降。把这种现实上碰到的挫折以东亚视角来诠释的作品就是《新京》（1942）。

《新京》写的是大学教授哲，为了毕业生的就业问题踏上了去新京的旅程。虽然哲前天晚上在平壤拜访过郁，但是那个时候郁已经不省人事了。哲带着复杂的心情来到新京，见到企业的总裁，提起有关就业的话题，不料那人故意找茬，竟用对待小商贩的方式侮辱哲。在新京得知郁死亡的消息，被噩耗冲击得头晕目眩的哲，偶然间遇到曾经认识的女子三株。三株、哲、郁都有着同样的文学梦想。三株在大学图书馆做打字员时与哲相识，后来日渐亲密，随后两人又失去了联系，但是三株一直关注两个人的活动。哲与三株谈起了曾经的故事，随后各自离去。

众所周知，郁的原型人物是著名作家李孝石，在作品中俞镇午是在怀念早逝的作家李孝石。通过"过去"和"现在"的郁和哲，将两个人"纯真的过去"与"饱经风霜的现在"相比较，也可能是对"过去的满洲"与"新兴的新京"进行比较。作品中描写哲去新京的旅程是"过去与现在的重叠"，引用作品中的一段话如下：

> 已经几次经过老古沟，张家堡，异国车站的名字，铁桥和隧道，地方道路两旁挺立的堡垒，甚至连通过车窗看到的满民方方正正的房顶，灰暗颜色的衣服，无论怎样哲也无法

被这些感动。①

为什么异国的风景没有给哲带来任何的感动呢？因为 20 世纪 30 年代东亚地区发生了翻天覆地的变化。1930 年去满洲旅行的俞镇午可能在没有被驯化的人身上看到了推翻帝国统治的野蛮的力量。这个在作品《马贼》中有所表现。1931 年"九一八"事变之后，1932 年伪满洲国成立。作品《新京》出版的时间是 1942 年，这时伪满洲国已经成立 10 年。帝国秩序更加巩固并扩张，新京这个陌生的地名毫无缘由地进入了朝鲜人的生活圈。通过哲重新看到的更为萧条的"咖啡帝国（Café Imperial）"，作家向世界传达了"东亚权力秩序的再组"这一信息。

五、上海记忆的再构成

俞镇午对韩国的普通读者来说是什么样的人物呢？卡普的同路人、写了《金讲师和 T 教授》的作家——这样的表达不能充分地说明韩国现代文学的大路上独自盛开的叫做"玄民"的鲜花，跟走马看花一样。笔者去掉了历史对俞镇午所赋予的"同路人"的他者式表现的外表，将他的作品中出现的革命欲望与"中国"的空间结合起来。以短篇小说为中心考察的风格变化上，显然可以断定 1932 年相当于一个分水岭。

同时，本文在俞镇午的短篇小说中选出了以韩半岛外部空间为舞台的作品，并赋予了自身的意义。《马贼》（1930）、《归乡》（1930）、《上海的记忆》（1931）、《新京》（1942）形成了一个群体，《马贼》中将满洲原野上被叫做马贼的他者引进作品，并试图

---

① 尹大石编：《现代文学》，2011 年，第 451 页。

与之对话，从他身上发现了断绝剥削和致富连锁的可能性。《归乡》是以日本"关东大地震"为背景，刻画了陷入物质诱惑的"无产阶级的女儿"。虽然这一点也很有特色，但这部作品的意义在于寻找"朝鲜和日本的革命者之间的国际纽带"。

《上海的记忆》是把这种国际纽带范围延展到中国大陆的作品。但是，这种描写国际纽带的欲望到了《新京》就消失了。虽然1932年"朝鲜社会研究所"事件是使俞镇午畏缩的个人原因，但"九一八"满洲事变后发生的东亚政治形势变化，这类社会因素也起到了一定的作用。总之《新京》再也没 20 世纪 30 年代初期那种革命性欲望了。不仅在理念上褪色了，作者年轻时对文学的热情也全都变成了回忆。发表该作品的 1942 年，俞镇午参加了在日本东京举行的第一届大东亚文学大会。

让我们重新回到本稿的主要研究对象《上海的记忆》。在学历或经历等外在方面，俞镇午与中国并没有什么特别的关系，但他却创作了《上海的记忆》这部作品，真的让人感到很意外。虽然韩国的中国现代文学研究与同时代韩国社会的学术话语一起成长起来，但是冷战以后断绝的韩国的汉学传统并没办法完全复原。继承断绝的汉学传统，具体来说是发掘 20 世纪上半期汉学研究先驱者的业绩和实践，既是区分近代知识和文化的途径，也是复原韩国文学中存在的"中国想象"的桥梁。而且这些工作从基本上意味着在韩国建立中国现代文学研究的正体性。在这样的情况下，发现俞镇午在《上海的记忆》这部作品中重现"左联五烈士"事件的这一事实，在中韩两国的文学对话中有着非常重要的意义。被誉为 1930 年代朝鲜文坛宠儿的俞镇午注视着中国的左翼文学运动，通过作品中的人物，想象着东亚进步知识分子之间的人际关系网。

本文第三部分有点冗长地提及了一些有关鲁迅的内容，其理由是为了补充俞镇午在《上海的记忆》中提到的左联五烈士在中国文学的文脉中具有怎样的意义。笔者想用鲁迅的例子来说明1930年代中国左翼阵营的悲伤程度。如果说俞镇午是完全理解鲁迅的心理的，并将此反映在作品中的话，可以说这与同时代中国左翼作家的情感深处是相吻合的。

虽然韩国学界已经对俞镇午进行了相当多的研究，但在众多研究成果中，笔者几乎没有发现关于本文的主题"俞镇午和中国"的相关资料。俞镇午有没有说到跟中国有关的内容呢？对此，二手资料、个人回忆录都没提到，仅在作品选集的《作家年谱》中，他简单地记录了一句他曾到中国旅行的事实。本稿的推测来源于《上海的记忆》等小说中的描述，因为"俞镇午和中国"的关系只能靠"推测"，这是因为本稿的问题意识与现有的俞镇午研究方向不同，对于这一点，不得不承认非主流研究的局限性。为了进一步加强本稿的主张，应该补充客观、具体的关于俞镇午对当代中国文坛理解程度的材料。对于1930年满洲旅行时的俞镇午的行踪和心境的缜密研究也将成为今后的课题。在此希望今后相关资料陆续被发掘出来，也希望殖民地时代韩国作家和中国关系的研究能够取得更大的进展。

（原载韩国《中国现代文学》2014年总第69期）

文学人类学的可能性与上海民族志

——以《海上花列传》《子夜》《长恨歌》为个案

林春城

一、民族志书写与虚构化

我们的民族志学者倾向于推崇有名望的（指社会科学-引者），压抑没有名望的（指文学-引者），这恰似北非的骡子。它总是炫耀其母亲是马，但假装不知而且瞧不起其父亲是驴。[①]

人类学学者一直强调民族志的社会科学性质，但民族志是"把世界保留在纸面上的一种书写"，[②] 这样的想法引起了我们文学研究者对"民族志书写"的兴趣。因为我一直认为民族志与文学作品在很多方面有相似之处，比如《忧郁的热带》[③] 或《林村

---

* 这篇文章是基于《文学人类学的可能性与上海民族志：以王安忆的〈长恨歌〉为个案》（《济南大学学报（社会科学版）》第 28 卷第 3 期，2018），加上《从文学人类学观点考察上海民族志（一）——〈海上花列传〉》（《外国文学研究》第 68 号，2014，韩文）和《从文学人类学观点考察上海民族志（二）——〈子夜〉》（《中国研究》第 63 卷，2015，韩文）两篇的内容，重新组成的。

① 克利福德·格尔茨著，金炳桦译：《作为作家的人类学者》（韩文版），首尔：文学村，第 9 页。

② 克利福德·格尔茨著，金炳桦译：《作为作家的人类学者》（韩文版），首尔：文学村，第 11 页。

③ 李维·斯特劳斯著，朴玉苗译：《忧郁的热带》（韩文版），首尔：Hangilsa，1998 年。

的故事》① 这样的民族志就可以看作是小说，并且不输文采。所以格尔茨（Clifford Geertz）强调民族志的文学性质这一观点让我大开眼界。他认为人类学/民族志是在文学之父和社会科学之母之间诞生的，但它否认父亲的血统只承认母亲的影响则是不妥当的。当然格尔茨认为"人类学者讲述真实故事给我们的能力……与准确的视线或者概念的精准性关联很少"。更重要的是"他们有能力使我们相信他们实际上渗透进另一种生活形式……并以这种或那种方式真正'身临其境'"。② 因而，格尔茨提出的民族志书写是"直接经历了远方生活后，用散文表达这种印象的能力。"③ 而直接体验远处人们的生活，用散文的形式把这一印象表达出来的能力则源于"文学书写"。

　　格尔茨主张，对人类学书写的批评与文学批评一样，"应该随着参与**人类学书写**本身而发展"（加粗部分依照原文），④ 并且把"作者是什么"和"作品-民族志是什么"这一话题引入到民族志书写中去。格尔茨借用米歇尔·福柯（Michel Foucault）《作者是什么》中的问题意识，做出了如下概述："较强地突出彰显作者的文本表现习惯……与作者不在场的文本表现习惯之间的冲突，被认为是要拥有事物的立场与要呈现事物原貌的立场之

---

① Huang，Shu-min，*The Spiral Road: Change in a Chinese Village Through the Eyes of a Communist Party Leader*，1989，Westview Press.《林村的故事——1949 年后的中国农村改革》（韩文版），梁永均译，Isan，2008（2 版）。

② 克利福德·格尔茨著，金炳桦译：《作为作家的人类学者》（韩文版），首尔：文学村，第 14 页。

③ 克利福德·格尔茨著，金炳桦译：《作为作家的人类学者》（韩文版），首尔：文学村，第 16 页。

④ 克利福德·格尔茨著，金炳桦译：《作为作家的人类学者》（韩文版），首尔：文学村，第 17 页。

间的冲突。"① 一直以来，在民族志书写中，主流立场仍是依据作者不在场的文本表现习惯呈现事物原貌。"传统民族志的叙述方式站在全知视角整体说明他者文化，强调作者自己在当地、自身的民族志中充分详实地再现了当地人的观点"②，所谓"民族志现实主义"就是具体表现。与之相反，格尔茨却认为，现在应该考虑其文学书写的性质。换言之，"民族志学者们不仅仅自己真的'身临其境'，也要让读者有'身临其境'之感，进而使读者见作家之所见、感作家之所感，能让读者与作家感同身受，以便说服读者与作家产生相同的见解。"③ 这种观点说明，民族志不但要推崇母系即社会科学的传承，而且要将视线转向与父亲即文学的联系上。在这样的语境下，"应把目光从着迷于当地考察，转向书写的诱惑"的主张，颇具说服力。

如果说民族志书写是文学书写的子嗣，那文学书写与民族志书写的共同点到底是什么？民族志记录原本存在的事物，这一点与历史书写相似，但两者之间存在抽象度上的差异。与之相反，文学则记录可能存在的事物，这就是文学书写与历史书写之间的不同之处。那么民族志究竟从文学中汲取了些什么呢？那就是"讲故事"的能力，按照今天的说法，就是"story-telling"的能力，也是虚构化（fictionalization）的能力。

虚构化能力被认为是文学固有的属性，但如今人们已将其视为人类的本能和普遍的欲望，而且这种虚构化能力是持续进化发

---

① 克利福德·格尔茨著，金炳桦译：《作为作家的人类学者》（韩文版），首尔：文学村，第20页。

② 克利福德·格尔茨著，金炳桦译：《作为作家的人类学者》（韩文版），首尔：文学村，第33页。

③ 克利福德·格尔茨著，金炳桦译：《作为作家的人类学者》（韩文版），首尔：文学村，第27—28页。

展着的。乔纳森·高特肖（Jonathan Gottschall）把"具有讲故事心理的类人猿"称为"讲故事的人类（Homo Fictus）"，① 对于人类为什么喜欢编写和消费故事，他立足于进化论，试图通过认知科学（Cognitive Science）加以探究。根据高特肖的研究，"想要编写故事和消费故事的人类冲动，潜藏在比文学、梦、空想还要深远得多的地方。"② 为揭示人类为什么沉迷于故事，"副产物理论""现实逃避论""模拟飞行装备论"等被纷纷提出来。高特肖阐述了"全世界的虚构具有普遍文法，即主人公遇到困难，为克服困难而奋斗这一深层模式。"③ 这种模式由"人物＋困难（矛盾或逆境）＋试图逃脱"④ 构成。高特肖主张，这种格式影响了我们的大脑，"有关'脑对虚构的反应'的种种研究符合讲故事的模拟理论"。⑤ 在此虽无法全面介绍他的主张，但我们应注意，讲故事不是仅仅停留于单纯的技巧，我们应该正视它是人类的内在属性且不断进化的事实。"讲故事是进化的。如同生命体一样，要让自身不断适应环境变化。"⑥ 高特肖在"角色扮演游戏"或"MMORPG"⑦ 中发现了讲故事的未来，对此高特肖谈道；"人类

① 乔纳森·高特肖著，卢承英译：《The Storytelling Animal：How Stories Make Us Human》（韩文），首尔：民音社，2014 年，第 14 页。

② 乔纳森·高特肖著，卢承英译：《The Storytelling Animal：How Stories Make Us Human》（韩文），首尔：民音社，2014 年，第 39 页。

③ 乔纳森·高特肖著，卢承英译：《The Storytelling Animal：How Stories Make Us Human》（韩文），首尔：民音社，2014 年，第 81 页。

④ 乔纳森·高特肖著，卢承英译：《The Storytelling Animal：How Stories Make Us Human》（韩文），首尔：民音社，2014 年，第 226 页。

⑤ 乔纳森·高特肖著，卢承英译：《The Storytelling Animal：How Stories Make Us Human》（韩文），首尔：民音社，2014 年，第 90 页。

⑥ 乔纳森·高特肖著，卢承英译：《The Storytelling Animal：How Stories Make Us Human》（韩文），首尔：民音社，2014 年，第 220 页。

⑦ MMORPG，是英文 Massive（或 Massively）Multiplayer Online Role-Playing Game 的缩写。至今尚未有 MMORPG 的正式中文译名，而在中国比较常见的译法则是"大型多人在线角色扮演游戏"，是网络游戏的一种。在所有角色扮演游戏中，玩家都要扮演一个虚构角色，并控制该角色的许多活动。（参照百度百科）

为了沉迷于故事而进化。这种沉迷整体上对人类是有益的。故事给人类带来快感和教训。它让我们为现实中更好地生活而模拟世界。它把我们团结为一个共同体，从文化角度进行定义。"① 从过去到现在以至未来，故事一直都是我们最重要的恩人。

德国文艺理论家沃尔夫冈·伊瑟尔（Wolfgang Iser）进一步解释了虚构。他的观点有别于现实与虚构二元对立的传统，主张现实—虚构—想象的"三位一体"。他主张"三位一体"是文学文本立足的基础，也就是说，所有的文学文本是由现实和想象以及连接二者的虚构组成的。伊瑟尔的观点是，"虚构化行为是想象和现实之间的纽带"②，其特点是不断地"越界"。在他看来虚构具有选择、融合、自我解释三种功能。在他的论述中，另一个值得关注的是人类的"可塑性（plasticity）"。他认为人的可塑性，实际上就是一种流变不居的本质特征。③ 伊瑟尔没有把以可塑性为特征的虚构局限于文学，而是在文化语境中把它扩展解释为人类的普遍欲望。

二、文学人类学和上海民族志

与这个问题意识相联系的，就是"文学人类学（literary anthropology）"这一学术领域的出现。叶舒宪在《文学人类学教

---

① 乔纳森·高特肖著，卢承英译：《The Storytelling Animal：How Stories Make Us Human》（韩文），首尔：民音社，2014 年，第 238 页。

② Iser，Wolfgang，*Das Fiketive und Das Imaginäre*，Perspektiven literarischer Anthropologie（1991）。此处参照中文翻译本。伊瑟尔·伊尔夫冈著，陈定家、汪正龙等译：《虚构与想象：文学人类学疆界》，长春：吉林人民出版社，2011 年，《引言》第 3 页。

③ 伊瑟尔·伊尔夫冈著，陈定家、汪正龙等译：《虚构与想象：文学人类学疆界》，长春：吉林人民出版社，2011 年，《引言》第 11 页。

程》一书中，从历史的观点对文学的转换做出了如下论证。他指出，20 世纪人文社会科学的发展中，学界已经谈论得比较多的重要转向有早期的"语言学转向"和后期的"生态学转向"问题。"人类学转向"，或称"文化转向"，是继"语言学转向"之后，在学术界出现的较为普遍的知识观和研究范式的拓展，其在文、史、哲、政、经、法、宗教、艺术等各学科中均有不同程度的突出表现，足以用"转向"说来加以表示。① 如果把我们所认知的结构主义及形式主义语言学的影响称作"语言学转向"，"文学的人类学转向"就是受到人类学的影响而形成的。前者是将文学文本看作语言结构物，要努力对此进行科学性分析；后者则是从科学的、语言学的分析不一定能对文本进行全面且完美无缺的解释这一自觉出发的。叶舒宪认为文学人类学是从比较文学研究发展出来的，而陶家俊②认为文学人类学受到了解释学和人类学的影响。刘珩则将关注点放在文学人类学的方法论和研究范式的转换上。③ 方法论的转换是众多的文学研究者在人类学研究的启示下获得的，比如神话学被认为是文学和人类学的交叉点。文学的人类学研究范式借助人类学和民族志相关概念，对文学的文本和方法进行对比、阐释，借此扩展民族志书写风格、形式和表述策略。总之，文学人类学可以说是文学和人类学的"接触地带（contact zone）"。文学的人类学研究范式是借用民族志（ethnography）的概念，用文学文本及方法与之对照解释，进而扩展到民族志书写方式，形式以及表现策略。这是将传记视为生涯史，小说家视为

---

① 叶舒宪：《文学人类学教程》，北京：中国社会科学出版社，2010 年，第 40 页。

② 陶家俊：《后伽达默尔思潮的文学人类学表征——论读者反应论之后的文学研究》，载徐新建主编《人类学写作》，成都：四川大学出版社，2010 年。

③ 刘珩：《文学的人类学研究范式——评汉德勒和西格〈简·奥斯汀以及文化的虚构〉》，《文艺研究》2011 年第 7 期。

调查当地的民族志学者（ethnographist），小说文本视为民族志，作品人物设定为信息提供者。当然并非所有的文本和作家都能视为民族志和民族志学者。最重要的是"参与观察（participant observation）"的观察者话者的视角。

我以前将王安忆的《富萍》当作上海民族志。将富萍进入上海、从淮海路到苏州河再到梅家桥的过程当作民族志学者的参与观察。个性顽强的富萍虽然不是很好的观察者，但得到由作家安排的"反思性话者"的帮助，可以完成1960年代的上海民族志。富萍的"结婚远征记"是民族志的一半，另一半是由奶奶、吕凤仙、陶雪萍、戚师傅、小君等人物群像组成的。①

我想要站在文学人类学观点考察上海民族志。第三节，将韩邦庆的《海上花列传》当作上海民族志，分析19世纪末上海的新空间租界和妓院、新主角商人和妓女，将其当作反思和慨叹的多声部文本。第四节里，将茅盾的《子夜》当作上海民族志进行分析。《子夜》不但以上海为舞台解剖了资本家和工人的纠葛，而且揭露了民族工业资本家和买办金融资本家、大资本家和中小资本家之间的矛盾。进而尖锐讽刺了资本家周围的知识分子群像。我瞄准了公债市场的资本家和工厂的工人，重构了20世纪30年代上海民族志。第五节里，把王安忆的《长恨歌》看作是关于上海城市空间的人类学的民族志。笔者的依据如下；首先，王安忆在上海生活已久却以"移民"自居，这种态度与参与观察者的姿态相符。其次，对《长恨歌》的背景——上海怀旧热，虽然作家持有否定的态度，然而却又表现出"有意提供怀旧资料"的创作动机。她这样的创作态度，即与其一味地接受某些现象，不如把关

---

① 林春城：《从文学人类学观点考察上海民族志（3）——〈富萍〉》（韩文），《中国现代文学》2015年第72号。

于上海的众多读物①作为创作基础，通过彻底认真的事先准备进行验证，这超越了人文学的方法论，更接近于社会科学的方法论。最后，作者的辩证书写或者两面书写方式，无疑在某种程度上增加了文本的厚度。

三、《海上花列传》：文学和民族志之间

（一）上海的"欢乐伤心史"

得益于范伯群的观点，《海上花列传》被命名为两千多年的古代文学列车与现代文学列车的"换乘站"，② 被定位为中国最早的具有近现代小说功能的文本。在范伯群之前，就存在有关《海上花列传》的评价。和作家韩邦庆同时代的孙家振在《退醒庐笔记》中单独讨论过《海上花列传条》；颠公的《懒窝随笔》、蒋瑞藻的《谭瀛室笔记》、赵景深的《小说戏曲新考》都留下了有史料价值的记录。③ 五四运动以后，新文学阵营中的鲁迅、刘半农、胡适以及1930年代的张爱玲都纷纷留下了关于《海上花列传》的评论。

首先，鲁迅在《中国小说的历史变迁》"第6讲，清代小说的四大流派及其支流"中，对《海上花列传》作了如下的评价：

到光绪中年，又有《海上花列传》出现，虽然也写妓女，

① 王安忆：《寻找上海》，上海：学林出版社，2003年，第2页。
② 范伯群：《中国现代通俗文学史（插图本）》，北京：北京大学出版社，2007年，第14页。
③ 欧阳丽花：《〈海上花列传〉的研究特征分析》，《邢台学院学报》2012年第1期。

但不像《青楼梦》那样的理想，却以为妓女有好，有坏，较近于写实了。一到光绪末年，《九尾龟》之类出，则所写的妓女都是坏人，狎客也像了无赖，与《海上花列传》又不同。这样，作者对于妓家的写法凡三变，先是溢美，中是近真，临末又溢恶。①

按照鲁迅的观点，《海上花列传》是同拟古派、讽刺派、侠义派并列的清代四大流派之一"人情派"中的"狭邪小说"。这与其他"狭邪小说"不同，是"接近于真实"的小说。鲁迅在《中国小说史略》中作出如下评价："赵又牵连租界商人及浪游子弟，杂述其沉湎征逐之状，并及烟花，自'长三'至'花烟间'具有；略如《儒林外史》，若断若续，缀为长篇。"② 且"记载如实，绝少夸张"，③ "平淡而近自然。"④ 鲁迅的评价成为此后《海上花列传》文本研究的出发点。胡适在《〈海上花列传〉序》⑤ 中，将之前孙家振、颠公、蒋瑞藻、赵景深等的资料做了收集整理，为作家作品研究打下了基础。张爱玲十年之间分两次对《海上花列传》进行了翻译，最初用英语，之后用现代中文。通过两次翻译，张爱玲把重点放在了理解和解释《海上花列传》上。

与上述作品评论不同，范伯群《海上花列传》研究的先驱性意义体现在他聚焦反映近现代大都市，将主角上海商人当作推进故事的核心人物，反映新兴移民城市的巨大吸引力和居住在上海的各色移民的早期生活等。通过这些内容，把《海上花

---

① 鲁迅：《中国小说的历史的变迁》，《鲁迅全集》第 9 卷，北京：人民出版社，2005 年，第 348—349 页。

② 鲁迅：《鲁迅全集》第 9 卷，北京：人民出版社，2005 年，第 272 页。

③ 鲁迅：《鲁迅全集》第 9 卷，北京：人民出版社，2005 年，第 272 页。

④ 鲁迅：《鲁迅全集》第 9 卷，北京：人民出版社，2005 年，第 275 页。

⑤ 胡适：《〈海上花列传〉序》：《胡适文存》第 3 集，合肥：黄山书社，1996 年。

列传》设定为从古典文学到近现代文学的换乘站。下面具体看他的评论。

  一、《海上花列传》是率先将频道锁定、将镜头对准"现代大都会"的小说，不仅都市的外观在向着现代化模式建构，而且人们的思想观念也在发生深刻的变异，这是一部现代通俗小说的开山之作；二、上海开埠后成为一个"万商之海"，小说以商人为主角，也以商人为贯穿人物。在封建社会中，商人为"士农工商"的"四民之末"，而在这个工商发达的大都市中，商人的社会地位迅速飙升，一切以"钱袋"大小去衡量个人的身份。在这部小说中已初步看到资本社会带来的阶级与阶层的升沉浮降。……三、在当时的小说中，它是率先选择"乡下人"进城这一视角……反映了上海这个新兴移民城市的巨大吸引力，以及形形色色的移民到上海后的最初生活动态；四、《海上花列传》是吴语文学的第一部杰作，胡适曾认为其在语言上是"有计划的文学革命"……五、作者曾"自报"他的小说的结构艺术—首先使用了"穿插藏闪"结构法，小说行文貌似松散，但读到最后，会深感它的浑然一体。在艺术上它也是一部上乘、甚至是冒尖之作。六、韩邦庆是自办个人文学期刊第一人，连载他的《海上花列传》的《海上奇书》期刊又利用新闻传媒为他代印代售，他用一种现代化的运作方式从中取得脑力劳动的报酬。①

---

  ① 范伯群：《中国现代通俗文学史（插图本）》，北京：北京大学出版社，2007年，第14—15页。

众所周知，范伯群长期研究通俗文学的成果可以简略概括为
"双翼文学史"话语。"其文学史意义在于继'二十世纪文学史'
把'右派文学'解放以后，将'新文学史'排除的'通俗文学'
（旧文学、传统文学、特别是传统白话文学、本土文学、封建文
学）引入到了中国近现代文学史研究的视野。"① 并且将《海上花
列传》推崇为开山之作。陈思和把该作品定位为"海派文学"的
传统，② 栾梅健把它视为现代文学的起点，③ 可以说都是相似的
语境。

以上述文学史评价为基础，考察一下《海上花列传》的民族
志性质。《海上花列传》第一回开始得很特别。话者在首段介绍了
《海上花列传》的作家花也怜侬。④ 作者的名字含有"花也怜悯
你"的意思，强调作家是在"花海"即妓院长期如梦般生活的人。
花也怜侬可以看作是韩邦庆的化身，实际上韩邦庆看似对当时妓
女们的世界十分了解。并且话者谈到《海上花列传》时，花也怜
侬介绍"日日在梦中过活，自己偏不信是梦，只当真的，作起书
来"。作者认为是"梦中之书"，但对于读者来说"书中之梦"的
故事就是关于妓院的事。了解一下话者的解释，作者在"花海"
中徘徊，坠入上海华界和租界的交界地陆家石桥。"竟做了一场大

① 林春城：《中国近现代文学话语和他者化》；《杭州师范大学学报（社会科学版）》2012年第6期。
② 陈思和：《论海派文学的传统》；《杭州师范学院学报（社会科学版）》2002年第1期。
③ 栾梅健：《1892：中国现代文学的起源——论〈海上花列传〉的断代价值》，《文艺争鸣》2009年第3期。
④ 原来古槐安国之北，有黑甜乡，其主者曰趾离氏，尝仕为天禄大夫，晋封醴泉郡公，乃流寓于众香国之温柔乡，而自号花也怜侬云。所以花也怜侬实是黑甜乡主人，日日在梦中过活，自己偏不信是梦，只当真的，作起书来。及至捏造了这一部梦中之书，然后唤醒了那一场书中之梦。看官啊，你不要只在那里做梦，且看看这书倒也无啥。韩邦庆著，张爱玲注译：《海上花落：国语海上花列传2》，北京：北京十月文艺出版社，2009年，第21—22页。

梦"叹息怪诧着回到了现实。接着和故事主人公之一赵朴斋相遇，故事就此开始。用今天的观点看，在情节正式展开的第一回之前设置相当于序文或序言的部分，呈现了故事的连续性。之后花也怜侬不再登场，话者继续讲述故事。"花也怜侬用观照的方式为我们呈现妓楼和顾客的关系。这里的观照是从日常性的、世俗的生存中生发出来对于人生的一种悲悯的、圆融的观照。因此作者的立意就超出了伦理道德判断的层次，展示出被遮蔽的那一面。"① 观照是用平静的心态观察的意思，类似于省察。描写妓院里妓女和狎客关系的狭邪小说，在狭邪小说的水平上对人生进行广泛深刻的省察，向读者展示妓院表层故事下被掩盖起来的深层人际关系。

刘半农这样剖析了《海上花列传》的真正价值。

花也怜侬在堂子里，却是一面混，一面放只冷眼去观察，观察了熟记在肚里，到了笔下时，自然取精用宏了。……不但是堂子里的倌人，便是本家、娘姨、大姐、相帮之类的经络，与其性情、脾气、生活、遭遇等，也全都观察了；甚至连一班嫖客，上至官僚、公子，下至跑街、西崽，更下以至一般嫖客的跟班们的性情、脾气、生活、遭遇，也全都观察了。他所收材料如此宏富，而又有极大的气力足以包举转运它，有极冷静的头脑足以贯穿它，有绝细腻绝柔软的文笔足以传达它，所以他写成的书虽然名目叫《海上花》，其实所有不止是花，也有草，也有木，也有荆棘，也有粪秽，乃是上海社会中一部分"混天糊涂"的人的"欢乐伤心史"。明白了

----

① 李野：《谈张爱玲对〈海上花列传〉的研究》，《中文自学指导》2003 年第2 期。

这一层，然后看这书时，方不把眼光全注在几个妓女与嫖客
身上，然后才可以看出这书的真价值。①

刘半农读完《海上花列传》后所作评价的核心是，作者在上
海租界的妓院生活，所观察到的不仅仅是妓女和客人，而是"上
海社会中一部分'混天糊涂'的人的'欢乐伤心史'"。换言之，
把妓院当素材的《海上花列传》并不仅仅是狭邪小说，也刻画了
都市社会的生活和悲欢。可以确定，持一种"对于人生的怜悯和
圆融的观照"态度，观察并反思"欢乐伤心史"之结果——《海
上花列传》，与民族志学者记录"参与观察"结果的民族志具有相
似的性质。

（二）19 世纪末上海租界和妓院

上海开埠以后，租界成为其中心，这里不仅移民增加、对外
贸易增长，在其他方面也发展迅速。无论是道路扩张、建设、照
明、水道、邮政、消防、电话等，还是航运、金融以及工业发展，
都令上海完全脱胎为新的近现代都市。以租界为中心形成近现代
都市体系，西方商品以及西方文化成为上海都市文化的主流，无
数的移民在向往这些的同时又体会到距离感。上海是以"东方的
纽约"为标识的移民及金融的都市；以"东方的巴黎"为能指传
达流行和大众文化的中心，有以租界为代表的上海都市文化特征，
一言蔽之，可谓融合了西方资本主义外来文明的商业文明。商业
文化的基调之下必然是连人际关系、理性、感情也追逐利益，道

---

① 刘复：《读〈海上花列传〉》，《半农杂文》第 1 册，北京：星云堂书店，1934
年，第 241 页。此处转引自范伯群：《中国现代通俗文学史（插图本）》，北京：北京大
学出版社，2007 年，第 17—18 页。

德弱化。

这其中,妓院在上海以及租界占有特殊的地位。妓院大概是明末清初开始出现于上海的,集中在上海县城的西门,太平军攻击上海占领西门,原在西门一带的妓院纷纷迁进租界营业。根据统计,1918 年上海高级长三妓女有一千余名,中等么二妓女约有五百名,下等妓女野鸡约有五千余名。① 在租界繁盛的妓院"一方面,它象征了道德沦丧,利欲熏心,挥霍无度;另一方面,它又意味着随心所欲的生活享受,以及幻若仙境的爱情经历。"② 所以"妓院被当作象征现代城市精神的典型空间。"③ 狭邪小说就是在近代中国租界工商业兴盛的背景下,通过"'罪恶'和'魅惑'的辩证表述"④ 吸引大众的兴趣。换言之,"19 世纪的上海是经济繁华的欲望都市,妓院是滋生其中的'恶之花'""《海上花列传》通过上海青楼中一群妓女和狎客的故事,反映出上海的都市文明,这种文明有着日常生活商业化、人际关系非道德化、两性情感功利化的基本特征。"⑤ 商业化、非道德化、功利化为特征的资本主义商业文化,在上海租界妓院得以典型展现。

狭邪小说代表作《海上花列传》中,其主要空间高级妓楼长

---

① 刘复:《读〈海上花列传〉》,《半农杂文》第 1 册,北京:星云堂书店,1934 年,第 319 页。
② 罗萌:《〈海上花列传〉的空间表述——"长三书寓"与"一笠园"》:《现代中文学刊》2010 年第 6 期。
③ 罗萌:《〈海上花列传〉的空间表述——"长三书寓"与"一笠园"》:《现代中文学刊》2010 年第 6 期。
④ 罗萌:《〈海上花列传〉的空间表述——"长三书寓"与"一笠园"》:《现代中文学刊》2010 年第 6 期。
⑤ 樊玉梅、刘上生:《〈海上花列传〉青楼世界的都市文化特征》:《湖南文理学院学报(社会科学版)》2006 年第 2 期。

三书寓既是商人们娱乐的场所也是商务空间,① 既是妓女们的生存空间,也是文化集散地。《海上花列传》呈现了妓院的特征:风尚指向标的示范力,官商制衡的名利场,自我展示的舞台秀。事实上,租界的妓院是晚清这一社会转换期出现的新现象,这一现象成为"东西文化碰撞及中国社会现代化历程的表征。"② 19 世纪的上海是商业文化支配下的欲望之都,妓院则是此处滋生的"恶之花"。

《海上花列传》描写了现代都市发展和租界妓院文化之间的相互推动的关系。具体来说就是描绘长三书寓的妓女们在租界这个新的社会文化环境中如何获得新的空间,以及如何确定自身女性空间范围。晚清上海租界具有不亚于巴黎的现代都市文化和物质生活,可以说这改变了传统文化,形成了新的时间和空间观念。

19 世纪上海租界的妓院是娱乐场所,同时也是社交空间的公共性与类似家庭空间的私人性混合的场所。长三书寓式的妓院可以说是代替了传统家庭模式的类似家庭。妓女们的居所外形上和普通民居差不多,但可以通过入口的特殊装饰辨别出来。③ 换作今天相当于家庭式高级餐厅或是酒店,客人们不是接受一次性的消费,而是定位为一个家庭的家长。所以,不单是酒席的费用,也要承担这类那类的费用。这可能是由于之前无法感受到家庭温暖——如借用张爱玲的描述则为恋爱感情——的男性在外面寻求

---

① 比如妓院中洪善卿帮王莲生办事从中得利,朱霭人代弟弟朱淑人去妓院是让他在妓院学习经商熟悉世情。

② 申欣欣、张昭兵:《西风美雨话"青楼"——〈海上花列传〉中名妓及高级妓院社会功能研究》,《海南广播电视大学学报》2008 年第 4 期。

③ 罗萌:《〈海上花列传〉的空间表述——"长三书寓"与"一笠园"》,《现代中文学刊》2010 年第 6 期。

到了代理家庭。所以，长三书寓是对家庭结构的形态性模仿，颠覆了以往的家庭观念。妓院本质是开放的空间，但长三书寓妓院巧妙地掺杂了家庭的性质。所以，对于男性来说，妓院既是商业场、娱乐空间，又是可以体会家庭温暖安逸的私人空间。

《海上花列传》是都市叙事和狭邪描写混杂的交集，这点通过场面描写统计得以呈现。文本有"196 个场景描写中，室外场景只有 7 个，室内场景占大多数。其中妓院内场景共 133 个，占全部室内场景数量的 68%；长三妓院院内场景 104 处，约占妓院场景的 78%，所以《海上花列传》的场景多数是长三书寓等高级妓院。"① 通过数据统计可以看出《海上花列传》不过是妓院和妓女的故事。当时这种狭邪小说不计其数，但是《海上花列传》与其他狭邪小说不同，之所以受到了后人的关注是因为它具有都市叙事展望。文本是狭邪小说，同时又是超越狭邪题材的都市叙事，构建了其中的都市主体。文本中新的都市主体中心就是商人和妓女。

（三）商业都市上海的新主体：商人与妓女

妓院实际上是非常传统的空间，是过去落榜或者怀才不遇的文人为了一吐郁闷寻找精神补偿的地方。当然也有出于好奇到访妓院的客人，但是大部分文人会在被排挤在主流话语之外时流连妓院。进入近现代，尤其是在租界城市上海，妓院的主人公不再是文人。受到西方资本主义文化影响发展起来的商业都市上海，尤其是位于西方人主导的租界之内的妓院，混杂着现代都市和传统居民。当然，商人们总是受到西方价值观的影响，但所谓的因

---

① 李默：《现代都市与"狭邪"的交汇点——试论〈海上花列传〉都市叙述的主观性前提与客观基础》，《苏州教育学院学报》2010 年第 2 期。

袭并不易被改变，所以理解为西方化的传统商人在现代化都市中生活更为妥当。可以说妓院是在现代化都市中，沉浸在传统残余中的场所。

商业文化为主流的上海，新的主体当然是商人。一个研究者对《海上花列传》的出场人物做了统计，比较重要的狎客有 27 名，其中商人 16 名，文人 3 名，官员 2 名，享乐公子 4 名，流氓 2 名。① 由此可见，商人们代替了文人成为妓院乃至上海的主人公。他们把妓院当作商务空间，不但如此，妓院也被当成是娱乐场所和自由恋爱空间，这推动了新的都市文化。开埠后几十年间这里商务发达，在商业兴盛的都市中活动的他们，不论是在时间上、空间上、或者行为方式上都同农业中心的传统都市居民迥然不同。上海现在是"商业文化的王国，消费的天堂"②，商人们就是新登场的上海新主角。

和妓院相关的商人们，其最大变化可以从夜间活动中寻到。他们几乎每天晚上在妓院里举行聚会，彼此款待。这时总会有相熟的妓女作陪。③ 他们就好像西方人轮流在自家招待朋友、开派对或是聚会。这样的场景首先是娱乐空间，就餐、饮酒、通过猜拳游戏罚酒或赌博等是主要娱乐。这种娱乐的主角男性，一定会有相熟的妓女伴侣陪同，为其倒酒、夹菜，甚至是代为饮酒。他

---

① 陈文婷：《女性自主意识的觉醒与现代意蕴——对〈海上花列传〉中女性的解读》，《信阳农业高等专科学校学报》2008 年第 4 期。

② 池丽君：《徘徊在现代性门前——〈海上花列传〉文本意义研究》，《福建师大福清分校学报》2010 年第 4 期。

③ 开宴时叫妓女陪男人是上海开阜以来租界的风俗。张爱玲的《色·戒》第一个场景里，易太太向马太太"报道这两天的新闻"的时候，出现了如此的表现；"坐不下添椅子，还是挤不下，廖太太坐在我背后。我说还是我叫的条子漂亮！她说老都老了，还吃我的豆腐。我说麻婆豆腐是要老豆腐嘛！"（张爱玲：《色·戒》，王伟华编：《张爱玲全集》第四卷，海口：海南出版社，1995 年，第 247 页。）廖太太坐在易太太后边，易太太拿廖太太开个玩笑，将她说成是易太太叫过来的妓女。这已证明 1940 年代官方太太都了解上海的妓院文化。

们不是临时的伴侣，几乎都是固定不变的。王莲生配沈小红、罗
子富配黄翠凤、朱淑人与周双玉总是如影随形。侯孝贤将这部作
品搬上荧幕时，[1] 视为中心人物的王莲生与沈小红的关系如同夫
妇。王莲生另结新欢时，沈小红的嫉妒如同正室夫人。沈小红同
戏子幽会时，王莲生的反应也颇为强烈。朱淑人与周双玉相约白
头到老，但朱淑人迫于家庭的压力和他人订婚，周双玉吞食鸦片，
尝试一同自杀。当然妓女们不无金钱的考量，[2] 相对而言男性也
不是纯真无辜。应该指明，算计客人的妓女更多一点。与此相关，
有必要了解一下张爱玲的卓见，她将当时妓院客人和妓女的关系
解释为恋爱感情。

张爱玲认为《海上花列传》的"主题其实是禁果的果园"，进
而解释"盲婚的夫妇也有婚后发生爱情的，但是先有性再有爱，
缺少紧张悬疑、憧憬与神秘感，就不是恋爱。"[3] 这是基于对中国
传统婚姻、恋爱制度的分析。在男女严格区分的社会中，未成年
人几乎没有经历过性爱和恋爱，他们"一成年，就只有妓院这样
肮乱的角落里还有机会。"[4] 早早结婚的男人已经丧失了对性的神
秘感，在妓院妓女那里体会到恋爱的感觉。这主要是对男性方面
的分析。

那么，男性的伴侣，当时的妓女们又如何呢？张爱玲作了如
下分析。

---

[1]　侯孝贤：《海上花》，1998 年。
[2]　比如，沈小红的凶狠、张慧贞的隐忍自重都可以理解成为了俘获顾客王莲生
的生意经、生存手段的一个环节。
[3]　张爱玲：《国语本海上花译后记》，韩邦庆著，张爱玲注译：《海上花落：国语
海上花列传 2》，北京：北京十月文艺出版社，2009 年，第 322 页。
[4]　张爱玲：《国语本海上花译后记》，韩邦庆著，张爱玲注译：《海上花落：国语
海上花列传 2》，北京：北京十月文艺出版社，2009 年，第 322 页。

　　"婊子无情"这句老话当然有道理，虚情假意是她们的职业的一部分。不过就《海上花》看来，当时至少在上等妓院——包括次等的么二——破身不太早，接客也不太多。……在这样人道的情形下，女人性心理正常，对稍微中意点的男子是有反应的。如果对方有长性，来往日久也容易发生感情。①

　　按照张爱玲的分析，上海租界的妓院称得上是封建中国向资本主义近现代转换期可以自由恋爱的空间。去妓院的男性们因为封建婚姻制度无法正常恋爱就订婚，成婚后只是明白了肉体的性，却没有经历恋爱的感情。另一方面，女性们为了赚钱不得已坠入青楼，当时以老顾客为中心的体系赋予了妓女们一定的选择权，所以客人和妓女之间发展出了恋人关系，甚至出现类似家庭的关系也不为怪。在五四运动之后，开始刮起易卜生热潮的 1920年代，近现代中国公开主张自由恋爱和自由婚姻。张爱玲在《海上花列传》注译本中有"填写了百年前人生的一个重要的空白"② 的评价，从中推断这是可以了解过渡期婚姻状态真相的文本。

　　在近代上海里，可以认为妓女们既是封建社会的残余，又是体现自由恋爱这一近现代价值的职业女性。开港以后的上海租界，尤其是集中在四马路的上海妓女在公共领域和私人领域间"越界"，开放的近代空间和封闭的传统空间通过"越界"创造了近现代文化价值，成为备受瞩目的先导文明的中介。笔者认为，把开

---

　　①　韩邦庆著，张爱玲注译：《海上花落：国语海上花列传2》，北京：北京十月文艺出版社，2009 年，第 320 页。
　　②　张爱玲：《国语本海上花译后记》，韩邦庆著，张爱玲注译：《海上花落：国语海上花列传2》，北京：北京十月文艺出版社，2009 年，第 322 页。

埠之后上海的表象设定为"移民"和"租界",主要特征是"海纳百川"和"以身试西",妓女无疑是重要的研究对象。"越界"和妓女们本身的意图无关,构成了上海近现代混种的症候群(hybrid symptom)。

近现代混种性、开放性的症候,最突出的领域是消费。当时妓女们并非只是倒酒、卖身赚钱,而是为客人们提供类似家庭的氛围,从而让客人们负担自己及家人们的必要花销。这个过程中妓女们消费奢侈,她们在消费行为中实现自身价值。她们不仅追逐服饰和装饰的流行前沿,也热衷于传统文化象征的戏剧观赏,热衷于乘坐代表西洋文化的马车、拍照等,俨然成为商业都市上海的消费主体。

(四)多声部的文本(polyphonic text)

作者在第一回写道"见当前之媚于西子,即可知背后之泼于夜叉;见今日之密于糟糠,即可卜他年之毒于蛇蝎。"① 这是作者对作品主题的概括。从表层上,这虽指出了妓女们对待客人的机制,却也是商业都市上海追逐利益的人际关系的缩影。所以妓院能最典型地展示出当时上海乃金钱万能风潮之地。作家通过妓院为我们呈现了满是欲望和堕落的十里洋场租界。而且多声部地呈现出对于经历资本主义转变的近现代都市上海所消逝之物的反思和慨叹。

作家在"例言"中概括了本作品的技法为穿插和藏闪。

全书笔法自谓从《儒林外史》脱化出来,为"穿插""藏

---

① 韩邦庆著,张爱玲注译:《海上花落:国语海上花列传1》,北京:北京十月文艺出版社,2009年,第21页。

闪"之法，则为从来说部所未有。一波未平，一波又起，或竟接连起十余波，忽东忽西，忽南忽北，随手叙来并无一事完，全部并无一丝挂漏；阅之觉其背面无文字处尚有许多文字，虽未明明叙出，而可以意会得之。此穿插之法也。劈空而来，使阅者茫然不解其如何缘故，急欲观后文，而后文又舍而叙他事矣；及他事叙毕，再叙明其缘故，而其缘故仍未尽明，直至全体尽露，乃知前文所叙并无半个闲字。此藏闪之法也。①

韩邦庆阐明自己采用了自《诗品》《文心雕龙》至《人间词话》，任何之前中国传统的修辞学书籍中都未曾提及的所谓"穿插""藏闪"笔法。"穿插"指许多情节彼此交织进行，最初《海上奇书》刊物上连载了 8 个月，小说实际上也讲述了 8 个月的故事，当时读者可能有"共时的体验。"② 但是，恰是因为是连载的形式，一个故事还未充分展开、结束就跨越到了另外一个人物事件，所以小说各章的联系并不紧密，甚至在同一章之内前后关系也不明确。但是作者并不觉得这是缺点，反而让很多事件和故事各具逻辑各自展开，然后相互联系，期待读者可以一目了然。"藏闪"作为辅助"穿插"的装置，并不明确多个故事的关系，在某一个瞬间如灵光闪现让读者可以把握整体。所以范伯群认为"使用'穿插藏闪'结构法，小说行文貌似松散，但读到最后，会深

---

① 韩邦庆：《〈海上花列传〉例言》，《海上花列传》，南昌：百花洲文艺出版社，1993 年，第 4 页。此处转引自范伯群：《中国现代通俗文学史（插图本）》，北京：北京大学出版社，2007 年，第 23 页。
② 罗萌：《〈海上花列传〉的空间表述——"长三书寓"与"一笠园"》，《现代中文学刊》2010 年第 6 期，第 20 页。

感它的浑然一体。"① 穿插和藏闪在描写妓院这一空间时是适宜的装置。如果要描述一个空间内聚集的许多客人—妓女的故事，无法聚焦一个人，自然也无法穷尽所有人的所有故事，只能讲述一个故事时在合适的瞬间进入另一个故事。但是作家并未就此结束，而是组织成读者读完作品就会贯穿所有故事的线索。

这两种装置并非一种乐器独奏的方式，而是类似于很多乐器各自演奏，最终形成整体的融合，这是典型的多声部技法。巴赫金认为："陀思妥耶夫斯基是多声乐小说的创始者。他创造了本质上新颖的小说形式。因为他的创作不属于任何一个框架，所以也不属于我们在再现欧洲小说时常用的历史、文学图式。因袭类型的小说，我们可以听到作家的声音，而陀思妥耶夫斯基的作品是让我们听到主人公的声音。"② 虽然无法轻率地把中国文本同西方理论联系起来，但韩邦庆在《海上花列传》中呈现的观察态度与陀思妥耶夫斯基侧耳倾听的态度类似。韩邦庆不但注意到了各个人物的声音，也重视各种不同人物间的对话关系。《海上花列传》通过穿插和藏闪这种多声部文本的技巧出色地呈现了"反思和慨叹的主题"。对此具体的文本分析另作他文展开。

最后，鲁迅称赞韩邦庆"故能自践其'写照传神，属辞比事，点缀渲染，跃跃如生'（第 1 回）之约者矣。"③ 这大概就是对于《海上花列传》的最高评价。

---

① 范伯群：《中国现代通俗文学史（插图本）》，北京：北京大学出版社，2007年，第 15 页。
② 巴赫金著，金根植译：《陀思妥耶夫斯基诗学——陀思妥耶夫斯基创作的诸多问题》，首尔：正音社，1989 年，第 11 页。
③ 鲁迅：《中国小说史略》，《鲁迅全集》第 8 卷，北京：人民出版社，2005 年，第 192—193 页。

四、通过茅盾的《子夜》观看 20 世纪 30 年代资产阶级与新兴阶级

（一）文学编年史

茅盾经过五四新文化运动的洗礼加入了中国共产党，并于 1921 年主导了《小说月报》革新，将其发展为"文学研究会"的机关刊物。20 世纪 20 年代他率先在意识层面选择了革命思想，并积极投身革命实践。即使现实中深刻地感受到革命与生活的巨大差距，他也没有屈服于挫折，而是反省了自己作为文艺理论家及革命活动家的生活，开始探索新的方式，这种探索最终归结为小说创作。茅盾研究者王嘉良这样评价道，"他的全部小说汇成了一部生动而又深刻的现代中国社会的'编年史'。"[1]《中国现代文学三十年》以"革命现实主义小说艺术的高峰"为标题，阐述了茅盾小说如何"提供了一部从五四运动到解放战争前夕的中国社会编年史"。[2] 两位评者都使用了"中国社会编年史"这样的表述。所谓编年史是指"按照年代顺序记录重要的历史事件"，茅盾以文学的方式践行，这与民族志学者的民族志书写方式类似。

具体考察他的作品，1940 年代后期完成的《霜叶红似二月花》揭示了 20 世纪初和五四运动前夜中国社会的一角，1929 年完成的《虹》描写了五四运动到五卅事件期间，中国知识青年经历的从个人主义到集体主义的苦难历程。《蚀》三部曲反映了大革

---

[1] 王嘉亮：《茅盾小说论》，上海：上海文艺出版社，1989 年，第 34 页。

[2] 钱理群、吴福辉、温儒敏、王超冰：《中国现代文学三十年》，上海：上海文艺出版社，1987 年，第 244 页。

命的历史过程以及大革命失败后的社会心理状态。[①] 在 1932 年发表的《子夜》中，他对自身所处的时代进行了全方位的正面描写，精炼地刻画了 1930 年代的中国社会。《第一阶段的故事》《走上岗位》以及《锻炼》的第一部是以上海"八一三"事变至上海陷落时的社会生活为背景，广泛地反映了抗日战争初期各阶层人民的生活状况，以及思想的剧烈变化和复杂的动向。《腐蚀》的背景是国民党政府发动的第二次反共高潮时期，代表事件是皖南事变，暴露了国民党法西斯特务统治的残酷又丑恶的面目。1945 年创作的唯一剧作《清明前后》，描写了抗日战争后期中国民族资本主义的挣扎与苦斗。[②] 由此可见，他的现实主义创作精神和"社会编年史式"的作品创作实践始终贯穿于他的文学生涯。

《子夜》以 1930 年 5 月至 7 月为时间背景，其间资本家与金融家、工人与农民、众多知识分子纷纷登场，全书总体鸟瞰了中国社会的正反两面，具有鲜活如史书般的价值。帮助其完成作品的[③]瞿秋白断言"1933 年在将来的文学史上，毫无疑问地要记录《子夜》的出版",[④] 自此茅盾得到了文学史上应有的关注和评价。作者在《子夜》中很清楚地表明了他的创作意图，试图以文学书写方式回答这样的现实：在半殖民地半封建社会的中国，不仅走正常的资本主义之路是不可能的，而且民族资本主义的出路也是黯淡的。

作品的创作时期，正是"启蒙和救亡相互促进"的阶段向

---

① 王嘉亮：《茅盾小说论》，上海：上海文艺出版社，第 245 页。
② 钱理群、吴福辉、温儒敏、王超冰：《中国现代文学三十年》，上海：上海文艺出版社，1987 年，第 245—247 页。
③ 陈思和：《中国现当代文学名篇十五讲》，北京：北京大学出版社，2003 年，第 321 页。
④ 乐雯（瞿秋白）：《〈子夜〉和国货年》，唐金海，孔海珠编：《茅盾专集》第 2 卷上册，福州：福建人民出版社，1985 年，第 927 页。

"救亡压倒启蒙"转变的 20 世纪 30 年代。按照李泽厚的理解，情况是"救亡的局势、国家的利益、人民的饥饿痛苦，压倒了一切，压倒了知识者或知识群对自由平等民主民权和各种美妙理想的追求和需要，压倒了对个体尊严，个人权利的注视和尊重。"① 文学审美追求的旅程只能是艰险的，并且对他的评价侧重历史，这是中国近现代文学史的现实。新时期以后，关于茅盾的历史性考察，似乎审美评价更占优势，但唯有审美评价和历史性评价结合才能确保其准确性。需要关注的是近来"茅盾一样内涵丰富复杂、影响极其深远的文学巨人"② 这样的评价。

《子夜》是茅盾创作中成就最高的作品，也是文学史中必然要谈及的作品。但不可否认的事实是，以《子夜》为代表的"主题先行模式"，③ 对其后的小说创作起到的影响并不尽人意。然而毋庸置疑的是，《子夜》中典型化的人物、富有紧迫感及趣味的故事情节、逼真的心理及状态描写等，且不说 1930 年代，放在整个中国近现代文学史都毫不逊色。如果我们认可巴尔扎克的《人间喜剧》真实地再现了资本主义上升时期法国贵族社会的没落过程，发挥了近代法国历史书籍的作用；认可米哈依尔·肖洛霍夫的《静静的顿河》描写了高加索地区敌军和白军的混乱内战关系，揭示了沙皇没落前后俄罗斯的社会百态。那么同样，也应承认茅盾的《子夜》整体反映了 1930 年代初中国社会的政治社会动荡和不

---

① 李泽厚：《中国现代思想史论》，合肥：安徽文艺出版社，1994 年，第 36 页。

② 温儒敏等：《中国现当代文学学科概要》，北京：北京大学出版社，2005 年，第 342 页。

③ 1980 年代开展的"重写文学史"的讨论上，引发了对"主题先行"模式的批判及对其反驳，其核心是茅盾的长篇代表作《子夜》的意义，并不止于展示了茅盾作品的高度，为今后具有现代意义和现代形态的中国长篇小说的创作提供了一个规范、框架和制约。在小说创作中，原封不动地引入"主题先行化的创作原则和创作手法"以及"单纯化和机械化的辩证法概念"造成"生硬的二元对应模式"。参考陆梅林、盛同主编：《新时期文艺论证辑要》，重庆：重庆出版社，1991 年，第 1812、1814 页。

安，刻画了新旧的浮现与没落、消逝的时代与冉冉升起的时代。

（二）1930 年代的社会性质

1929 年至 1934 年间，主要由青年知识分子掀起的"中国社会性质论战"，针对"中国究竟是什么社会"进行了"激烈的学术争论"，[1] 争论围绕"新生命派""新思潮派""动力派"等展开。[2] 历史有时是循环的，1930 年代中国社会性质论战是在探究中国资本主义发展之路的过程中，基本上以当时中国社会是资本主义社会还是封建主义社会作为争论的焦点。至此经过了 60 年，直至 1990 年代，"自由主义和新左派论战"中资本主义依旧是个问题。钱理群这样评论道："新左派认为中国社会的资本主义化是世界资本主义体系的有机构成部分，标志着中国社会的质变，这是现代中国社会面临的主要危险，理应成为主要批评对象。自由主义者认为，在社会性质和社会制度层面 1990 年代中国社会与毛泽东时代一脉相承，是在社会主义名义下进行的专制，数千年的封建残余阻碍了中国的发展，因此对于中国特色集权专制的批判也是未竟之务"，[3] 新左派将现在中国视为资本主义社会，而自由主义者视之为封建主义和社会主义混杂的社会。

1930 年代原本是国民党和共产党围绕阶级斗争展开殊死较量的时期，社会性质论战虽然基本上是学术论证，但也超越了学术范围，具有政治斗争的性质。李泽厚谈及这一论战的意义时认为，"半封建半殖民地的社会性质再次科学（学术）地被肯定，从而反

---

① 李泽厚：《中国现代思想史论》，合肥：安徽文艺出版社，1994 年，第 68 页。
② 关于 1930 年代社会性质论战的具体争议和过程。参考李泽厚《中国现代思想史论》的第 2 章第 2 节和林春城《通过小说观看现代中国》第 2 章第 3 节。
③ 钱理群著，延光锡译：《毛泽东时代和后毛泽东时代 1949—2009（下）》，首尔：Hanul Academy，2012 年，第 384 页。

帝反封建的革命任务也就明确无疑了。这确乎是马克思主义原理结合中国当年实际的创造性的理论产物，也是这场论战的特大收获。"① 但是理应辩证结合的启蒙和救亡却失去平衡，成为纳启蒙于救亡轨道的现代思想史的第二个里程。"如果说，科玄论战是号召人们建立'科学的人生观'以指导生活和有益于社会，那么这次论战却把这'人生观'更加具体化、革命化，即人们应为土地革命、反帝反封建而生活而斗争了。"② 这一论争的意义是，首先政治上通过论战让更多的人认识到中国社会反封建反殖民地的性质，因此共产党的新民主主义革命路途上的障碍物被清除；第二，理论上，通过论战进一步传播了马克思主义，历史唯物论在理论战线上逐渐占据了支配地位。第三，实践性地推进了中国土地革命战争。因此这一论战在四一二政变以后，文化战线上斗争的一部分得以形成。经历这样的过程，确立了所谓"殖民地半封建社会论"。③

　　站在殖民地半封建社会论的立场上，当时"中国社会基本上建立在农村经济的基础上，而农村经济基本上仍是封建的土地制度，即以地主对农民的超经济的地租剥削为主体；帝国主义开始侵蚀但并未瓦解更未消灭广大农村的自然经济。……帝国主义和资本主义的经济影响和渗透毕竟还局限在沿海和大中城市的周围农村，远没有取得全部统治或主宰支配地位。"④ 国家方面，农村自然经济或者封建土地制度构成主要生产方式，但是在沿海地区和大都市，帝国主义和资本主义在某种程度上已经渗透。

---

　　① 李泽厚：《中国现代思想史论》，合肥：安徽文艺出版社，1994年，第75页。
　　② 李泽厚：《中国现代思想史论》，合肥：安徽文艺出版社，1994年，第76页。
　　③ "殖民地半封建社会论"被确定为在划定第三世界社会性质时是颇有裨益的理论。韩国1980年代"社会构成体论战"中，"殖民地半封建社会论"始终构成了主要论战点。
　　④ 李泽厚：《中国现代思想史论》，合肥：安徽文艺出版社，1994年，第75页。

茅盾认为 19 世纪 30 年代中国的社会性质是殖民地半封建社会，因此他明确阐述了《子夜》的创作目的。

> 我写这部小说，就是想用形象的表现来回答托派和资产阶级学者：中国没有走向资本主义发展的道路，中国在帝国主义、封建势力和官僚买办阶级的压迫下，是更加半封建半殖民地化了。中国的民族资产阶级中虽有些如法国资产阶级性格的人，但是一九三〇年半殖民地半封建的中国不同于十八世纪的法国，中国民族资产阶级的前途是非常暗淡的。它们软弱而且动摇。当时，它们的出路只有两条：投降帝国主义，走向买办化，或者与封建势力妥协。①

茅盾创作《子夜》的目的，是用文学的方式回答自 1929 年开始进行的"中国社会性质的论战"：事实是在半殖民地半封建社会的中国，正常的资本主义发展之路是行不通的，而民族资本主义的出路也是黯淡的。茅盾为了贯彻自己的创作目的，起初构思了"城市—农村交响曲"，"我最初设想，这部都市——农村交响曲将分为都市部分和农村部分，都市部分打算写一部三部曲，并且写出了最初的提纲。"② 但是这个早期的计划在创作过程中发生了变化，第一次构思的"都市—农村交响曲"未能完成。但是《子夜》的另一个背景是吴荪甫的家乡双桥镇，从中还能看到最初构思的痕迹。对于农村问题，通过另外创作"农村三部曲"完成"都

---

① 茅盾：《〈子夜〉写作的前前后后》，《我走过的道路》中册，香港：三联书店，1984 年，第 83 页。

② 茅盾：《〈子夜〉写作的前前后后》，《我走过的道路》中册，香港：三联书店，1984 年，第 83 页。他最初的构思是写《棉纱》《证券》《标金》三部分，并且提纲的表现要点、故事梗概、构成等都已做了计划。参考同书第 83—87 页。

市—农村协奏曲"。所以，他的作品集中在反映、创作这样的事实上："第一，民族工业在帝国主义经济侵略的压迫下，在世界经济恐慌的影响，在农村破产的环境状态下，为要自保，使用更残酷的手段加紧对工人阶级的剥削；第二，因此引起了工人阶级的经济的、政治的斗争；第三，当时的南北大战，农村经济破产以及农民暴动又加深了。"① 也就是说，作者打算在与工人、农民的关系中深层剖析中国的资本主义发展的问题。

《子夜》以大城市上海为主要舞台，深层剖析了资本家和工人之间的矛盾本质，深入挖掘了民族产业资本家和买办金融资本家，大资本家和中小资本家的纠葛等。进而尖锐地讽刺了围绕在资本家周围的各种知识分子的形象，号称"新儒林外史"。本文中聚焦的是已经融入世界资本主义的中国中心城市上海的公债市场和工厂空间，进而重新构成 1930 年代上海民族志。②

（三）公债交易所的资本家

开埠之后，士大夫和地主们不再是中国新兴中心上海的主人公。小说当中吴荪甫的父亲吴老太爷，猝不及防地接触到资本主义物质文明，受了刺激最终"风化"。小说也呈现出从江南避难而来的地主冯云卿落入资本主义网中慢慢沉没的形象。上海是以"东方的纽约"为标识的移民及金融的都市，以"东方的巴黎"为能指传达流行和大众文化的中心，拥有以租界为代表的上海都市文化特征，以一言蔽之，可谓融合了西方资本主义外来文明的商

---

① 《茅盾研究资料》（中），北京：中国社会科学出版社，1983 年，第 28 页。

② 关于文学人类学和民族志的理论探讨可参考如下。林春城：《文学人类学的可能性与上海民族志：以王安忆的〈长恨歌〉为个案》，《济南大学学报（社会科学版）》2018 年第 3 期 "2. 文学人类学和民族志" 部分。

业文明。① "在商业文化为主流的上海，新生的主体显然是商人。"② 他们经历了 19 世纪的波折挫败，20 世纪成长为当之无愧的资本家。他们当中的一部分成为运营工厂的产业资本家，进而成为投资公债的金融资本家。在商业文明主导的上海，传统的绅士和地主难以生存。本文来考察一下 1930 年代中国公债交易所中，展开激烈霸权争夺战的产业资本家和金融资本家的本质以及纠葛过程。

代表殖民地半封建中国资本主义的上海，其经济心脏是公债交易所。《子夜》11 章中对公债交易所的风景作了如下描述。

> 交易所里比小菜场还要嘈杂些。几层的人，窒息的汗臭。……台上拍板的，和拿着电话筒的，全涨红了脸，扬着手，张开嘴巴大叫；可是他们的声音一点也听不清。七八十号经纪人的一百多助手以及数不清的投机者，造成了雷一样的数目字的嚣声，不论谁的耳朵都失了作用。③

现在的交易可以在网络上进行，但是当时所有的交易都在交易所中完成。如同大部分再现股市的电影所展示的那样，交易所仿佛就是战场。投资者/投机者，还有经纪人、辅助员们一起哄哄嚷嚷，忙着收集信息，分秒必争地买入卖出，这交易所的风景与战场无异。所以对他们来说，资金就是"弹药"，弹尽粮绝，就要退出市场。文本当中，就好比"后方医院"似，"一排木长椅"上

---

① 林春城：《文学人类学的观点考察上海民族志（1）——〈海上花列传〉》，《外国文学研究》2014 年第 56 号。

② 林春城：《文学人类学的观点考察上海民族志（1）——〈海上花列传〉》：《外国文学研究》2014 年第 56 号。

③ 茅盾：《子夜》，长沙：湖南文艺出版社，2014 年，第 236—237 页。

公债"战线上败退下来的人们才坐在这里喘气"的景象在文中描绘如下。

> 他们涨红了脸，瞪出了红丝满布的眼睛，喳喳地互相争论。他们的额角上爆出了蚯蚓那么粗的青筋。偶或有独自低着头不声不响的，那一定是失败者：他那死澄澄的眼睛前正在那里搬演着卖田卖地赖债逃走等等惨怖的幻景。①

通过公债想要大赚一把却偷鸡不成蚀把米的故事们虽然意味深长，但是不论是过去还是现在，这样的故事都在不断上演。由施润玖导演 1999 年的作品《美丽新世界》中，上海女性金芳（陶虹饰）千辛万苦攒钱，怀揣一夜暴富的虚浮之梦投资股市，甚至连男主人公张宝根（姜武饰）的钱也被她投入股市最终却全部蛋打鸡飞。小说中证券交易所的原型"上海华商证券交易所"于 1933 年装饰一新，成为当时中国乃至东亚设施完备、规模最大的证券交易所，但是抗日战争爆发后就停止营业了。② 这就是 1990 年 12 月 19 日重新开业的"上海证券交易所"的前身。

《子夜》以交易所为背景，描写了吴苏甫和赵伯韬的命运对决。首先来看吴苏甫，他在《子夜》中是众多人物围绕的中心，在引入部分他的外貌给人坚毅的印象。孙吉人和王和甫等大资本家向他提议合作，设立益中信托会社，由他行使决定权。不但如此，朱吟秋和周仲伟等中小资本家，也请求他给予帮助，他在财界具有相当的财力和声望。"这位吴三爷的财力，手腕，魄力，他

---

① 茅盾：《子夜》，长沙：湖南文艺出版社，2014 年，第 238 页。
② 《南京国民政府时期的交易所》，http：//zhidao. baidu. com/question/ 233510776. html（搜索：2015 年 2 月 20 日）。

们都是久仰的。"① 甚至于他的主要竞争对手赵伯韬，也不断地前来游说或提出合作。吴荪甫致力于振兴民族工业，愿意为之奉献一切发展国家，他胸怀"产业救国"的抱负，为此，连家庭生活也要从属于他的事业。他的经营观也很独特，"他看见有些好好的企业放在没见识，没手段，没胆量的庸才手里，弄成半死不活，他是恨得什么似的。对于这种半死不活的所谓企业家，荪甫常常打算毫无怜悯地将他们打倒，把企业拿到他的铁腕里来。"② 所以他反对那些坐拥大资本却判断力和胆识不佳的杜竹斋之流专门将土地、金条及公债玩弄于股掌之间。身为民族资本家，又具有彻底的产业资本家哲学的他，视赵伯韬之流同外国暗箱合作、操纵国内市场的行为为反民族反国家的卖国行为。《子夜》的主线围绕强悍、能力出众、肯为事业献身又胸怀产业立国高尚抱负的产业资本家吴荪甫同买办金融资本家赵伯韬之间的对决而展开。

吴荪甫的对手是金融资本家赵伯韬，他为了将吴荪甫拉入公债投机中不断地施展劝诱之术，同时不断胁迫，迫使吴荪甫归入自己麾下。他想法奇特，判断迅速，行动大胆，不在乎别人的视线。他是美帝国主义豢养的买办资本家，③ 他企图依仗美国资本并购资金困难的小工厂，合并具有一定资金的企业，组织起托拉斯联合体。对于他来讲，无论是标榜产业立国的吴荪甫，还是产业资本家联合体——益中会社都只能是眼中钉。在吴老太爷的葬礼上首次出现的他，为了引诱吴荪甫就把公债市场的小秘密透露给了吴荪甫，让吴荪甫入了套。基本上吴荪甫通篇未能从公债的泥潭中爬出来就是因为他咬了赵伯韬扔出的诱饵。可以认为之后

---

① 茅盾：《子夜》，长沙：湖南文艺出版社，2014 年，第 58 页。
② 茅盾：《子夜》，长沙：湖南文艺出版社，2014 年，第 60 页。
③ 唐金海、孔海珠编：《茅盾专集》第一卷，福州：福建人民出版社，1983 年，第 1012 页。

的过程就是描绘咬上鱼饵的鱼，挣扎一番最终被捕获。吴荪甫确实是险恶风浪中成长起来的大鳄，但烹制他的赵伯韬无疑才是经历过大风大浪的老练渔夫。朱吟秋的蚕茧资金，或者益中公司的贷款等这样的鱼线他都不放过，他静候时机，在最终对决中给了吴荪甫致命一击。这个过程当中，他主要使用的办法就是收买吴荪甫周围的人物。他不但收买在公债市场的经纪人韩孟祥和助手刘玉英，让他们背离吴荪莆，而且让吴荪甫的妹夫，同时也是他的合作伙伴——杜竹斋在公债市场离开吴荪甫，倒戈赵伯韬一边。赵伯韬不但动用所有的经济手段扼紧吴荪甫的咽喉，更完全忽视了已有的价值观，以至最终实现自己的胜利。

吴荪甫和赵伯韬等大资本家之外，需要关注的人物还有刘玉英。她以小额投资家和大投资者的助手自居，是个"聪明的女人"。

> 她的父亲在十多年前的"交易所风潮"中破产自杀；她的哥哥也是"投机家"，半生跑着"发横财"和"负债潜逃"的走马灯。……她的公公陆匡时，她已故的丈夫，都是开口"标金"，闭口"公债"的。最近她自己也是把交易所当作白天的"家"，时常用"押宝"的精神买进一万，或是卖出五千；在这上头，她倒是很心平的，她鉴于父亲哥哥甚至丈夫的覆辙，她很稳健。①

她稳健地运用资金，懂得"利用身上的本钱"，② 所以和赵伯韬的交往也被活用为"投机"的一个环节。她为了在公债交易中

---

① 茅盾：《子夜》，长沙：湖南文艺出版社，2014 年，第 237 页。
② 茅盾：《子夜》，长沙：湖南文艺出版社，2014 年，第 237 页。

获取信息，毫不犹豫地找去赵伯韬的宾馆房间，甚至不在意有其他的女人。在她的立场上来看，公债交易所那些一喜一悲的小额交易者让人发笑。她觉得操纵交易所的巨人"静静儿坐在沙发里抽雪茄，那是多么'滑稽'"。[1]

如此这般，1930年代在上海公债交易所构成了一副由来上海躲避战乱的地主冯云卿，民族资本家吴荪甫，买办资本家赵伯韬，经纪人韩梦祥和助手刘玉英等人物相互交织的风景画。当然，毋庸赘述，这里知识分子、政客和军人等也各占一席。

（四）新兴阶级的登场

工厂是产业资本主义的心脏，但是《子夜》中工厂并没有被描述为生产的现场，而是点缀以推动罢工的工人以及阻止罢工的公司的应对。1930年5月到7月间吴荪甫的裕华制丝工厂无法正常承担资本主义心脏的作用。在吴荪甫看来"因为工人已经不是从前的工人了。"[2] 同从前的工人不同的就是自我觉醒的工人。虽然期间中国的工人经过了数次斗争，得到了锻炼，更多的是经受挫折。他们受到帝国主义、资本主义、封建主义的三重压迫，[3] 遭受史无前例的生活困苦的现场就是工厂。茅盾集中描写了吴荪甫经营的裕华制丝厂中的工人动向，集中描写出当时工人的现实，特别是抗争的工人，他们是新兴工人阶级当中的先进集体。

他们是觉醒的工人，认清了自身的阶级现实和社会结构间的矛盾，在工厂内部启蒙一般工人大众，是指导罢工的集体。陈月

---

[1] 茅盾：《子夜》，长沙：湖南文艺出版社，2014年，第238页。
[2] 茅盾：《子夜》，长沙：湖南文艺出版社，2014年，第108页。
[3] 金季一编译：《中国民族解放运动及统一战线的历史》Ⅰ，首尔：四季节，1987年，第24页。

娥、何秀妹、朱桂英等等都是代表。他们接受共产党工作者的指导，在工厂内部和屠维岳等对立，暗中努力在一般大众中扩大自己的影响力。他们通过"夜校"识得文字，在"工人文艺思潮"①中培养文学素养，成为工人通讯员的主体。他们已经在自身恶劣的生活环境中自然觉醒。朱桂英的穷困生活和愤怒是典型的例子。悲惨的生活中，怀着希望和勇气的她一直在坚持。对她来说，微薄的工资动不动就下调两成的消息无异于绝其生路。她能够忍受现在的生活是因为对未来的期望，只要认真工作，总有一天能和其他人一样幸福生活的想法就是她的支柱。但是，即使靠寄希望于未来而活着，也要先解决让自己能够维持的最低生计。工资下降的风声让最低水平的生存都受到威胁，这足以引发她的愤怒。再加上卖落花生的母亲因为无意间用了共产党的宣传纸，结果花生被没收的事件，让她无论如何环顾四周都束手无策，遭遇到的只有愈加恶化的状况，于是她便开始探究新的出路。

工人觉醒与否，只能归结为顺应或反对已有的不合理体制，这是这一时期中国工人面对的现实。但是通过在工厂内部承担指导责任的陈月娥，我们不难发现1930年代这些先进工人的知识水平和认识水平并不太高。在判断大罢工可能性的会议上，比较自由奔放的女性工作者蔡真问及工厂的情况，对此，"陈月娥很艰难地用她那简单的句子说明了白天厂里车间的情形以及刚才经过的姚金凤家的会议。"② 她回答"斗争情绪很高"，可以"发动罢工"的部分实际上和一般工人大众的情况有距离。陈月娥的回答是组

---

① 左联结成后下设大众化工作委员会，这个机构的主要活动形式就是"工人文艺小组"和"夜校"。参考《吴奚如回忆"左联"大众化工作委员会的活动》，《文艺大众化问题讨论资料》401页。吴奚如回忆道，他指导这个时期吴保太、高而的文学创作，并在自己主编的《大众文艺》上刊发；在夜校同高树颐等相遇，高树颐当时同胡风、叶紫、欧阳山等文人有交情。

② 茅盾：《子夜》，长沙：湖南文艺出版社，2014年，第284页。

织所要求的标准答案。相比她拥有主体立场，其实她是被灌输了指导自己的工作者的意见。这就意味着，她的觉醒尚未达到真正意义的觉醒。她产生自己的想法，是从罢工失败之后召集的会议上支持玛金的意见开始的。玛金提出了与李立三路线的化身——克佐甫相对立的意见。罢工现场呈现的被动态度揭示了以陈月娥为中心的工厂内部的指导集团的情况。

如此，初步觉醒的工人还未能找到自主地解决自己问题的办法，他们需要引导者。克佐甫、蔡真、玛金、苏伦都承担了这样的作用。他们是知识分子出身的共产党工作者，革命过程中，他们内部也存在不一致的意见。作品当中通过克佐甫-蔡真对玛金-苏伦的形态表现出来。会议上的决定是贯彻负责人克佐甫的主张，他追随了李立三的路线。茅盾对会议场面进行了逼真的描述，也从侧面批评了左倾冒险主义。

（五）新儒林外史

茅盾用观察者的视线，以 1930 年 5 月至 7 月间的上海公债交易所和裕华制丝工厂为中心，记录这个时代新的主角——资本家和工人的面貌。按照作家的观察，不仅存在资本家和工人的根本矛盾，资本家内部也存在大资本家和中小资本家间的利害冲突，尤其是产业资本家和金融资本家间存在主要观点的差异。当然工人内部也有觉醒工人和未觉醒的工人，还有为了私利私欲甘当资本家走狗的工人等等，作家为我们展示了壮阔画卷。《子夜》中的独特之处是，作者通过作品中的人物呈现了自己的现实认识，其代表人物就是范博文和李玉亭。

范博文是诗人，李玉亭是经济学教授，这两个人都具有相当准确的现实认识。范博文在吴老太爷过世时，直接预感到了封建残余的风化。如果说这是基于作家的直观判断，那么张素素抛出"社会究竟是什么样的社会"这一问题时李玉亭的回答，把金融界的巨物、工业界的巨头云集的吴荪甫的接待室比作中国社会的缩影，把一来到上海就仿佛窒息的吴老太爷看作正在消失的封建时代的象征，这样的对比辩论则是基于经济学者的情势判断感觉。二人处处可见的现实意识的准确性是基于犀利缜密的分析能力，范博文推定吴老太爷脑出血原因的场面，李玉婷分析形势的场面，都是证明他们逻辑分析能力的例子。

但是，现实认识和价值指向有着密不可分的关系。受价值指向指导的现实认识与基于现实认识的价值指向，两者是辩证统一的关系。但范博文和李玉亭的价值指向层面存在相当大的差异，他们在反封建的层面具有共同的价值指向，但是由于职业、气质的差异，对于当时以上海为代表的资本主义世界持有不同的态度。浪漫的诗人范博文对资本主义的负面持相当的反感，而吊唁的客人们聚集一起对公债券市场孰是孰非难较高下，莫衷一是时，他嘲笑道"投机的热狂哟！投机的热狂哟！你，黄金的洪水！泛滥罢！泛滥罢！冲毁了一切堤防！……"① 另外，葬礼那天，看到在僻静的地方，被男性们围聚在中间跳舞的徐曼丽，"这是他们的'死的跳舞'呀！农村愈破产，都市的畸形发展愈猛烈，金价愈涨，米价愈贵，内乱的炮火愈厉害，农民的骚动愈普遍，那么，他们——这些有钱人的'死的跳舞'就愈加疯狂！"② 他冷笑着唱着。这种讽刺是只有在他不属于"有钱的人们"，也不想进入其中时才可能的批判。

与之相对，冷静睿智的理论家李玉亭觉察到金融资本家向产

---

① 茅盾：《子夜》，长沙：湖南文艺出版社，2014年，第30页。
② 茅盾：《子夜》，长沙：湖南文艺出版社，2014年，第53页。

业资本家扩张势力的算盘，在民族主义的立场上，他怀着希望金融资本家与产业资本家合作的心情，提前将一部分信息透露给吴荪甫，悄悄地给予忠告。但是他也看透吴荪甫和赵伯韬的对立根本上不限围经济层面，其间夹杂着尖锐的政治路线差异。他曾有过与朱吟秋、吴荪莆、赵伯韬为代表的中小资本家、民族资本家、买办资本家构成联合战线，应对工人农民阶级的想法。但是，收到吴荪甫的托付，想和赵伯韬协商却失败折返后，他看到共产党的传单，就有了这样的想法；"吴荪甫扼住了朱吟秋的咽喉，赵伯韬又从后面抓住了吴荪甫的头发，他们拼命角斗，不管旁边有人操刀伺隙等着。"① 认识到这一"怪异的图画"的瞬间，李玉亭明白自己的想法是不可能实现的，主动选择了赵伯韬。最终他们都具有妥协的性格。对于资本主义和资本家的批判强度虽有差异，但他们知识分子的生活要围绕着资本家实现。

　　本文将发表于 1933 年的茅盾的《子夜》设定为民族志，通过它重新构成 1930 年代的上海。1930 年代上海的人物同当时社会的总体矛盾联系在一起。《子夜》以 1930 年的上海为舞台，深入剖析了资本家和工人间的矛盾本质。不但如此，民族产业资本家、买办金融资本家、大资本家和中小资本家之间的矛盾也都被写实性地、密集地挖掘出来。它犀利地讽刺了当时上海各色知识分子的形象，获称"新儒林外史"。这部作品以上海——最尖锐地呈现当时反封建反殖民地性质为主的中国社会矛盾的大都市，以及农村为背景，真实地呈现了左和右、中国和外国的对立为主轴的阶级矛盾和民族矛盾。不但如此，也反映了民族内部和阶级内部进行的各阶层的尖锐暗斗。其结果是整体表现了中国民族资本家如何破灭，中国农村农民如何荒废没落的过程。

---

　　① 　茅盾：《子夜》，长沙：湖南文艺出版社，2014 年，第 203 页。

五、《长恨歌》: 讽刺与反思的 "厚文本"

有关王安忆的研究, 主题和观点十分多样且丰富。① 对《长恨歌》的研究更是包括了女性与性别、城市文化与风俗、怀旧、叙事（多层叙事及特征）、城市的肖像、城市民间形态等多种主题。在这些论点中, 本文想着重于上海民族志这一论题。与该论题相关的有南帆②、张旭东③、陈思和④、王德威⑤、曾军⑥等学者的文章。虽然这些学者并没有在文章中明确提出文学人类学和民族志的观点, 但是城市故事、编年史、史诗、文化寓言等关键词却表现出了民族志的性质。

(一) 弄堂—土窑—街头

王晓明考察了改革开放以后特别是 20 世纪 90 年代以来, 上海住宅/房地产市场的膨胀, 以及与之同步展开的上海城市空间沧海桑田般的变化。他指出了 20 世纪 80 年代以前的六个空间——

---

① 张新颖、金理编:《王安忆研究资料（下）》,《第四辑研究资料目录》中, 1981 年到 2008 年的记录长达 47 页, 相反在韩国博士学位论文只有一篇。金珍希:《从传记的角度探讨王安忆文学的转变》, 淑明女子大学研究生院博士学位论文, 2009 年。

② 南帆:《城市的肖像——读王安忆的〈长恨歌〉》,《小说评论》1998 年第 1 期。

③ 张旭东:《上海怀旧: 王安忆与现代性的寓言》,《批评的踪迹: 文化理论与文化批评 1985—2002》, 北京: 三联书店, 2003 年, 第 316—317 页. Zhang, Xudong, "Shanghai Nostalgia: Mourning and Allegory in Wang Anyi's Literary Production in the 1990s", *Postsocialism and Cultural Politics: China in the Last Decade of the Twentieth Century*, Durham: Duke University Press, 2008。

④ 陈思和:《怀旧传奇与左翼叙事:〈长恨歌〉》, 载《中国现当代文学名篇十五讲》, 北京: 北京大学出版社, 2004 年。

⑤ 王德威:《海派文学, 又见传人: 王安忆的小说》,《如此繁华》, 上海: 上海书店出版社, 2006 年。

⑥ 曾军:《观看上海的方式》,《人文杂志》2009 年第 3 期。

工业生产空间、公共政治空间、居住空间①、商业空间、交通和其他社会服务空间、公园等公共社交空间在改革开放以后的巨大变化。这种变化包括公共政治空间和工业生产空间的大幅减少，以及公共社交空间的大幅缩小，与之相对的则是商业空间、住宅空间和政治公务空间的扩大。在王晓明关于上海新空间的考察中，需要关注的是他的"三位一体"，即"以住宅为中心的组合建筑空间，将"家"安放于人生中心的心理结构，以住宅和居家为核心的日常生活方式"。通过这样的三位一体，"上海的城市空间的重组，或者换一个说法，新的主流意识形态的空间性生产，真是非常成功。"②

如果王晓明考察了整体上海空间结构的变化，王安忆则描写了微观空间，焦点从弄堂到土窑，再移动至街头。作者在开篇部分以"鸽子的视点"，③ 如同相机的推拍照摄出上海的全景，展示了弄堂，弄堂口、密密麻麻的天窗、屋顶的砖瓦、阳台、墙垣等。再将镜头折向天井，穿过会客厅，沿台阶而上，进入闺房和亭子间。这与电影的镜头不同，好似在我们耳边窃窃私语；弄堂是"城市的背景"，是"嘈杂的空间"，有着"复杂的内心"的、抑或"性感魅力"的空间。这种悄声细语是反思性的。"鸽子的视点"从弄堂最终慢慢汇聚聚焦的是"最日常的情景"下弄堂的"感动"和弄堂的"另一个景观"——"流言"。流言是上海弄堂的"精神性质的东西"，也是"思想"和"梦"。流言是"鄙陋""粗俗"

---

① 指以弄堂口、老虎灶、烟杂店和小马路为中心的闲站和聊天地域。在《长恨歌》里，没有对空间的描写，取而代之的是对流言的聚焦。

② 王晓明：《从建筑到广告——最近十五年上海城市空间的变化》，载《热风学术》第一辑，桂林：广西师范大学出版社，2008年，第19页。

③ 有关鸽子的视点，参照曾军：《观看上海的方式》，《人文杂志》2009年第3期。

的，是"言语的垃圾"，然而"反倒可以在世俗中见识到这座城市的内在。""就好像珍珠的芯子，其实是粗糙的沙粒，流言就是这颗沙粒一样的东西。""流言的浪漫在于它无拘无束能上能下的想象力。"类似的描写贯通了小说第一部，以鸽子的视点眺望上海，这一视点是眺望者的视点，也是游走于各处的漫步客（wanderer）的视点，既可眺望整体，又可观察到每个角落。前一视点向我们展现出整体的轮廓，后一视点勾画出了细致的纹络。

文本中王琦瑶，在弄堂的父母家、爱丽丝公寓和平安里这一范围内移动，她的活动半径几乎没有脱离这几所居处。她生平第一次离开这些居处是在李主任去世后，与外婆一同去邬桥，和薇薇及她的未婚夫一起去杭州旅行。也就是说，在王琦瑶心目中占据中心的是爱丽丝公寓。在那里她能找到稳定感，在她初次拜访平安里严师母时，脑海中也浮现出爱丽丝公寓的样子。虽然她来往于上海各处，但内心深处的家始终是爱丽丝。爱丽丝有着"交际花公寓"之称，"它在良娟之间，也在妻妾之间。""她们是彻底的女人，不为妻不为母。""她们的花容月貌是这城市财富一样的东西，是我们的骄傲。"爱丽丝是1949年以前上海的特殊空间，但对王琦瑶来说是自己唯一的家。它在社会主义时期作为隐型结构（hidden structure）而潜在，伴随着改革开放得到了复活。

小说第二部展现出空间描写的巨大变化。1949年以后，平安里的弄堂在第二部中几乎没有得到描写。代替弄堂的是陈思和称作"土窑"[1]的王琦瑶的家。它是所谓新中国的异乡人在一般人民看不到的地方悄悄地聚集度日生活之所。他们是被遗忘的存在，因此是安全的。"萨沙是革命的混血儿，是共产国际的产儿"，按

---

① 陈思和：《怀旧传奇与左翼叙事：〈长恨歌〉》，载《中国现当代文学名篇十五讲》，北京：北京大学出版社，2004年，第383页。

照他的评价，她们"浑身散发着樟脑球的气味，艰难生存"，是"社会垃圾的资产阶级"。即便如此，萨沙在这里可以品尝到不同的美食，获得精神上的满足，所以常常来这儿。他们在平安里39号3层王琦瑶的房间里共度愉快的下午茶时光，共享美食，同过新年，营造着冬日暖炉边的小世界，追求与外部世界隔绝的自己的人生。他们高兴地玩翻花样儿，九连环，打牌或打麻将。他们"白天虚度过日，晚上却充实得很。""只要太阳升起，这就是属于他们的舞台，他们一边唱歌一边跳舞。"1965年对他们来说是美好的光阴。在社会主义的中国，她们在各自的空间内追寻着自己的人生。这个时空不再是明亮的外界，而是阴暗的土窑，如萨沙说的那样。在上海的民族志中必不可少的是对上海美食街的记录。王家沙的蟹肉小笼包、乔家栅的糕点、老大昌的点心、莲心汤、八珍鸭、盐水虾、红烧烤麸、葱烤鲫鱼、芹菜豆腐干、蛏子炒蛋，还有国际俱乐部，红房子等餐厅……这也可当作另一个研究课题。

小说第三部中王琦瑶从土窑中走向街头。这时一个大的变化是电车的消失和舞会的盛行。舞会的盛行犹如老上海复活的象征，但事实上却是完全不同的。王琦瑶作为老上海的代表，常常获邀出席舞会，然而在她眼中这些舞会很糟糕。这与电车的消失完全是一样的。对曾向往、憧憬老上海的26岁的老克腊而言，情况也是如此。因此他们两个便再也不参加舞会了，一个是沉浸于追忆，另一个是憧憬美梦，两人陷入了爱恋。但两人的遭遇没有让我们感觉到这个超越年龄的美丽爱情，原因就在老上海这个媒介。换言之，他俩的爱情因对老上海的追忆和憧憬的梦幻而化为乌有。

（二）世俗的处世美学、空虚感

文本中展现着17岁的王琦瑶交友关系中独特的一面。在她身上我们很难找到同龄少女的清纯，她深知处世之道，老练成熟。和吴佩真短暂的交往、与蒋丽莉的相识都反映了这一点。如王德威所指出的，《长恨歌》可以看作是一部电影。作者在作品中写道："四十年的故事都是从去片厂这一天开始的。"王琦瑶17岁时第一次去片厂，随处走走看看，她看到穿着半透明睡袍的女人死在床上的拍摄场面。王琦瑶不知怎的在这里感到了一种亲切感。依据作者的伏线，王琦瑶看到的场面就是自己死去的画面，小说的故事是对之前过程的叙述。王琦瑶扮演着在片厂看到的剧情，为此她一生忙碌奔走着。像尘埃那样虚无消失的人生或者城市空间的氛围，不禁让人联想到加西亚·马尔克斯的《百年孤独》。这样看来，在《长恨歌》里面，电影的意义是十分重要的。它代表了电影城市上海，同时和上海少女王琦瑶紧密连接，一方面是王琦瑶观看的电影，另一方面是电影里的王琦瑶。

王琦瑶用四十年的时间在上海的舞台上认真投入地演出着。然而她所扮演的角色与真实性（authenticity）有着一定的距离。对她来说重要的是处世术。好比训练有素的演员不显露自己的欲望，引起他人的关心。王琦瑶还是个身体上、精神上不上年纪的人。她即便年过五十还同张永红等跨越年龄成为时尚朋友，与老克腊忘年相爱。事实上她十几岁时就与四十多岁的李主任不顾年龄谈过恋爱，和程先生是忘年之友。但程先生最后拒绝了她的劝诱，从南柯一梦中醒来，老克腊从枕边发现的一丝银发让他从空虚中醒悟。

王琦瑶的心中有一个淑媛的梦。一个是生活中的淑媛（上海生活），另一个是幻想中的淑媛（照相馆橱窗里的王琦瑶）。"前者是入心的，后者是夺目的，各有各的归宿。"淑媛王琦瑶与少女王琦瑶相比，具有耐心、安静、安守本分的特质。"她天生就知道音高弦易断，她还自知登高的实力不足，就总是以抑待扬，以少胜多。效果虽然不是显著，却是日积月累，渐渐赢得人心。"王琦瑶的独特之处是 17 岁的她和 57 岁的她相比没有什么变化。她 17 岁时领悟到的涉身处世之道伴随她一生，直到她 57 岁时去世，这种处事之道好比她的传家宝刀。学生时代吴佩真和蒋丽莉受她的左右，连比她年长 10 岁的程先生也猜不透王琦瑶的心思。17 岁的王琦瑶就谙知世态人生。对那些未在上海生活过的人来讲，她是何时、怎样习得时尚感和熟知美食的，但这是支撑王琦瑶"们"的支柱。严家师母说吃的东西是一个人的内在，而一个人的外在则体现在服饰上。严家师母说情趣和心态体现在服饰上。因此严家师母们把吃的和穿的看得尤为重要，看作是人生的全部。对她们来说，舞会和时尚必不可少。因为这些充分体现出她们的功名心。因为社会主义的三十年禁止了舞会和时尚，所以作者在小说第三部里对有关的内容进行了重点描写。三十年前后发生了巨大的变化，这种变化就是从优雅向低俗的转变。

陈思和认为王琦瑶是现实生活之外的虚构人物，[①] 是一个矛盾体。如果用德勒兹式的表达，就是"潜在的而实际的"。[②] 王琦瑶们不是观念中的人物，应被看作实在的个体。她们存在于 20 世纪 40 年代以前，以及 20 世纪 80 年代以后。如果说张爱玲和严家师母（或王琦瑶外婆）是她们的前世，那么卫慧和张永红等就可以说是她们的今生，《上海宝贝》的主人公 CoCo 等就是她们的嫡女。无论是过去还是现在，她们作为上海的老板娘，装饰着上海、

---

① 陈思和：《怀旧传奇与左翼叙事：〈长恨歌〉》，载《中国现当代文学名篇十五讲》，北京：北京大学出版社，2004 年，第 395 页。

② "观念的（the ideal）是实在的（the real）的对立，但潜在的（the virtual）不是实在的对立。潜在的是现实的（the actual）的对立，而这也是一个完全实在的。""潜在的是非现实的，但又是实在的。"迈克尔·哈特著，金尚云、杨昌烈译：《德勒兹思想的进化》（韩文），首尔：Galmuri，2006 年，第 394 页。

经营着上海、书写着上海的故事。

《长恨歌》中登场的人物都是政治上的边缘人。文中不仅勾画了王琦瑶和严家师母等女性，还勾画了程先生、康明逊、萨沙等男性。处于政治中心的李主任是小说中的边缘角色，文中对李主任的描写大部分是和王琦瑶相关的，而这些描写并不是大叙事。对解放以前蒋丽莉的父亲或是解放以后严家师母丈夫的描写，也是模糊的。作者在文本中对其中的人物进行着"成为女性（being-woman）"的实验，这一实验不停留在单纯的女性中心的叙述，而使之与德勒兹所提出的"成为少数者（being-minority）"相联系。第三部里出现的年轻男性——小林、老克腊等对政治毫无关心，只追求自身的兴趣。王琦瑶可谓是他们的良师。1945 年、1949 年、1957 年、1966 年等时间节点是中国革命史中重要的分界，对王琦瑶们却没有产生任何影响。她们依旧过着自己的小生活。唯有程先生是个例外。

程先生可谓是去意识形态的美学主义者。在 20 世纪 30 年代，他是上海摩登的先驱者和代表。他接受、享有西欧文化，最后将热情倾注于摄影，但是这变成了为王琦瑶服务的东西。在朋友的介绍下他结识了王琦瑶，从给她拍照那天起，他就对王琦瑶一见钟情，始终对她无法弃舍。他在准备自杀前，听说王琦瑶要与他共度春宵后才从苦恼中解脱。他同社会主义格格不入，最终以死来抗拒"文革"暴力。程先生的死意味着老上海的终结。程先生的不幸引出的疑问是难以抹去的。几乎所有的人都不能躲避逃脱"文革"的暴力，但是程先生以外的其他人，如王琦瑶们，是怎样从那儿脱身而出的呢？需要指出的是，小说中对这一部分的叙述略微显得不那么具有说服力。特别是在打击资本主义投机倒把分子时，备受平安里居民关注的严家师母和王琦瑶这些爱显摆的女性们没有受到批判，在当时的社会背景下，他们可能安然无事地度过上海的"文革"运动吗？这一现实问题对近现代史中心的上海，革命史中心的上海来说是强烈的反语。

（三）讽刺与反思的"厚文本"

在人们谈论"文学危机"的时期，文学可以做什么呢？人们常常认为危机也是机会，然而机会不会自己找来。只有处在危机中的主体才能创造机会。埋怨产生危机的世态，清高地坐在象牙塔里，是创造不了机会的。事实上文学的历史本身，就是不断摸索变化的过程。尤其是从研究方法论层次上来说，已经出现了结构主义、形式主义、新批评、神话批评、马克思主义批评、解构论。本文介绍了文学人类学研究方法，并试图以此对王安忆的《长恨歌》进行一种新的尝试性研究。

王安忆的《长恨歌》描写了 20 世纪 40 年代后期"上海小姐"王琦瑶的命运和人生的沉浮，作者通过主人公王琦瑶的一生，展现了"一座城市的故事"。[①] 王琦瑶年轻时的灿烂，中年的孤寂，到暮年再次重迎幸福，她一生的写照与上海这座城市 20 世纪的兴旺盛衰巧妙地衔接在一起，隐喻地传达出上海城市的命运。

《长恨歌》被冠以"上海编年史""上海史诗""上海自然史""上海的文化寓言"等众多修饰语，作者的"厚度叙述"无疑增加了文本的厚度，使文本可在多个层次上得到解读。这种叙述方式就是格尔茨人类学的民族志研究方法论，即"厚度叙述（deep description）"。格尔茨将这一概念应用于民族志作业，人类学者

---

① 包亚明：《消费空间"酒吧"和怀旧的政治》，林春城、王晓明编著：《21 世纪中国的文化地图——后社会主义的中国地文化研究》（韩文），首尔：现实文化研究，2009 年，第 404 页。

现场考察时会面临"大量复杂的意义结构，其中许多相互迭压，纠缠在一起"①。因此人类学者在事后为多角度、全方位地说明现场考察时的情况，需要进行多种多样的考察工作。本文认为，具有多种解释的复杂性的意义结构就是"厚度文本"，文本包含的文化含义可被命名为"文化厚度"。

《长恨歌》的文化厚度以讽刺与反思为首要特征。《长恨歌》是文学人类学民族志，对于上海和城市人的虚伪意识，作者通过令人惊讶的讽刺和冷笑般的文字来读解。它是无根无灵魂无历史的。他们认为智慧的处世原则是空虚的。他们眼中高尚优雅的"美"是充满世俗气息的、商品性的。这些反证着被动移植的欧洲文化的无根性，只表现了他们虚伪的人生而已。将在片厂目击的死亡扮演了四十年的王琦瑶的一生是虚妄的。因而文本充溢着反讽意味。与此同时文本中观察者的省察也十分引人注目。时而带领读者从日常性的单调进入思索，时而让读者不受惑于表面现象而直视事物的深层。进一步而言，小说使读者对上海与上海人、城市与城市人进行反思。从这一角度来看，《长恨歌》可谓是富有讽刺与反思意味的厚文本。

六、结　语

本研究的基本前提如下：尝试将通常被认为是虚构的近现代小说文本设定为民族志文本。民族志学者进入实地，通过一定时间的"参与观察"（participant observation）进行调查，采访核心人物，记录民族志；作家与之类似，也是经过实地调查、参与观

---

① 克里夫特·格尔茨著，文玉杓译：《文化的解释》（韩文），首尔：Ggachi，1999 年，第 20 页。

察以及访谈这样的过程完成作品。本文尝试将这样完成的作品设定为民族志。具体是把传记设定为生涯史，小说家设定为进行实地调查的民族志学者，小说文本设定为民族志，作品中的人物设定为信息提供者。当然，并非所有的文本和作家都能被视为民族志和民族志学者，最重要的判断依据是文本和作家是否采用参与观察姿态的观察者视角。

本文将被誉为中国近现代文学之嚆矢、备受关注的《海上花列传》设定为上海民族志，通过对 19 世纪末上海租界和妓院、上海新的主体——商人和妓女的分析，考察《海上花列传》的民族志性质。将《海上花列传》设为反思及慨叹的多声部文本，同时考察构建文本时所采取的穿插及藏闪手法。

在"《长恨歌》：讽刺与反思的'厚文本'"论述部分，笔者在分析相关的几篇文本研究成果后，从微观史的视角眺望以弄堂为中心的生活空间。在小说第一部的开头，作者以远景描写鸟瞰整个区域，镜头指向位于主人公王琦瑶生活的石库门的弄堂，再转向石库门，最后移动至王琦瑶的闺房。像这样的细致描写重新建构了 20 世纪 40 年代到 80 年代上海的弄堂、住宅和街道的变迁过程。其次，通过对主人公王琦瑶和程老师的描摹，考察了上海女性和上海男性的典型人生和情趣，以及他们的身份认同。在中国辽阔的地理空间内，上海处于独特的位置，在众多的地方人群中，"上海人"更被认为是一种特殊的存在。其中"小资"尤为与众不同，他们大多是中产阶层，具有一定的经济能力，他们不再追求更大的富裕，而是寻求自身的兴趣爱好，享受高品质的人生。主人公王琦瑶，以及爱慕王琦瑶但始终不表白、一生陪伴在其左右的程老师便是典型的人物。本文将他们的生活轨迹重新建构成民族志，进而试图探究上海人的身份认同。

本文具有试图探讨从文学人类学角度进行研究的可能性的性质。设定文本是民族志，以文学人类学的观点分析，这种分析并不意味着与从前的文本分析存在完全不同的分析结果。究其原因是文本本身是实际的且潜在的，因而具有许多解释的可能性。此外，本文的目的不是要证明几部文学作品的民族志性质，而是假定其为民族志，证明其厚度。

（翻译、校对：王凌云，烟台大学国际处）

跋

韩国汉学家眼中的文学上海

一

对于韩国而言，上海是一座意义非凡的中国城市。1910 年日本侵吞朝鲜半岛之后，越来越多的韩国人移居上海。1919 年以后，上海已经形成了韩人社会。[①] 大韩民国临时政府 1919 年成立于上海，现在的韩国政府亦以在上海成立临时政府的 1919 年作为大韩民国的开国元年，历任韩国总统都会前来拜访。临时政府之所以建于上海，而且得以维持了 27 年之久，关键在于沪上中国人大力支援被压迫的韩民族。韩国临时政府与沪上中国人长期保持着友好的关系。[②]

1920 至 1930 年代的上海是"东方的巴黎"，对韩国人充满了吸引力。上海也是近代以来韩人留学的热门城市，留学的韩人中涌现了不少作家。据统计，现代来华留学的 14 位韩人作家中，在上海留学的有 9 位之多，占总人数的 64%，其次是北京、杭州、

---

① 孙科志：《上海韩人的宗教活动初探》，《档案与史学》2000 年第 1 期。
② 李寿成：《透过韩国独立运动看韩中关系与东亚的将来》，《韩国研究论丛》2000 年卷。

南京、广州等地。① 来华留学的韩人作家大多集中在上海。因此，上海成为了韩国现代文学中经常出现的都市空间，二三十年代韩国文学中与上海有关的文章就有 90 篇之多。② 例如，崔独鹃、姜鹭乡的小说中都书写了一批怀着"上海梦"离开家国，来到上海闯荡的韩国人。上海是中外文化的交汇点，上海文学也是中外文学交汇的产物。上海文化身份的多样性为上海主题的文学书写带来了暧昧性，以至于"上海"一词本身就成为了一种内涵丰富的隐喻。外国人参与的文学上海不仅塑造了上海文学，也深刻地参与到了上海城市品格的塑造之中。上海至今时常被提起的"魔都"外号就源自日本作家村松梢风的小说《魔都》。对于韩国学者而言，上海不仅是他们熟悉的中国都市，也是现代中国乃至东亚城市的缩影。研究上海文学，不仅寄托了他们通过文学观看上海及现代中国的心愿，也是另一种反观与思考自我的方式。

在这一背景下，《韩国汉学中的上海文学研究》应运而生。此书由韩国国立木浦大学教授、韩国中国现代文学学会前会长林春城教授③主编而成，它是中韩学术交流与合作的结晶，④ 也是兼具

---

① 韩晓：《民国时期来华留学韩人作家的跨体验与文学书写》，山东大学博士论文，2017 年，第 25—26 页。

② 韩晓：《民国时期来华留学韩人作家的跨体验与文学书写》，山东大学博士论文，2017 年，第 67 页。

③ 林春城教授毕业于韩国外国语大学，硕士论文研究《史记》，博士论文为《中国现代文学（前期的）大众化论研究》，曾担任韩国中国现代文学学会会长。出版有《通过小说观看现代中国》（1995），《中国近现代文学史话语和他者化》（2013），《后/脱社会主义中国的文化认同与文化政治》（2017），《后/脱社会主义中国批判思想的谱系》（2021）等著作多种，还将李泽厚的《中国近代思想史论》等学术名著译成韩文并出版。

④ 据王光东教授介绍，之所以会产生编选《韩国汉学中的上海文学研究》一书的想法，是因为 2019 年在韩国参加学术会议的时候与林春城教授谈上海文学，了解到韩国也有不少上海文学的研究者，于是有了编选这部论文集的想法。王光东与林春城相识于上海，二位合作编选的《新世纪韩国的中国现当代文学研究》（2013）一书已经展示了中国现当代文学研究中的韩国力量。

世界眼光与地方意识的海派学术力作。在《韩国汉学中的上海文学研究》一书中，林春城选取了新世纪以来韩国学者的上海文学研究论文十篇，将韩国的上海文学研究分为"韩国/朝鲜作家的上海经验"和"文学上海"① 两个部分，以"文学上海"为重点，即通过文学作品来观看上海。

　　近代以来的上海究竟是一座怎样的城市？文学为我们观看上海提供了直观而丰富的视角。在中国作家林语堂的笔下，在上海的早晨醒来可以享受音乐会般的愉悦交响曲；在英国作家毛姆的眼中，这是一座东方的十里洋场，是英国人可以尽情享受上等人生活的地方；在日本作家芥川龙之介的笔下，这是黄包车夫如强盗般横行、卖淫猖獗、公共卫生堪忧的罪恶之都；在韩人作家崔独鹃的眼中，上海却是一座外国殖民者可以作威作福、中国穷人生如草芥的城市。一方面，陈西滢说"上海完全是外国人的上海"②，另一方面，在日本人中大受欢迎的《上海指南》却向游客大力推荐富有中国风情的愚园而非在中国人中人气最高的欧式公园——张园。一千个作家眼中有一千个上海，不同国家作者眼中的上海更是大相径庭。

　　在这部论文集中，林春城对"文学上海"的概念作了拓展与延伸，"文学上海"不仅指通过文学来观看上海，还提示了一种把上海文学作为上海民族志研究文本的可能性。在人类学家看来，民族志是把世界保留在纸面上的一种书写；林春城则指出民族志与文学作品有相似之处，民族志从文学中汲取了讲故事的能力。

　　①　邓金明认为"文学上海"在结构上包含"文学中的上海""文学化的上海"以及"文学与上海"三个层次（邓金明：《作为方法的"文学上海"——上海与文学关系的反思与重建》，《学术界》2011 年第 12 期）。陈思和、陈慧芬、吴俊、袁红涛、曾军等学人都使用过"文学上海"这一概念。
　　②　陈源：《"乌龟坐电车"及其他》，《西滢闲话》，北京：中国文联出版公司，1998 年，第 75—76 页。

在《文学人类学的可能性与上海民族志——以〈海上花列传〉〈子夜〉〈长恨歌〉为个案》一文中，他使用了文学人类学的方法，把《海上花列传》《子夜》《长恨歌》等现实主义小说作为上海民族志的研究文本，认为可以通过这些小说来了解上海和上海人。在他看来，《海上花列传》是反思和慨叹 19 世纪末上海的新空间（租界和妓院）、新主角（商人和妓女）的多声部文本；《子夜》以上海为舞台解剖了资本家和工人的纠葛，而且揭露了民族工业资本家和买办金融资本家、大资本家和中小资本家之间的矛盾，进而尖锐讽刺了资本家周围的知识分子；《长恨歌》是关于上海城市空间的民族志。

林春城曾在上海大学访学，对中国的文化研究有所了解。他以文学与文化研究并重，其上海文学研究也受益于此。他以民族志的方法来研究上海文学，在韩国的中国文学研究领域率先展开了文学人类学的跨学科探索。对于韩国学者而言，以文学人类学的方法研究上海文学文本，既是一种文学研究，又符合外国人通过文学文本来理解中国的需要。他的文学研究与文化研究相得益彰，文学研究的民族志考察为文化研究提供了材料，而文化研究的视野又丰富了其文学研究的方法。近年来，他的研究更是显示出博采中国学之长的融会贯通。他不仅以中国文学研究者见长，也以华语电影研究者见长。中国文学与华语电影虽然属于不同的文艺形式，但都可以被视作中国民族志的研究材料。他关注其中的中国及中国人故事，因而电影与文学在他的研究中呈现出一种关联性与整体性。如果说《文学人类学的可能性与上海民族志》是用文学来解读上海，那么《移民、他者化与身份认同：电影里再现的上海人》就是用电影来认识上海与上海人。他的研究具有注重思想性与理论深度、关怀中国现实、跨学科及跨文化意识强、善于比较与批判的特征。他以"话语和他者化（discourse and otherization）"为主要研究视角，提出了"东亚近现代（East Asian modern）"的概念，认为东亚国家在近现代大都遭遇了西方挑战，但各国的国情不同，选择的道路也不同。①

本书所研究的新感觉派小说、《上海的早晨》《上海宝贝》《富萍》等都可以作为上海民族志来阅读，这体现了韩国学者通过文学研究来深入了解现当代中国的普遍兴趣，也呼应了林春城"文学上海"的理念。他们关注上海的方方面面：从晚清画报、《海上花列传》中呈现的近代上海，到左翼、新感觉派、京派、海派作家所书写的现代上海，再到反映社会主义建设初期上海的《上海的早晨》，书写上海外来移民生活的《富萍》与表现上海"70 后"年轻人生活的《上海宝贝》，都成为他们重点关注的对象。将这些文学文本作为上海民族志来阅读，也为发掘它们的价值提供了新思路与新理论。

二

有幸参与到本书的校对工作之中，笔者近水楼台先得月，收获甚多。尽管作者中不乏韩国知名学人，但对于大部分中国读者而言还很陌生。在林春城教授的协助下，每一位作者都向笔者提供了他们的学术简历，耐心回答了笔者提出的问题。韩国学者谦虚尚礼、认真纯粹的学风令人印象深刻。下面请允许我对此书中收录的论文及其作者一一介绍。

---

① 林春城，刘世钟，高允实，高明；《"民族志"视野与"作为方法的东亚"——林春城、刘世钟教授访谈》，《杭州师范大学学报（社会科学版）》2012 年第 6 期。

　　首篇论文《〈点石斋画报〉勾画出的 1884 年上海租界——视线和再现的问题》的作者闵正基是韩国仁荷大学文科学院中文系教授，他毕业于首尔大学，博士论文题为《关于晚清时期上海文人书写的研究：以王韬为中心》。他是为数不多的研究上海近代文学的韩国专家。闵正基以中外近代报刊为中心，对上海出版的《点石斋画报》《图画日报》《中国丛报》等都有研究。他尤其擅长解读报刊中的图像，且解读方式别具一格。近年来国内对《点石斋画报》的研究渐成热点，出现了两百多篇论文，还有博士、硕士论文多篇。相较于国内研究成果，闵正基的研究具有如下特色：

　　他特意截取了 1884 年 5—11 月这半年中的《点石斋画报》来研究，通过聚焦分析图像来研究近代上海与中国。闵正基之所以会截取《点石斋画报》初期的资料来研究，是因为他发现创刊后两三年间《点石斋画报》对上海的关注最明显，对近代世界的关心也最深，因此认为集中探讨这一段时期《点石斋画报》如何描述上海会有意义。这种以小见大、深耕细作的研究方式，值得借鉴。

　　在细读文本与图像的基础上，他对照图像解读文字再现和视觉再现，从而挑选出"视觉翻译"（visual translation）这一理论视角来解读图像呈现过程中出现的意义上的对应和迁移。有关"视线"和"再现"的讨论综合了当时在韩国流行的有关理论，吸收了西方有关文化研究（cultural studies）和视觉文化（visual studies）的理论优长，着重于再现背面视线的"重层结构"以及它的"多元性"。《点石斋画报》有许多研究面向，他特意在其中选择了租界作为研究重点。近现代来到上海的韩人作家也喜欢书写租界，尤其关注其中的殖民性。闵正基细致地对比了上海租界与其他区域的差异，展现了租界与西方现代性之间的强烈联系。

租界就像是西方现代性降落在上海的一个试验场，其力量一波一波地传递到上海华界、内地，力量逐渐减弱。他在文中提出了一个发人深省的问题：《点石斋画报》的画页是否以帝国主义的"近代-欧洲-进步/传统-中国-落后"视线来捏造"现实"呢？租界不等于现代性，更不等同于进步，文中隐藏着对西方现代性的反思态度，以及对将现代性看作一元性实体的反思态度。

第二篇论文《20 世纪 20 年代中国革命文学的过渡性与蒋光慈》的作者朴敏镐是韩国尚志大学中国学系助理教授，他毕业于韩国外国语大学，曾在华东师范大学研修两年。他的博士论文为《改革开放以后中国的文学危机话语研究》，对中国当代文学中的都市小说、改革开放与中国文学的关系、1980 年代的中国文学等都有所考察。

1920 年代的中国文学由文学革命走向革命文学，而蒋光慈便是革命文学的代表作家之一。对于中国读者而言，蒋光慈只是中国现代作家之一；对于韩国读者而言，读蒋光慈却可以理解中国 1920 年代的文学与社会。蒋光慈是"中国无产阶级革命文学的'开山祖'和第一人"①，他与革命的关系也是蒋光慈研究中的热点。朴敏镐对蒋光慈的研究没有避开这一热点，但在《20 世纪 20 年代中国革命文学的过渡性与蒋光慈》一文中，他明显带入了一种外部的视线，将蒋光慈作为研究 1920 年代中国革命文学的个案，尤其注意浪漫主义与现实主义的关系。朴敏镐注意到了蒋光慈与苏俄、朝韩、日本的关系，提示了一种在世界主义的视野下重新认识蒋光慈的可能性。

朴敏镐对蒋光慈的创作在整体上持肯定态度，并不诟病其小

① 方铭，马德俊主编：《蒋光慈全集》第一卷，合肥：合肥工业大学出版社，2017 年，出版说明。

说模式。在中国，蒋光慈的文学创作向来被视为"革命＋恋爱"的典型，对其艺术价值的评价并不高。朴敏镐却从现实主义与浪漫主义的双重视角切入，为这种"革命＋恋爱"的模式找到了恰当的参照系。在他看来，蒋光慈的小说体现了现实主义与浪漫主义之间的互补关系。他从一位充满着革命浪漫主义的文学青年逐渐转变为成熟的作家，绝笔之作《咆哮了的土地》实现了现实主义与浪漫主义的统一。朴敏镐还发现蒋光慈的作品中存在着两种浪漫主义：个人浪漫主义与集体浪漫主义。《丽莎的哀怨》被批判其实反映了集体浪漫主义与个人浪漫主义之间的缝隙。蒋光慈的英年早逝与精神上遭受打击密切相关，他因为把文学活动和党的工作相提并论而被开除党籍，反映了个人浪漫主义与集体浪漫主义之间的矛盾。

为何被瞿秋白、茅盾等左翼批评家严厉批评的小说模式能够获得韩国学人的认可？如果对同一时期客居上海的韩人作品有所了解的话，就不难理解了。朝鲜半岛被日本吞并之后，大批爱国者来到上海从事抗日复国运动，并在上海建立了大韩民国临时政府。上海对于当时进步的韩人而言是令人向往的革命圣地。因此，不少韩人来到上海留学并从事文学创作，"革命＋恋爱"也成为了他们小说中极为常见的模式。朴敏镐的研究提醒我们，也许问题并非出在"革命＋爱情"这一写作模式上，单因这一写作模式来否定蒋光慈是有问题的。现实主义与浪漫主义的矛盾在蒋光慈写作中的凸显，其实也反映了两种思潮在1920年代中国革命文学中的张力。蒋光慈成名甚早，20岁就被陈独秀推荐到苏联留学，是第一批就读于莫斯科东方大学的中国学员之一，同期就读的还有刘少奇、任弼时等人。不过，热爱文学的蒋光慈却将大量时间投入文学创作之中，成为了中国革命文学的拓荒者之一。年少成名且一腔热血的蒋光慈还来不及磨炼，已经被时代的洪流推上了革命文学的浪潮之尖。他的小说人物脸谱化，存在明显的艺术缺陷，但他却多产且勇于尝试各种不同的领域。

朴敏镐的研究也让我们注意到蒋光慈与上海文学之间的关系。蒋光慈（1901—1931）出生于安徽，但自1924年从苏俄回国之后，他便长居上海，在上海从事文学与革命活动直至1931年因肺病去世。朴敏镐的研究重新彰显了蒋光慈的价值：在孕育革命文学的20年代，他凭借苏联留学经验所建立起来的革命观和文艺观，以及在弘扬中国革命文艺传统方面所做出的贡献，对于中国革命文学史而言意义非凡。

第三篇论文名为《穆时英小说中的欲望与重叠性意义》，作者是韩国国立木浦大学的孙凑然。她2016年毕业于复旦大学中文系，博士论文为《二十世纪三十年代中国小说的先锋性研究》。《穆时英小说中的欲望与重叠性意义》改编自其博士论文中的第三章《欲望的多种表现：自我意识的挖掘、时空的解体与重叠性意义》。孙凑然对穆时英的关注其来有自，她的硕士论文就以穆时英为研究对象。来上海留学之前，她就比较过上海新感觉派与韩国的现代主义文学流派"九人会"之间的异同，认为现代主义之所以在上海与首尔同时流行起来，是因为两个城市都受到了日本的影响。中国的新感觉派与韩国的"九人会"都受到了日本新感觉派的影响。此外，她还研究过林徽因、严歌苓、阎连科等作家，对中国现当代文学的研究涉猎较广。

国内对穆时英的研究有两大热点，一是研究其新感觉派的小说，二是探究穆时英的政治人生，尤其好奇其死亡原因。后者需要大量的第一手资料及考证，甚至需要走访调研，这显然并非外国学人所长。

孙凑然的论文注重把穆时英放在 1930 年代中国小说的整体视野中来观察，尤其关注其先锋性。她对其小说中的"欲望"与"重叠性"作出了颇有新意的分析。她提出了两大问题：一是应该如何分析穆时英早期作品中的普罗文学因素？二是都市与欲望之间的关系是怎样的？她认为：穆时英具有普罗大众与资产阶级的双重性格，他的作品杂乱而缺少集中点，不能简单以都市性、现代性或左翼性来为其贴标签。她颇有创见地把穆时英的小说创作分为表层、中层与深层三个阶段，认为表层主要写现实经验，即他人（普罗阶级）的经验；中层着重写个人经验，即资产阶级精英的经验；深层中出现了时空的解体，表现了寂寞与虚无。重叠性因素贯穿了这三个阶段。

孙凑然注重在世界文学以及海外汉学的视野中去研究穆时英，对理论的应用也是得当娴熟，同时展现了复旦中文系学子文本细读的功力，其研究本身就带有中外交融的优势，提出了许多新颖的观点。

第四篇《师陀眼中的上海肖像——以〈结婚〉为中心》一文的作者是高丽大学世宗校区的南姬汀。她以师陀小说《结婚》为中心呈现了沦陷时期上海文学的面貌。南姬汀硕士、博士均毕业于韩国高丽大学，博士论文为《沦陷时期上海文学的日常性研究》，这篇论文就改编自其博士论文。除了研究师陀之外，她还研究过庐隐、钱钟书、毕飞宇等中国现当代作家。

师陀是河南人，往往被视为京派作家或乡土文学作家，而南姬汀却反其道而行之，关注其笔下的上海。因此这一标题本身就暗含张力：京派作家或乡土文学作家眼中的上海肖像是怎样的？作者特意指出师陀本人是反对遵从任何流派的，这也为我们理解上海对于师陀文学生涯转折的意义作了铺垫。南姬汀通过文本细读，遵循师陀对都市空间的批判性认识思路，阐明上海这座近代都市所具有的两面性以及蕴含在都市日常中的人类欲望。南姬汀的文字中隐含着她对现代性的批判，她发现：现代人外表的摩登掩饰了他们内心深处隐藏的焦躁不安，摩登其实是一种都市文明的符号。其实这不仅适用于1940年代的上海，也适用于今天的现代都市。对于中国读者而言，韩国汉学家对上海的研究无疑是一面镜子，照亮了我们视野中的盲区；对于韩国研究者而言，较早接受西方现代性的上海也是一面镜子，照出了东亚城市在现代化进程中的多面性。

第五篇《〈红玫瑰与白玫瑰〉里的女性和反现代性》作者是鲜文大学中语中国学系的金顺珍教授。她是中国现代女性文学研究中有代表性的韩国学者。她的硕士、博士均就读于韩国外国语大学，其博士论文《张爱玲小说研究：从女性主义视野看身体、权力和叙事》思想深刻，在韩国学界影响较大。[①] 她关注中国近现代的女性小说与儿童文学，对张爱玲、阎连科、韩少功、格非、王小波、余华、张天翼、叶圣陶、黄春明、李昂等中国作家都有研究，她还致力于将中国文学作品和研究翻译成韩文，翻译了张爱玲、格非、李洱、王小波、戴锦华等人的作品。

金顺珍对《红玫瑰与白玫瑰》的解读从家长制的角度出发，认为佟振保是张爱玲塑造的"最合理想"的中国现代男性，他生存的法则就是把女性分为红玫瑰与白玫瑰。他只能和白玫瑰结婚，而一个家庭中只能有一朵白玫瑰。因此白玫瑰孟烟鹂的出现驱赶了曾经是白玫瑰的母亲，也驱赶了佟振保。红白玫瑰不是一成不变的，孟烟鹂因为丈夫的缺失而变成了红玫瑰，王娇蕊离婚后再

---

① 成箕淑：《韩国的中国现代女性文学研究》，复旦大学硕士论文，2009年，第47—48页。

婚，也成为了白玫瑰。张爱玲用这样的结构呈现了被男性区分的两种女性：红玫瑰和白玫瑰，其实这并不是两种女人，而是同一个女人的两面。

金顺珍对《红玫瑰与白玫瑰》的研究角度新颖，没有停留在传统的女性主义批判的层面，而是引入了家庭视角，将佟振保把女性区分为红白玫瑰的想法视作现代中国男性的观念，认为张爱玲将这种两分法视为现代性的主要特征而加以批判。她分析了这篇小说中的母亲与儿子，认为作为儿子的佟振保之所以会形成这种观念，是因为中国社会中弥漫着重视母性的倾向。她还引用了韩国的流行语"妻子比女人漂亮""母亲比女人能忍"，认为韩国社会中也弥漫着同样的倾向。金顺珍对《红玫瑰与白玫瑰》中女性母亲身份的出色研究，也是基于她对于韩国社会现象的观察与思考而形成的。她的发现不仅适用于中国，对韩国读者而言同样富有启发。

第六篇《从〈上海的早晨〉看 1950 年代资本家与革命家的形象》论文的作者是韩国天主教大学中文系的高在媛。她 2014 年在华东师范大学获得文学博士学位，博士论文《现代性语境下"青年话语"：1900—1920 年代中韩思想与文学比较》比较了 20 世纪前二十年中韩文学中的"青年话语"，发现 1920 年代初期中韩文学中都出现了"恋爱热"，反映了中韩青年自我觉醒，走向现代个人的一种挣扎。

她以《上海的早晨》这一部当代文学史中不太受重视的小说为研究对象，考察的同样是中国学者较少关注的资本家与革命家形象。中国学界对这部小说的研究主要集中在与《子夜》的比较，或是通过它来研究上海与革命改造，或是研究其叙事策略，很少有专门通过这部小说来研究 1950 年代资本家与革命家形象的。

《上海的早晨》受到典型环境典型人物思想的影响较深，人物形象的设计偏于扁平，带有较强的预设性。作为一部小说而言，《上海的早晨》艺术性固然有所缺陷，但也正是因为典型人物典型性格的指导思想让小说中的资本家、革命家与无产阶级的形象格外突出。在关心中国社会主义改造的韩国学者看来，《上海的早晨》以宏大的篇幅、生动的笔触写出了 1950 年代初期上海的社会主义改造，是了解和研究 50 年代中国的重要文本之一，对于外国人而言也是一种新奇的阅读体验。

不过，高在媛并没有停留在简单的人物分析层面，她用英国文化批评家雷蒙德·威廉斯的文化研究方法，从《上海的早晨》考察 1950 年代中国的政治和经济之间的关系。她仔细分析了代表社会主义家庭典范的新中国干部家庭、工人阶级家庭的结构，认为在 50 年代的中国社会主义改造过程中，资本家比较稳定地适应了社会主义体制。

她的研究为我们从海外汉学的角度理解一些因时代变迁而渐趋沉寂的文本提供了范例。对于中国人而言，50 年代是不太遥远的，它流动在我们自己或者亲友的记忆中，很少会有人想到要专门通过一部小说去了解 50 年代中国的社会主义改造。然而对于外国人而言，《上海的早晨》却为他们理解中国提供了不可多得的鲜活材料。这也提醒我们，对一个文本的解读与评价不能局限于一种语言、一种视野。

第七篇论文《王安忆的〈富萍〉与上海移民者叙事》作者是韩国全北大学中语中文学科的金垠希教授。她先后就读于韩国梨花女子大学与首尔大学，博士论文为《1920 年代中国的女性小说研究》，在以丁玲、冰心、陈衡哲等为代表的中国现代女性研究方面颇有建树。此外，她还是一位有名的翻译家，将《徐霞客游记》

《富萍》等众多汉语作品翻译成了韩文并出版。

中国学界对王安忆的兴趣多集中于《长恨歌》，对《天香》《小鲍庄》《启蒙时代》的研究也多于《富萍》。韩国学界也是如此：对《长恨歌》的研究斐然，对《富萍》的研究很少。在对《富萍》的研究中，中国学者对《富萍》的研究也会从小说与上海的关系着手，但将关注点聚焦于上海移民者叙事的并不多。金垠希将《富萍》视为一种流浪汉小说，尤其关注王安忆精心刻画的保姆集团。她从王安忆创作世界的方向转换之意义对《富萍》进行了考察，着眼点在于该作品所呈现的上海底层叙事。与中国研究者不同的是，金垠希注重从小说中提炼历史史实，如上海移民的流动、日本侵华的历史等，显示出了外国学者对现代中国的关心。她还敏锐地注意到上海城市空间中的上下位之分，淮海路居民对苏州河畔居民有一种心理优越感、而苏州河畔居民又对梅家桥棚户村居民有优越感。每个叙事空间所具有的文化意义网以及与下位空间的相互关系，与富萍的订婚与退婚密切相关。她注意到，富萍的退婚与以奶奶为代表的淮海路保姆们以上海人自居、看不起乡下人的潜意识有关；而苏州河畔棚户区的居民却以信义为标准来衡量富萍的退婚。

金垠希的分析让我们发现了王安忆隐含在作品中的批判意识。延伸到《长恨歌》也是如此：弄堂出身的上海女孩王琦瑶为世俗欲望所诱使，不断地想爬进城市中心的繁华世界，结果逐步走向灭亡。乡下姑娘富萍却恰恰相反，从城市的中心区域到边缘地带，再到边缘的边缘，表现出了顽强的生命力，像不倒翁一样站立着。针对有的研究者指出的"王安忆危机论"（王安忆始终未找到适合自己的精神立足点），金垠希认为这样的多样性和多变性更能适应转型期中国社会带给人们的文化心理变化，是一种富有能动性的作家书写策略。她的研究为我们重新理解《富萍》与王安忆提供了新的观点与视角。

第八篇论文《"70后"人群的文化征候——以〈上海宝贝〉为例》的作者是韩国建国大学中文系的鲁贞银教授。她在1993—2000年间就读于复旦大学中文系，获得现当代文学硕士、博士学位，博士论文为《胡风的文学思想与理论研究》。她出版有《重读胡风》《路翎批评研究》《韩中日现代文学史的叙述研究》等著作及译作多种，对海派文学、伪满洲文学、韩国文学中译等都有研究。

国内对《上海宝贝》的研究多聚焦于对"70后"女作家身体写作和消费文化等方面，而鲁贞银对《上海宝贝》的研究则从韩国汉学家的角度提出了新的见解。她发现，中国文坛对以卫慧为代表的新人类文学给予否定并进行了猛烈的抨击，但这一文学现象却在当时引发了前所未有的社会反响，反映出对消费文化的渴望，《上海宝贝》也被当作一种文化现象与大众文化符号。尽管《上海宝贝》在国内洛阳纸贵，但对煽情文学司空见惯的韩国读者对此并不买账，因此《上海宝贝》在韩国遇冷，反响平平。

韩国学者对社会主义国家的好奇也表现在对《上海宝贝》的研究中。鲁贞银的研究指出小说展现了"70后"新人类在90年代的中国社会转型中的彷徨与困惑。"写作"与"性爱"这两大主题正是他们对抗虚妄的方式。鲁贞银还用布迪厄的城市理论来研究《上海宝贝》所勾勒的上海，认为小说中的上海并不是单纯的作为物理性存在的都市（city），而是由符号、媒体和符码构成的形象（the urban）。上海空间与卫慧的自我意识具有同步性，都被看作是派生于殖民资本主义的剩余物。尽管中国文坛普遍将以卫慧为代表的90年代后期"70后"文学视为幼稚的文化现象，鲁贞银却发现了他们存在的另类价值：他们的文化地理位置不仅如实反映出中国社会的文化"空缺"，还表明以脱近代的方法解决近代课题的尝试是多么乏力。

第九篇论文《俞镇午的〈上海的记忆〉与消失的"国际歌"》作者是韩国东国大学中文系的金良守教授。他毕业于成均馆大学，在鲁迅研究、中韩比较、上海文学、华语电影等方面都有深入的研究，曾担任韩国中文学会会长（2017—2019）。金良守之所以会走上中国文学的研究之路，最初是因为对1930年代中国的文学运动产生了兴趣。博士毕业之后，他开始思考华语圈文学与韩国的关系并关注华语电影，逐渐形成了"东亚"的研究范畴，由此感受到了东亚各国相互间的密切影响，以及关注对方的历史经验与思维的重要性。开阔的视野以及对东亚的深切关心让他的研究别具一格，往往能够从一部作品中解读出丰富的东亚近代历史内涵，或是在东亚各国的文本中找到关于同一主题的不同视角。①

他从韩国著名作家俞镇午的小说《上海的记忆》着手，挖掘出了一段中韩左翼作家不为人知的国际友谊。尽管俞镇午是韩国名人，但现在韩国学界对他的了解依然有局限，尤其是在俞镇午与中国的关系方面。俞镇午是京城帝国大学（现为首尔大学）的第一名毕业生，是奠定大韩民国宪法基础的重要人物，担任过在野党总裁和大学校长，这样一个风云人物却创作出了《上海的记忆》这样一部流露出无产阶级同情的小说，令人意外。

受到语言与材料的限制，中国学界对韩国现代以中国为主题

---

① 例如，在《凝视"关东大地震"的三个视线：郭沫若、李箕永、中岛敦》（收录于林春城、王光东编著的《新世纪韩国的中国现当代文学研究》一书中）一文中，金良守从中日韩三国作家的小说中去寻找关东大地震后被日本当局刻意掩盖的屠杀朝鲜人事件的线索，通过细致的文本分析，解读出1923年日本关东大地震时期中日韩三国文人的微妙心理差异和不同的民族立场。这篇论文曾在美国召开的首届郭沫若国际研讨会（2009）上获得"杰出研究奖"。

的小说所知甚少，金良守以俞镇午书写中韩革命文人交往为主题的《上海的记忆》为研究对象，探讨了"殖民地时期朝鲜作家的眼里中国到底是怎样的存在"这一问题，显示了日据时期韩国左翼文学的发展也受到中国因素的影响，开拓了新的研究空间。对于韩国学界来说，论文也因引入了中国的观察视角而对俞镇午的文坛定位作出了更为详实可靠的考察。

小说主人公来到上海旅行，在"大世界"遇到了留学时认识的中国友人徐永相君。两人相谈甚欢，约定两天后在南京路的某旅社再次见面，而主人公却因此遭殃，被带到了监狱。获释回国后，他偶然看到了一篇关于徐君的报道，推测徐君已经被国民政府处决。金良守对比了《上海的记忆》的两个版本，发现 1939 年的版本比起 1931 年的初版本删除了关于《国际歌》以及"中国左翼剧作家同盟"的内容。小说主人公听到枪声的时间是 1 月 17 日，这一天正好是"左联五烈士"被逮捕的日子，主人公与徐君约定的南京路某旅社其实指向了"左联五烈士"被捕的上海"三马路的东方旅社"。小说对上海都市空间的细节描写非常具体，因此作者可能实地到访过。尽管通过现有材料还无法考证出徐永相君的原型是谁，但金良守的研究显示其原型是左联五烈士之一的可能性非常大。他对《上海的记忆》的研究不仅显示了俞镇午的文学世界与马克思主义关系密切，重现了"左联五烈士"牺牲的历史事件，还考察了中韩进步文人之间的交往，这在中韩两国的文学对话中有着非常重要的意义。

今年是左联五烈士逝世 90 周年。90 年前，国民政府对这五位左联作家的处决引起了知识界的愤慨，鲁迅名作《为了忘却的纪念》就是为其所作，也因被选入中学课本而家喻户晓。金良守发现，左联五烈士的无辜死亡，尤其是柔石之死给鲁迅带来了很大的冲击，成为了他解不开的心结，使得他怀着赎罪和忏悔继续前行。俞镇午完全理解鲁迅的心理并将其反映在了作品之中，与同时代中国左翼作家的情感深处相吻合。

《上海的记忆》中对《国际歌》的描写显示了作品主人公的梦想是成为中日韩三国的纽带，而金良守的东亚文学研究也成为了连接中日韩三国学术的纽带。他以继承断绝的韩国汉学传统为追求，比较意识、问题意识强烈，其研究也随之呈现出较强的创新性。

压卷之作为林春城的《文学人类学的可能性与上海民族志——以〈海上花列传〉〈子夜〉〈长恨歌〉为个案》，其思路与方法与序言中的"文学上海"相呼应，总领全书。其内容前文已作介绍，此处不再赘言。

三

十篇论文中，有一篇研究中国近代文学、图像，四篇研究现代文学，三篇研究当代文学，一篇打通近现当代上海文学并提出了新方法，还有一篇研究韩国作家的上海书写。他们研究的作家有韩邦庆、茅盾、张爱玲、蒋光慈、穆时英、师陀、周而复、王安忆、卫慧等，作品主要有《海上花列传》《子夜》《结婚》《红玫瑰与白玫瑰》《上海的早晨》《长恨歌》《富萍》《上海宝贝》等。其中有一些作家作品在中国国内并不太受关注。可见韩国学者并没有一味跟风，正在努力开拓新的研究领域。女性学者的活跃，也是本书的一大特色。十位作者中有六位是女性，大多有出色的文艺感受力、细腻的观察力以及敏锐的性别意识。她们的研究展现了韩国女性学者的整体实力，这一现象与韩国当代文坛女性作家的崛起相呼应。

韩国学者比较注重对上海作家及作品的分析，善于文本细读与文化解读。他们对上海文学的研究有一种介于陌生与熟悉、外部与内部之间的独特视角：他们一方面是外国人，研究上海文学时投入了一种陌生化的视角，让我们得以用一种外部的眼光来重新观察上海文学；另一方面又普遍具备较高的汉文学素养，以一种亲邻的目光来看待上海文学。他们在视野、方法、材料等方面往往都有创新，有不少值得肯定之处：

其一，他们既熟悉中国，又熟悉韩国，有较强的东亚意识、广阔的比较视野。

由于是研究中国文学的外国人，他们天然具有比较文学的视角，既熟悉韩国又熟悉中国，对日本与欧美也很关注。与中国学者不同的是，韩国学者往往会通过文学作品对中国及中国人作出整体性的判断，隐含着与韩国比较的视角。他们在研究中国的时候，经常会与韩国、日本的情况作比较，将中国文学纳入整个东亚汉学的视野中来研究，往往会有独到的发现。例如，林春城提出从"东亚文化流动"① 的视角来看中国小说，为解读中国文学提供了新的方法；金良守通过对韩国作家中国背景小说的深入解读，为我们对过去所知甚少的中韩文人交往发掘了新的史料。相形之下，中国同行在研究上海文学时则不一定会关注到韩国、日本等东亚各国的情况。韩国汉学家强烈的东亚意识、开阔的比较视野，值得中国学者学习。萨义德的东方学提醒我们：以往的学术研究往往带有欧美中心的立场与视角，也存在着许多问题。要破除这种西方中心主义的迷思，则需要更多地关注东方。他乡是

---

① 林春城：《爱国启蒙·商业娱乐·多样杂糅——中国武侠小说传统的复活和近现代性》，《江汉论坛》2013 年第 5 期。

一面逆向的镜子，要更清楚地认识中国文学，需要许多面镜子，而来自近邻韩国的视角就是其中一面必不可缺的镜子。韩国学者的阅读面广泛，恰好可以补充中国学者的阅读盲区。

其二，他们既关心文学，又关心上海乃至中国，选题视角独特，方法、理论亦多有创新。

他们的研究往往不仅限于中国文学，还涉及电影、文化、中韩比较等领域，比中国内地学者更关注中国台湾、香港地区以及日本。广阔的视野、丰富的留学经历让他们的研究显得思路开阔而灵活。与中国同辈学者相比，韩国学者的教育经历普遍连续完整，学院派气息更为浓厚。

韩国学者所关心的往往是与韩国有关联的中国文学作品或作家，或者从个人兴趣出发，挖掘出一些中国研究者被忽略的作家作品。韩国汉学家研究上海文学，不仅是为了研究文学，也是为了研究上海、理解中国。他们选择的上海文学研究文本，大多可以成为研究上海民族志的文本。既研究文学，又研究上海乃至中国，这种文化研究的自觉意识也使得他们的上海文学研究自成一家。正如金顺珍所言："读古典文学的时候，对'文学'的好奇心比对'中国'的好奇心更强，但是读中国现代小说时，对'中国'国家这个空间的好奇心比对'文学'更强，比如对社会主义国家的好奇心，对发展很快、取得很大成就而引人瞩目国家的好奇心以及日渐成为世界第二大经济体国家的好奇心等等。"[1] 作为外国学者，他们对当代中国作家的批评立场更为自由，评价也更客观、可信。

值得一提的是，十位作者中有一半都曾在上海留学或访学、

―――――――――――

① 金顺珍：《对中国文学的熟悉与陌生》，《人民日报》2015 年 1 月 25 日，第 7 版。

研修：孙凑然、高在媛、鲁贞银都是在上海攻读的博士学位，林春城、朴敏镐曾在上海访学，其他汉学家也大多访问过上海，有丰富的上海生活经验。将自己在上海的跨国体验与上海文学研究相结合，体会与思考自然要更深入。韩国的上海文学研究者在上海的研学活动继承了近代以来韩人来华留学的传统，也构成了另一种"文学上海"。

其三，他们学风严谨、理论扎实，语言水平较高，翻译与研究相得益彰。

韩国学者往往有比较扎实的理论功底，在文本细读的基础上选择一两种最为贴切的理论来加以解读。例如，闵正基用视觉理论来分析晚清画报，金顺珍用女/母性主义理论分析张爱玲小说，林春城用文学人类学的方法来研究文学文本中上海"民族志"的书写等都展现了韩国学人理论联系文本的实力。他们的理论并非直接从欧美借用而来，经过了韩国学人的消化、吸收与提炼，因此解读并不空洞、牵强，往往能够配合文本的解读推陈出新。

小题大做、以小见大，也是韩国学者研究之长。例如，闵正基对《点石斋画报》的研究只选取了1884年5个月的画报来分析，高在媛对《上海的早晨》的研究主要选取了周而复同系列小说的前两部来研究1950年代的资本家与革命家形象。比起大而化之的研究，这样的研究往往可以达到大题目难以达到的深度。

不过，一枚硬币总有两面。韩国学人的上海文学研究有鲜明的优点，但毕竟起步较晚，还有精益求精的空间。从中国人的视角来看，如果韩国汉学家在未来的研究中能注意到以下两点，或许能够取得更大的成绩。

其一，韩国学者普遍表现出对社会主义中国的好奇，但冷战时期长达四十多年的隔阂一定程度上影响了其立场、态度与观点，认知存在一定程度的偏差。韩国学者对上海主题小说的研究呈现出一种共性：表现出了韩国人对社会主义国家的好奇，侧重于从文化研究的角度来发掘小说的外部价值。由此也可以观察到韩国学者在上海文学研究中呈现出的复杂心态：上海是一面镜子，它是中国，有时又像韩国，有时像朝鲜。韩国汉学家者尽管在总体上对中国态度友善，但却依然难免受到历史文化的隔阂、史料与地方实感的缺乏以及意识形态的影响而产生一定程度的苛求感。

当代中国毕竟是一个与韩国不同的民族国家。1949年新中国成立到1992年中韩建交的这段时期，中韩之间的正常交流为冷战所隔断，韩国所接受的中国文化主要来自于港台地区，从而对社会主义的中国缺乏了解。韩国一度受到冷战思维的影响而反共，直到80年代初中国现代文学的研究还是禁区。当时韩国的中文系教授大多在中国台湾留过学，受到台湾学界的影响，主要研究古代文学和语言学。随着80年代韩国民主化运动的发展，韩国逐渐放开了对意识形态的控制，大学生可以阅读马克思、列宁、毛泽东、金日成的著作，韩国的中国现代文学研究也随之发展起来。① 由于对社会主义中国的国情、社会与政治体制较为陌生，认知难免会出现偏差，有时也存在想象的成分。误解源于隔阂，中韩之间的学术交流与对话还需进一步地扩大与深化。

其二，韩国学界过去受到西方的影响较大，对中国文学的研究起步较晚，虽然现在已经有了反思西方现代性、重估中华文明价值的声音，但仍然比较微弱。在韩国现代化的过程中，西方文

---

① 林春城，刘世钟，高允实，高明：《"民族志"视野与"作为方法的东亚"——林春城、刘世钟教授访谈》，《杭州师范大学学报（社会科学版）》2012年第6期。

化起了主导作用。在以西方为主导的世界秩序中，韩国容易受到西方势力的诱导，对中国的态度举棋不定。过去韩国学者受到欧美及日本汉学家的影响较大，主体意识不够强。

在世界大变局、中韩合作越来越密切的背景下，作为中韩交流的先行者，韩国汉学家已经在反思西方现代性、重新评估中国文化的东亚乃至世界性价值中迈出了重要的一步。西方世界存在着"中国威胁"的误解，但深受儒家文明熏陶的韩国学者则更能理解中国重视和谐与安定的和平主义性质。尽管已经有韩国汉学家指出未来中国在世界中的影响力会越来越大，韩国应该积极面对这一趋势，但这样的声音还不够强烈，在西方主导的话语体系之中显得十分微弱。以韩国学者的实力与规模，完全可以独立形成汉学研究的韩国学派，在国际汉学中发出自己的声音。东亚各国也应该更加重视自己古代文明的遗产，在文化自信与相互尊重的基础上进一步增强学术交流与合作。

四

17 世纪以前，东亚各国以中华为中心的文化认同维持了一种"东亚文化共同体"的存在。17 世纪以后，日本不再以中国为尊。① 不过，清廷依然以自我为中心，把朝鲜当成最亲近的藩属国，将其位置放在琉球、安南、缅甸之前。尽管如此，深受夷夏观念影响的朝鲜王朝实际上并不以满清为中华，② 而有一种以自

---

① 葛兆光：《想象异域：读李朝朝鲜汉文燕行文献札记》，北京：中华书局，2014 年，第 59 页。
② 葛兆光：《想象异域：读李朝朝鲜汉文燕行文献札记》，北京：中华书局，2014 年，第 29 页。

我为"小中华"的意识，这也是其民族意识的滥觞。[①] 17 世纪以后东亚局势伴随着中国的衰弱、日本的强大而发生着变化。1895年中日甲午战争便是这种力量较量的集中展现，中国割让了台湾、澎湖列岛，承认朝鲜为独立自主国，中朝之间的藩供体系就此废止。

中韩两国近代都因受到日本帝国主义的侵略而灾难深重，既是有深厚文化亲缘的近邻，又同为被压迫民族。两国命运休戚相关，唇齿相依，因此对对方的境遇更能给予深刻的同情与支持。中国有韩流，韩国有汉潮。中韩两国虽然一度关系紧张，中国文化对韩国的影响力也远不及古代，但如邵毅平所言："长达两千年、深入骨髓里的文化联系，却不是说中断就能中断的，它会成为一种永恒的'乡愁'和潜流，碰到时机合适就会再度'涨潮'。"[②] 1992 年，中韩正式建交，两国关系由敌对转向睦邻友好关系，堪称"相见恨晚"。中国的韩国学研究与韩国的中国学研究都出现了大发展。

遗憾的是，目前中韩文化交流不均衡，[③] 我们对韩国当代的汉学研究所知甚少。如今的我们能够在一本书中读到十篇韩国学者对上海文学的论文，知晓韩国同行的想法与学术进展，与最了解上海及上海文学的韩国人对话，实为幸运。正如林春城所言：

---

① 王鑫磊：《同文书史——从韩国汉文文献看近世中国》，上海：复旦大学出版社，2015 年，第 125 页。

② 邵毅平：《"韩流"与"汉潮"》，《今月集》，上海：上海文化出版社，2018年，第 164 页。

③ 大部分韩国大学都开设了中文相关学科，但截至 2008 年中国只有 45 所大学开设韩国语课程，全国韩国文学专业的教师只有 51 名。在韩国，中国留学生居第一位；在中国，韩国留学生也高居第一。但是中国人口超过韩国人口的 20 倍，而韩国在中国留学生数却是中国在韩留学生的 2～3 倍。（林春城：《关于韩中文化沟通与跨越的考察——以韩国文学作品在中国翻译出版现状为中心》，《学术界》2011 年第 6 期。）换言之，韩国人对中国的了解与研究远胜于中国对韩国。

"在中国现当代文学研究中，韩国是处于边缘的。处于边缘就有着能够观察到处于中心却观察不到一些方面的优点。所以处于边缘的观察会促进中心的反思。"[①] 对于中国学人而言，阅读韩国学者的上海文学研究，可以获得许多启发。无论是"井底之蛙"还是"盲人摸象"，这些古老的智慧都在提醒着我们：不识庐山真面目，只缘身在此山中。要研究与理解上海文学，也同样需要来自于外部的眼光与声音。尽管有的时候外部的眼光与内部的眼光之间看到的东西并不相同，不同的光束或交织或分散，交织之处往往会激发出新的火花，分散之处则让我们看到上海变幻多姿的侧颜。研究中国不仅要从内部出发，也要通过不同的域外文化来观照，多面镜子才能照清楚自身。以他者立场思考问题，有助于更全面地了解自己。

韩国素有"小中华"之称，韩国文化中至今较好地保留了许多中国的古礼与儒家传统。古代韩国文人对儒学的接受程度高、汉诗文水平高，有的汉文作品甚至看不出是出自外国人之手。[②] 由于文化传统相近，韩国汉学家对中国的理解往往更为透彻深入。事实上，韩国有密集的汉学家群体，他们对古典中国的熟悉、汉语的综合能力等方面在世界汉学家中都处于领先水平。自 1992 年中韩建交以来，来中国留学的韩国留学生逐年上升。韩国留学生已经成为了在华外国留学生中最大的留学生群体，人数

---

① 　林春城、王光东编：《新世纪韩国的中国现当代文学研究》，上海：复旦大学出版社，2013 年，第 6 页。

② 　朝鲜王朝时期的朝鲜文人曾与日本文人在汉文水平和儒家学问（主要是程朱理学）的掌握程度这两方面展开比赛，朝鲜人在其中远远地把日本人甩在了身后。韩日之间文化的比赛，评价的标尺就是中华，即考量谁在继承和发扬中华文化上做得更好。朝鲜人据此对日本各方面作出了带有文化优越感的评价，源自其长期以来以"小中华"自居的心态。（王鑫磊著：《同文书史——从韩国汉文文献看近世中国》，上海：复旦大学出版社，2015 年，第 165—173 页。）

远超排名第二的美国。本书十位作者中至少有七位曾经在中国留学或访学，至少有六位是出色的翻译者。通过一字一句的翻译将中国文学作品翻译成韩文，在翻译的过程中面临着语言与文化的双重转换，对文本的阅读也往往比中文世界的读者更为仔细。本书中大部分韩国作者的论文都是作者用汉语写作或是自己译成汉语的，在表述方式、遣词用句方面难免与中国学界通行的标准有所差异。在校对的过程中，笔者在尊重作者本意、力求保留文字本色的基础上，根据中国的表达习惯在语法、标点、格式等方面作了一些调整，在文字方面亦有所润色。总体而言，韩国作者们的汉语水平很高，有的甚至已经达到了可以与母语作者媲美的水平。在与作者们的沟通中，同样可以感受到他们的中文运用几无障碍。

尽管是首次推出韩国学者的上海文学研究论文集，但从论文的整体水平来看，其研究已经堪称成熟。读者也许会期待看到更多的研究面向，但作为一部论文集而言，与其做到面面俱到，不如有所聚焦。正如林春城教授在序言中所言，此次论文集的重点在"文学上海"（即通过文学作品观看上海）上，注重对上海文学的作品与刊物研究。韩国学者对上海文学的研究，不仅是一种上海民族志的研究，也是在透过上海看中国，透过中国看韩国。

疫情之中，中韩学术的线下交流受阻。上海对于大部分韩国学者而言，也成为了难以触及的镜花水月。令笔者感动的是：不止一位韩国学者在与笔者的交流中表达了对上海的思念之情。上海，不仅是他们研究的对象，还曾经是他们的求学之地，甚至是第二故乡。不应忘记这里的每一篇文章都出自于母语并非汉语的外国学人之手。这些"文学上海"的研究成果寄托着他们对上海的深情厚谊。在这一背景下，编辑这部"通过文学作品观看上海"的论文集又有了一层新的意义：无论何人，无论何时，无论何地，都可以通过文学来阅读上海，通过学术来思考上海。

狄霞晨

2021 年 5 月 28 日谨识于上海

附 录

本书作者简介

林春城，1956 年生，文学博士，韩国国立木浦大学中国语言文化系教授，研究方向为中国现当代文学和文化研究。主要著作有《通过小说观看现代中国》（1995），《中国近现代文学史话语和他者化》（2013），《后/脱社会主义中国的文化认同与文化政治》（2017），《后/脱社会主义中国批判思想以及批判者》（2021），《东亚的文化和文化认同》（合著），《香港和香港人的身份认同》（合著），《上海电影与上海人的身份认同》（主编），《21 世纪中国的文化地图：后/脱社会主义中国的文化研究》（合编），《怎样学习中国文学》（合编）等。译作有《中国近代思想史论》（李泽厚著），《中国近现代文学运动史》（编译），《回到马克思》（张一兵著），《中国现代通俗文学史》（范伯群著），《中国通史纲要》（白寿彝编），《马克思主义文艺思想发展初论》（合译）等。还有中文著作《新世纪韩国的中国现当代文学研究》（主编），《精神中国》（合著），《视觉与方法》（合著），《文化上海》（合著）等。

闵正基，1968 年生，文学博士，韩国仁荷大学中国学系教授，研究方向为中国近现代文学和文化，特别关注的是近代观念和知识的交流当中视觉再现引起的作用。具体研究对象为中外近代媒体上刊登的图像。代表作有：《知识与图像：〈新民丛报〉"图画"专栏的人物肖像研究》《20 世纪初"中国"概念的视觉定向研究：以〈图画日报〉（1909—1910）的"大陆之景物"专栏为中心》《晚清时期上海〈点石斋画报〉的视觉翻译与图像习惯》《〈中国丛报〉早期的"书评"专栏：19世纪英美传教士汉学的话语建构》，合著有《中国近代风景：以图画和照片解读中国近代起源》，主编有《在东西洋边界上读解中国：19世纪英文杂志〈中国丛报〉所呈现的"你"和"我们"》。译作有：韩译本《跨语际实践：文学民族文化与被译介的现代性（中国1900—1937）》（*Translingual Practice: Literature，National Culture，and Translated Modernity-China*，1900—1937，刘禾著，2005），韩译本《中国现代美术之路》（潘公凯著，合译，2018），韩译本《新编中国现代文学史》（*A New Literary History of Modern China*，王德威主编，即将出版）。

朴敏镐，1980年生，文学博士，韩国尚志大学中国学系助理教授，研究方向为中国现当代文学和思想。发表论文有《全球资本主义时代，东亚知识分子怎样思考"国家"？》（2012），《"先锋""纯文学"概念的虚构性和文学再政治化话语》（2016），《以"媒介（media）"理论看改革开放以来的文学变化》（2016），《伤痕文学再论》（2019）等30余篇。译作有《二十一世纪的中国》（*China in the 21st century*，Jeffrey N. Wasserstrom著），《世界就像一只小风车》（杨照著）等。

孙凑然，1983年生，文学博士，韩国国立木浦大学中国语言文化系助理教授，研究方向为中国现当代文学、文化研究。主要研究成果有：《东亚科幻小说中的想象与伦理，安部公房与刘慈欣》（*Vision and Ethics in East Asian Science Fiction: Kobo Abe and Liu Cixin*，2017），《电影〈色·戒〉的空间性研究》（2019），《记

忆与忘却的叙事：严歌苓小说〈芳华〉中描写文化大革命的方式》
(2019)，《作为文化证候的 80 后：张悦然长篇小说〈茧〉研究》
(2019) 等。

南姬汀，1984 年生，文学博士，高丽大学世宗校区讲师，研
究方向为中国现当代文学。2018 年毕业于韩国高丽大学，获文学
博士学位，博士论文为《沦陷时期上海文学的日常性研究》。学术
论文有《论钱钟书短篇小说中笑的反讽——以短篇小说集〈人·
兽·鬼〉为例》《毕飞宇小说〈玉米〉中欲望和暴力的结构》《论
严歌苓长篇小说〈陆犯焉识〉中的存在意识》等。

金顺珍，1969 年生，文学博士，韩国鲜文大学中语中国学系
教授。研究方向为中国现当代小说，特别关注女性小说、儿童小
说、台湾小说等。主要论文有《隐藏在〈丁庄梦〉里的寓言》《分
析韩少功〈马桥词典〉的读法》《格非〈人面桃花〉里的乌托邦想
象》《张爱玲后期作品的特征》《从台湾文学察看的族群意识和国
家认同意思》《记忆和幻想：台湾第二代作家的台湾想象》《探讨
黄春明童话表现出的寻找自我认同过程》《李昂小说〈彩妆血祭〉
呈现的哀悼政治意思》《以痛苦和戏谑的反抗：以王小波的〈黄金
时代〉〈革命时代的爱情〉为中心》《张爱玲小说的童话式结构空
间》《〈第 7 天〉死后世界的意义和创造性》《张天翼长篇童话中幻
想世界的意义结构》《方正焕和叶圣陶的童话比较》《李元寿和张
天翼的幻想童话比较》等。译作有《革命时期的爱情》（王小波），
《石榴树上结樱桃》（李洱），《中国文化概论》（董萃等），《香港小
说选》（也斯等，合译），《人面桃花》（格非），《倾城之恋》（张爱
玲），《第一炉香》（张爱玲），《犹在镜中》（戴锦华，合译）等。

高在媛，1970 年生，华东师范大学文学博士，韩国天主教大

学中文系讲师，研究方向为中国现当代文学及文化研究。译著有《我的邻居：中国现代朝鲜人题材小说选 1919—1945》（2017），《我们是正确的：中国女工的生命、劳动、斗争之记录》（2020，《中国新工人：女工传记》的韩文版）。

金垠希，1963 年生，文学博士，韩国国立全北大学中语中文系教授，研究方向为中国现当代文学和女性小说研究。主要著作有《中国现代女性作家作品选》（2006，合译），《徐霞客游记》（2011，全七卷，合译），《1930 年代中国女性小说名作选》（2016，合译），《鲁迅名作选》（2018）。

鲁贞银，1970 年生，文学博士，韩国建国大学中文系教授，研究方向为中国现当代文学和文化研究。主要著作有《重读胡风》（2010），《韩中日现代文学史的叙述研究》（2003，合著），《与中国现代文学邂逅》（2006 年，合著），《思想的尊严》（2008，合著），《上海电影与上海身份认同》（2010，合著），《路翎批评研究》（1998，合编）。译作有《中国当代文学史》（2008），《春香》（2021）。

金良守，1962 年生，文学博士，东国大学中语中文学科教授，研究方向为鲁迅研究、中韩文学比较研究、台湾文学、台湾新浪潮电影研究。主要著作有《鲁迅与 1930 年代上海的大众文化》（2000），《日帝时期韩国和台湾的鲁迅接受比较》（2004），《作为东亚文学通道的鲁迅：黄皙暎〈故园〉和郭松棻〈雪盲〉比较》（2020），《关于鲁迅初期文学和安特烈夫的影响》（2021），《金光洲小说中的老上海时空》（2019），《朱曜燮小说中的上海：以〈人力车夫〉和〈杀人〉为中心》（2018），《"革命文学论争"和朝鲜出身论客柳絮》（2015），《凝视关东大地震的三个视线：郭沫若、李箕永、中岛敦》（2009），《作为 1970 年代韩国·台湾文学的共同遗产的"第三世界"：黄皙暎、黄春明的小说及其电影化》（2017），《台湾作家钟理和的满洲体验与朝鲜人》（2006），《侯孝贤电影中的家庭和国家：以〈戏梦人生〉〈悲情城市〉为中心》（2019），《侯孝贤的〈珈琲时光〉：场所和空间的叙事》（2019），《杨德昌的〈牯岭街少年杀人事件〉与国民国家的问题》（2007），《意象和现实的关系：杨德昌〈恐怖分子〉细读》（2021）等。